权威·前沿·原创

皮书系列为
“十二五”国家重点图书出版规划项目

创意城市蓝皮书
BLUE BOOK OF
CREATIVE CITIES

创意书系
·中国创意产业研究中心·

总　编／张京成

# 北京文化创意产业发展报告（2014）

BEIJING REPORT ON CULTURAL AND CREATIVE INDUSTRIES (2014)

主　编／王国华　张京成
副主编／沈晓平　包仁艳　孙玉荣

社会科学文献出版社
SOCIAL SCIENCES ACADEMIC PRESS (CHINA)

图书在版编目(CIP)数据

北京文化创意产业发展报告.2014/王国华，张京成主编.
—北京：社会科学文献出版社，2014.12
（创意城市蓝皮书）
ISBN 978-7-5097-7033-7

Ⅰ.①北… Ⅱ.①王… ②张… Ⅲ.①文化产业-产业发展-研究报告-北京市-2014 Ⅳ.①G127.1

中国版本图书馆 CIP 数据核字（2014）第 312077 号

创意城市蓝皮书
北京文化创意产业发展报告（2014）

主　　编 / 王国华　张京成
副 主 编 / 沈晓平　包仁艳　孙玉荣

出 版 人 / 谢寿光
项目统筹 / 恽　薇　蔡莎莎
责任编辑 / 冯咏梅

出　　版 / 社会科学文献出版社·经济与管理出版分社（010）59367226
地址：北京市北三环中路甲 29 号院华龙大厦　邮编：100029
网址：www.ssap.com.cn
发　　行 / 市场营销中心（010）59367081　59367090
读者服务中心（010）59367028
印　　装 / 北京季蜂印刷有限公司

规　　格 / 开 本：787mm×1092mm　1/16
印 张：17　字 数：212 千字
版　　次 / 2014 年 12 月第 1 版　2014 年 12 月第 1 次印刷
书　　号 / ISBN 978-7-5097-7033-7
定　　价 / 69.00 元

皮书序列号 / B-2012-236

# 《创意城市蓝皮书》总序

张京成

城市是生产力发展到一定阶段的产物，并随着生产力的发展而不断升级。时至今日，伴着工业文明的推进和文化提升，以及服务业的大力发展，经济增长方式的转变和产业结构的调整正在推动一部分城市向着一个前所未有的高度迈进，这就是创意城市。

创意城市已经为众多有识之士所关注、认同、思考。在全球性竞争日趋激烈、资源环境束缚日渐紧迫的形势下，城市对可持续发展的追求，必然要大力发展附加值高、渗透性强、成效显著的创意经济。创意经济实质上就是要发展文化创意产业，而城市是创意产业发展的根据地和目的地，创意产业也正是从城市发端、在城市中集聚发展的。创意产业的发展又激发了城市活力，集聚了创意人才，提升了城市的文化品位和整体形象。

纵观伦敦、纽约、东京、巴黎、米兰等众所周知的创意城市，其共同特征大都离不开创意经济：首先，这些城市都在历史上积累了一定的经济、文化和科技基础，足以支持创意经济的兴起和长久发展；其次，这些城市都已形成了发达的创意产业，而且能以创意产业支持和推进更为广泛的经济领域创新；最后，这些城市都具备了和谐包容的创意生态，既能涵养相当数量和水平的创意产业消费者，又能集聚和培养众多不同背景和个性的创意产业生产者，使创意经济行为得以顺利开展。

对照上述特征不难发现，我国的一些城市已经或者正在迈向创意城市，从北京、上海等一线城市，到青岛、西安等二线城市，再到义乌、丽江等中小城市，我们自2006年起编撰出版的《中国创意产业发展报告》一直忠实记录着它们的创意轨迹。今天，随着创意产业的蔚然成风，其中的部分城市已经积累了相当丰富的实践经验以及大量可供研究的数据与文字资料，对其进行专门研究的时机已经成熟。

因此，我们决定在《中国创意产业发展报告》的基础上，逐步对中国各主要创意城市的发展状况展开更加深化、细化和个性化的研究与发布，由此即产生了《创意城市蓝皮书》，这也是中国创意产业研究中心“创意书系”的重要组成部分。希望这部蓝皮书能够成为中国每一座创意城市的忠实记录者、宣传推介者和研究探索者。

是为序。

# Preface to the *Blue Book of Creative Cities*

Zhang Jingcheng

City came into being while social productivity has developed into a certain stage and upgrades with the progress of the productivity. Along with the marching of industrial civilization, cultural development, the growth of the service industry, the transformation of economic growth and the adjustment of industrial structure, cities worldwide have by now entered an unprecedented stage as of the era of creative cities.

Creative cities have caught the attention from various fields these years. While the global competition for limited resources gets heated, sustainable development has become the only solution for cities, which brings creative economy of high added value and high efficiency into this historic stage. Creative industries is the parallel phrase to creative economy, which regards cities as the bases and the core of the development, and cities is also the place where creative industries started and clustered. On the other hand, creative industries helped to keep the city vigorous, attract more talents and strengthen the public image of the city.

From the experiences of world cities such as London, New York, Tokyo, Paris, and Milan, creative economy has been their common characteristic. First, histories of these cities have provided them with certain amount of economic, cultural and technological resources, which is the engine to start and maintain creative economy; second, all these cities have had sound creative industries which can function as a driving force for the innovation and economic growth of the city; finally, these cities have fostered harmonious and tolerant creative ecology through time, which conserves consumers of creative industries, while attracting more creative industries practitioners.

It can be seen that some Chinese cities have been showing their tendency on the way to become creative cities, such as large cities of Beijing and Shanghai, medium - size cities of Qingdao, Xi'an and even small cities of Yiwu and Lijiang, whose development paths have been closely followed up in our Chinese Creative Industries Report started in 2006. By now, some cities have had rich experiences, comprehensive data and materials worthy to be studied, thus the time to carry out a special research has arrived.

Therefore, based on Chinese Creative Industries Report, we decided to conduct a deeper, more detailed and more characteristic research on some active creative cities of China, leading to the birth of Blue Book of Creative Cities, which is also an important part of Creative Series published by China Creative Industries Research Center. We hope this blue book can function as a faithful recorder, promoter and explorer for every creative city of China.

# 《北京文化创意产业发展报告（2014）》
# 编　委　会

# 主编简介

**王国华** 北京工业大学教授，首都文化创意产业研究中心常务副主任，北京工业大学创意产业研究所所长，教育部重大课题评审专家，北京和而不同旅游规划设计研究院院长，文化部中国文化产业促进会动漫专业委员会专家，中国电影家协会电影高新科技委员会副会长，中国武当山文化研究会副会长，担任北京大学、清华大学、中国人民大学、中央社会主义学院、北京外国语大学、对外经济贸易大学、华中师范大学、中南财经政法大学等多所大学的文化产业研究机构兼职教授，湖北省WTO专业委员会委员，北京旅游研究院特约研究员，《中国青年报》学术顾问，中国教育报刊社特约专家。长期从事文化产业实践和文化产业理论研究，出版《从旅游到旅游业》、《现代企业文化研究》、《社会转型与学术转型》、《现代企业咨询概论》、《文化产业的经营与管理》、《文化产业发展散论》、《文化产业热点问题对策研究》和《艺术设计创意产业研究》等学术著作，主编出版《北京文化创意产业发展报告》（与张京成联合主编）、《入世后经济开发区发展战略研究》、《中国税务文化通论》等，发表《来自世界文化产业的反思》、《文化集聚区发展模式研究》、《论文化产业市场主体建设》、《公墓建设与城市景观》、《如何建设城市凝固了的编年史》和《网络规则与社会规则》等学术论文80多篇，并在中央电视台《对话》栏目和《新闻会客厅》栏目以及人民网、新华网、中国教育电视台、北京电视台科技频道、湖北电视台、武汉电视台、新疆电视台等媒体做过多次专题节目。

# 摘　要

本报告以北京 2013 年文化创意产业的整体运行、区域动态、行业发展、产业融合、产业投融资、文化消费、知识产权保护等为基本内容，综合研究 2013 年北京文化创意产业的整体发展态势，梳理分析各区县文化创意产业发展的现状与问题，从激活文化消费市场、文化与科技融合、知识产权保护等方面深入探讨北京文化创意产业的发展规律。全书除附录外，共分为四大部分：第一部分为综合分析篇；第二部分为区域动态篇；第三部分为专题研究篇；第四部分为行业发展篇。

“综合分析篇”从宏观经济环境对北京文化创意产业的影响入手，阐述了文化创意产业在北京国民经济中的地位变化；从产业规模与结构、行业增长等方面对 2013 年北京文化创意产业整体运行情况进行了系统分析，并在此基础上对 2013 年北京文化创意产业发展的特点予以研究分析；最后探讨了 2014 年北京文化创意产业面临的主要挑战与机遇，并对产业发展趋势予以展望。

“区域动态篇”首先从整体上分析了 2013 年北京市各区县文化创意产业发展的新特点，分功能区研究了 16 个区县的文化创意产业发展状况，分析了资源条件变化和产业基础动态情况，并总结了产业发展存在的问题。本部分还重点研究了北京文化创意产业功能区的发展情况，分析了文化创意产业功能区的发展战略思路及其规划情况，并对文化创意产业园区的建设路径进行了探讨。

“专题研究篇”主要研究分析了文化消费市场、文化与金融融合、国有文化资产监管、文化创意产业发展规律与政策、文化与科技融合、知识产权保护等问题。分析了北京文化消费市场的现状与制约因素，探讨了政府在激活文化消费市场中的角色与作用；分析了文化金融融合的问题与实现路径；研究了北京文化创意产业的发展规律，提出促进北京文化创意产业发展的政策措施；研究了首都文化与科技融合的相关理论，提出了融合的路径，并建立了文化与科技融合程度的评价模型，对北京文化与科技融合程度进行了评价；分析了北京文化创意产业知识产权保护现状，并提出了相应的对策建议。

“行业发展篇”以北京市非物质文化遗产的保护与传承和艺术品市场发展为重点研究对象，在分析行业现状、发展特点的基础上深入剖析行业发展存在的问题，对行业未来发展提出对策建议。

# Abstract

This report tends to do a comprehensive study on Beijing cultural and creative industries in 2013 which includes overall operation of local cultural and creative industrie, development of the industries, industrial convergence, industry investment and financing, culture consumption, and intellectual property protection. The report focuses on the activation of cultural consumption, culture and technology integration, intellectual property protection. In addition to Appendix, the book consists four parts: part Ⅰ Comprehensive Analysis, part Ⅱ Regional Development, Part Ⅲ Special Subject Studies and Part Ⅳ Industry Development.

"Comprehensive analysis" introduced the industrial impact on Beijing cultural and creative industries from a macroeconomic perspective, elaborated the status of cultural and creative industries in the structure of national economy in 2013; made a systematic analysis to cultural and creative industries' overall operation and then summed up the overall development characters of the industry in 2013; finally, it discussed main challenges and opportunities in 2014 and made prospect in the development trends.

"Regional Development" analyzed 16 districts and counties cultural and creative industries in the first, had an observation on resources changes and industries' development, and current difficulties. This part also focused on the development of Beijing cultural and creative industries function areas, analyzed the strategic planning of the cultural and creative industries function areas.

"Special Subject Studies" focused on cultural consumption research and analysis, integrated of culture and finance, supervision of state-owned culture assets, cultural and creative development law and policy, culture and technology integration, intellectual property protection. Besides, we also analysed the current situation and constraints of Beijing cultural consumption market, discussed the role of government in the activation of cultural consumption market; studied the law of development of cultural and creative industries Beijing, and finally gave suggestions on above issues.

"Industry Development" had focus on the protection of cultural heritage, and development of the arts market in Beijing. The papers made in-depth analysis of industry current status, development characteristics of the industries, and proposed solutions for the future development.

# 目 录

## ℬ Ⅰ 综合分析篇



## ℬ Ⅱ 区域动态篇

## BⅢ 专题研究篇



## BⅣ 行业发展篇



## BⅤ 附 录



皮书数据库阅读**使用指南**

## CONTENTS

## ⅠB Ⅰ Comprehensive Analysis



## B Ⅱ Regional Development

## BⅢ Special Subjects



## BⅣ Industries Development



## BⅤ Appendix

# 综合分析篇

Comprehensive Analysis

B.1

## 2013 年北京文化创意产业整体运行分析

王国华　王泽宇*

作为中国特色社会主义“五位一体”总布局中的一环，我国的文化产业要完善和深化其改革，促进社会主义文化市场的大发展大繁荣。根据党的十八届三中全会的相关精神，我国的文化产业要紧紧围绕社会主义核心价值观体系，提高文化开放水平，从改革和完善文化的生产经营机制和管理机制着手，建立健全现代公共文化的服务体系，更好地服务于人民。北京作为全国的文化中心，2013 年文化创意产业继续保持了良好的发展势头，不仅为北京地区的经济增长贡献了重要力量，也为北京地区调整产业链条、优化产业结构发挥了重要作用。

---

* 王国华、王泽宇，北京工业大学。

# 一　宏观经济环境与北京文化创意产业的发展

## （一）宏观经济稳中向好，第三产业发展显著

2013 年，全国和北京继续调结构、促改革，探索创新宏观调控方式，经济社会发展稳中有进、稳中向好；资源要素继续向第三产业转移，文化创意产业的经济环境和资源环境进一步向好。

**1. 整体经济稳步发展，经济结构首次变化**

2013 年，在金融危机和欧债危机的持续影响下，全球经济的复苏过程依然缓慢，经济增长仍然乏力，波动比较频繁。面对较大的压力，我国坚持稳中有进、调结构、促改革的政策思路，创新宏观调控方式，同时从供给和需求两侧发力，取得了良好效果。

初步核算，2013 年，中国的国内生产总值为 568845 亿元，比上年增长 7.7%，增速比上年回落 0.1 个百分点，增速基本平稳。其中，第一产业增加值为 56957 亿元，增长 4.0%；第二产业增加值为 249684 亿元，增长 7.8%；第三产业增加值为 262204 亿元，增长 8.3%①。三次产业增加值比重为 10.0∶43.9∶46.1，第三产业增加值占比首次超过第二产业，这表明调结构、转方式已见成效。

2012 年以来，中国经济的结构和传递机制就已经发生了变化，它不仅与世界经济结构的调整有关，而且与我国资源禀赋的拐点性变化相关，发挥了市场的调节作用。因此，2013 年的中国，是在

① 《2013 年国民经济和社会发展统计公报》，国家统计局网站。

一条以市场为导向的、稳定的道路上前行。

**2. 北京地区经济增速与国家持平，第三产业比重进一步提升**

《北京市 2013 年国民经济和社会发展统计公报》显示，北京地区 2013 年实现地区生产总值 19500.6 亿元，比上年增长 7.7%，与全国水平持平，也与上年增速持平，经济平稳发展。三次产业结构的比重由上年的0.8∶22.7∶76.5 变为0.8∶22.3∶76.9，第二产业比重持续降低，第三产业比重进一步提升，这表明资本、人才等资源要素继续向第三产业转移。按照常住人口计算，北京市人均地区生产总值已达 93213 元，约折合 15052 美元，比上年增长 9.1%。2013 年文化创意产业的增加值达 2406.7 亿元，比上年增长 9.1%，占地区生产总值的比重与上年持平，均为 12.3%。高技术产业的增加值为 1327 亿元，比上年增长 7%，但占地区生产总值的比重较上年下降 0.1 个百分点，为 6.8%。生产性服务业发展势头依然强劲，全年增加值高达 9811.8 亿元，比上年增长 10.4%，占地区生产总值的比重较上年提高 0.6 个百分点，高达 50.3%。文化创意产业的经济环境进一步改善。

## （二）文化创意产业成为北京市第二大支柱产业

中国经济在由“高速”向“次高”转换，2008 年体现为危机冲击下的有效需求不足性质短期周期性下滑，但以 2013 年为标志，这种增速转换已经转变为结构性和阶段性的长期周期性下滑（主要由需求不足的周期波动演变为供给约束的周期波动），“次高”增速将常态化。面对变化复杂的经济形势，转变经济增长方式、调整经济结构已经成为当前及今后一段时期的重要任务。目前我国经济发展方式呈现较为明显的粗放特征，资源消耗过多、代价过高，发展效率总体不高，发展过程中的不可持续、不协调、不能满足人们需求的矛盾十分突出。我们应该在日趋激烈的国际竞争中争取主动权，努力构建一种更加充满活力和具有竞争力的发展模式。目前我国生产要素的供给条件发生了重大变化，劳动力低成本的时代已经过去，要素成本的上升必将推动服务业比重的提高，进而推动中国产业结构发生重大变化；能源资源约束更趋强化，潜在增长水平趋于下降，产能过剩的消解也有赖于“产业升级”和“经济转型”。这就要求我们必须加快转变经济发展方式，加快实施创新驱动发展战略和推进经济结构战略性调整，客观上要求文化创意产业在其中发挥促创新和调结构的作用。

对北京而言，文化创意产业是转变经济发展方式、促进第三产业转型升级的突破口。作为全国的政治、文化中心，北京在国内城市体系中具有较强的城市文化竞争力，尤其是城市文化综合实力、城市创意竞争力和文化创意产业发展在全国都处于领先地位。《2013：中国文化产业发展指数报告》显示，中国文化产业发展“新十强”中，北京位居榜首。北京文化创意产业高速发展至今，对国民经济各行业进行了深度渗透、融合和优化，金融业、农业、制造业、旅游业、建筑业、地产业等诸多传统行业经过文化创意的融合渗透后，产生了大量新的产业形态，成为新的经济增长点，带动了北京地区经济的持续稳定增长。文化创意产业在创造新技术、新产品和新市场的同时，创造出了更大的社会财富，使产业结构日益优化。2012 年，北京市文化创意产业收入首次突破 1 万亿元，实现增加值 2205.2 亿元，占全市 GDP 的比重达 12.3%。到 2013 年，全市文化创意产业的增加值已达到 2406.7 亿元，增长速度超过 9%。文化创意产业在北京已经成为第二大支柱产业，仅次于金融业[①]。

① 《文化创意成北京第二大支柱产业》，《中国经济周刊》2014 年第 24 期。

## 二　文化创意产业整体发展概况

### （一）产业发展规模及结构

**1. 文化创意产业保持高增长，就业形势持续向好**

总体来看，2013 年，北京文化创意产业在外部宏观经济形势的影响下，依旧保持了高于 GDP 的增长速度，但增速持续回落。

2013 年，北京文化创意产业实现增加值 2406.7 亿元，比上年增长 9.1%，增速持续下降，比上年回落了 1.7 个百分点（2012 年比 2011 年增长 10.8%），但依然高于 GDP 增速（7.7%）（见图 1）。文化创意产业增加值占 GDP 的比重为 12.3%，与上年持平，仍稳居第二支柱产业的地位[①]。全年文化创意产业资产总值达到 18234.2 亿元，比 2012 年增长 17.1%；实现收入合计 11657.1 亿元，比 2012 年增长 13%。2013 年文化创意产业吸纳就业平均数达到 161.7 万人，比 2012 年高出 8.8 万人，就业形势持续向好[②]。

**2. 产业内优势领域贡献突出，软件、网络及计算机服务业领跑九大类别**

从产业结构内部看，软件、网络及计算机服务业的就业、资产、收入都以绝对优势继续保持龙头地位。其他行业均有不同程度的发展。

从就业情况来看，软件、网络及计算机服务领域是吸纳就业最多的行业，2013 年平均就业人数为 75.7 万人，占文化创意产业平

① 《北京市 2013 年国民经济和社会发展统计公报》。

② 《北京统计年鉴 2014》。

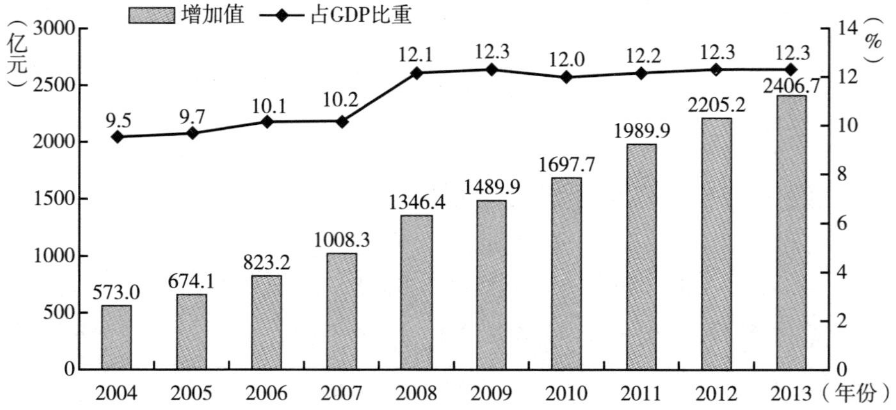


**图1　2004～2013年北京市文化创意产业增加值及占GDP比重情况**

资料来源：根据历年《北京统计年鉴》相关数据整理绘制。

均就业人数的46.8%，远高于其他领域；其次为其他辅助服务和新闻出版，平均就业人数为15.7万人和15.4万人，占比分别为9.7%和9.5%，但均比上年有所下降。

从资产情况来看，软件、网络及计算机服务领域资产总计达到7659.3亿元，占文化创意产业资产总值的42.0%；其次为广播、电视、电影，资产总计达到2008.6亿元，占比为11.0%。从资产增速来看，广播、电视、电影增长最快，增速达到27.9%。

从收入情况来看，软件、网络及计算机服务领域收入最高，为4291.7亿元，占文化创意产业总收入的36.8%；其次为其他辅助服务，收入为1460.8亿元，占比为12.5%；排在第三位的是广告会展，收入为1388.9亿元，占比为11.9%；其他依次为艺术品交易（9.4%），旅游、休闲娱乐（8.3%），新闻出版（8.2%），广播、电视、电影（6.3%），设计服务（4.2%），文化艺术（2.3%）。从收入增速来看，2013年艺术品交易增长最快，增速为55.7%；其次为旅游、休闲娱乐，增速为13.6%；排在第三位的是文化艺术，增速为 12.9%；其他依次为设计服务（11.0%），广告会展（10.5%），软件、网络及计算机服务（10.4%），广播、电视、电影（8.6%），新闻出版（8.1%），其他辅助服务（6.6%）。其中，艺术品交易和旅游、休闲娱乐两个领域的增速都高于文化创意产业整体增速（13%），而其他领域的贡献则稍稍不足[①]。

## （二）各主要产业领域发展概况

### 1. 软件、网络及计算机服务业优势明显，并购、融合发展趋势显现

2013 年，北京软件、网络及计算机服务业资产总计达 7659.3 亿元，占文化创意产业资产总值的 42.0%；收入达 4291.7 亿元，占文化创意产业总收入的 36.8%。软件、网络及计算机服务业不仅是创造巨大经济财富的重要行业，也是创造就业的重点行业，2013 年吸纳就业人数 75.7 万人，比 2012 年增长了 8.5%，占文化创意产业就业人数的 46.8%[②]。

软件业是北京文化创意产业发展的重要领域，主要集中在海淀、朝阳、石景山、东城等科技企业集中的各区，其中中关村国家级自主创新示范区尤为突出。北京软件产业规模已经超过印度软件名城班加罗尔和欧洲软件之都都柏林，从业人员总数也超过了美国的硅谷地区，已经成为全球有影响力的软件城市。

2013 年，北京软件行业企业景气指数平稳运行，产业处于较为景气区间运行；2013 年 1～10 月，企业家信心指数达 156.9，继续居北京各主要行业首位。网络游戏、网络视频等互联网业务成为

① 《北京统计年鉴 2014》。

② 《北京统计年鉴 2014》。

投资并购的焦点领域，仅 1 ~ 10 月，软件和信息服务业领域就发生 30 起并购案例，涉及金额约 281.2 亿元；发生融资案例 72 起，涉及金额约 83 亿元。此外，百度、阿里巴巴、腾讯三个互联网巨头悉数进入金融业，相继拿到第三方支付牌照，软件和互联网行业并购、融合发展趋势逐渐显著[①]。

**2. 文化艺术繁荣与问题并存**

2013 年，北京文化艺术业资产总计达 676.3 亿元，比 2012 年增长 22.7%，高于文化创意产业总体资产增速（17%）5.7 个百分点，占文化创意产业资产总值的 3.7%；收入合计 267.6 亿元，比 2012 年增长 12.9%；就业人数达 7.4 万人，比 2012 年增长 2.8%[②]。

2013 年，北京市文化局立足以人为本，力图打造更加具有北京特色、更加具有创新性的艺术形式。依靠政策支持、搭建平台、创建机制、打造品牌，试图建立起一条以创作、营销、表演、服务为主线的文化艺术生产产业链。此外，修改完善了有关舞台艺术创作生产的奖励和扶持办法，完善了有关基层公益演出活动资金的管理办法，并且新出台了有关舞台艺术、表演团体的补贴办法，等等。北京市还在全国率先起草了有关剧场标准化管理的试行办法，支持地方戏剧演出，还为各大剧院的优秀剧目搭建宣传和展演平台。在一系列良好政策的支持下，北京市文化艺术发展繁荣，演艺创作获得了近十年来的最佳成绩，在国家级和市级评奖活动中均取得突出成绩，将享誉行业的全国杂技比赛杂技组金奖、“文华大奖”收归囊中；艺术创作主体活力被激发，以国家大剧院为首创作的一批精品力作推向市场，一大批民营创作机构应运而生，赢得

---

① 北京软件行业协会：《2013 年 1 ~ 10 月北京软件和信息服务业的经济运行情况》，2014 年 7 月 2 日。

② 《北京统计年鉴 2014》。

了良好的观众口碑和市场肯定①。

2013 年全市共有文艺表演团体 620 家，比上年（562 家）增长 10.3%；演出经纪机构有 1646 家，比上年（1540 家）增长 6.9%；123 家营业性演出场所共演出 23155 场，比上年同期（21717 场）增长 6.6%；观众人数达 1014 万人次，比上年同期（1110 万人次）下降 8.6%；演出票房共计 14.42 亿元，比上年同期（15.27 亿元）下降 5.6%；全市 13 家以旅游演出为主的剧场共演出 5604 场，占全年总场次的 24%，观众人数达 246 万人次，实现总收入 1.73 亿元，比上年减少 2700 万元②。

对于票房总收入和观众人数减少等问题，很多演出机构表达了不同的看法。首先，政府政策进行了调整。各类演出不再有团体票，五部委文件禁止举办奢华晚会，致使许多演出单位的收入下滑，受市场影响，旅游演出收入也有了较大幅度的减少。这也说明了以往的演出市场确实存在一定程度的虚假繁荣现象。其次，观众的审美水平越来越高，一般质量的演出节目很难取悦观众。最后，演出场馆配套的餐饮、停车等基础设施不完善，直接影响了观众观看演出的欲望。

**3. 新闻出版业平稳增长，数字出版增长势头强劲**

2013 年，新闻出版业的资产总计和收入合计均实现稳定增长。新闻出版业资产总计达 1714.5 亿元，比 2012 年增长 13.2%，占文化创意产业资产总值的 9.4%，在软件、网络及计算机服务和广播、电视、电影之后排第三位；收入合计达 954.6 亿元，比上年增长 8.1%，占文化创意产业总收入的 8.2%；从业人员平均人数为 15.4 万人，略低于 2012 年的 15.6 万人③。

① 吴园园：《2013 年北京演艺创作实现双丰收》，《北京商报》2014 年 2 月 25 日。

② 《2013 年北京市演出市场统计与分析》。

③ 《北京统计年鉴 2014》。

2013 年，新闻出版业的产业规模持续扩大，各项经济指标稳定增长。根据《2013 年新闻出版产业分析报告》，电子出版物呈现较明显的应用服务性，全国电子出版物多达 3.5 亿张，比上年增加了 0.9 亿张，增长 34.6%；电子出版物实现营业收入 10.2 亿元，比上年增加 1.0 亿元，涨幅达 10.9%；全年利润总额为 2.8 亿元，较上年增长 21.7%。27 种电子出版物的出版量超过 100 万张，其中多为中小学教学所用课件、软件或者是 IT 产品的配套程序，数字化阅读进一步普及。2013 年，数字出版业实现营业收入 2540.4 亿元，比上年增加 604.9 亿元，涨幅为 31.3%。数字出版业占全行业营业收入的比重较上年提高了 2.3 个百分点，为 13.9%。在线音乐和网络动漫发展迅猛，全年营业收入增长了 1.5 倍。这些都反映了在新闻出版业的转型中，新型数字化服务发力迅猛。与此形成鲜明对比的是，电子书、数字报纸等的营业收入增速缓慢，仅为 7.0%，与数字出版的整体增速相差甚远，急需促进传统出版物向数字化转型。

**4. 旅游、休闲娱乐业稳定增长，在线旅游、民俗旅游开启旅游新模式**

2013 年，北京旅游、休闲娱乐业资产总计达 1082.7 亿元，较 2012 年增长 15.9%，占文化创意产业资产总值的比重为 5.9%；全年收入总额达 964.5 亿元，占文化创意产业总收入的比重为 8.3%，比 2012 年增长 13.6%，增速仅次于艺术品交易，排在第二位；从业人员平均人数达 11.2 万人，占文化创意产业从业人员总数的 6.9%，旅游、休闲娱乐业实现稳定增长①。

2013 年来京游客中，周边省份游客是来京游客的主体，河北、山东、河南、山西、内蒙古分列前五位，占比合计达 42.4%。同

① 《北京统计年鉴 2014》。

时，客源地经济发展水平与其游客花费情况不相关，距离北京较远省份来京游客人均花费较高，其中云南、西藏、海南、广东的散客花费总额与落地花费均明显高于其他省份①。2013 年来京游客平均月收入约为 5757 元，是全国居民人均可支配收入（1526 元）的 3.8 倍，较之 2012 年，高收入游客占比有所提高。2013 年国内来京游客中散客人均花费 2122 元，来京参团游客人均花费 3597 元，二者基本与 2012 年持平②。

近年来，受国际金融危机持续、世界经济增速减缓、人民币不断升值等多重因素影响，北京入境旅游人数呈连续下降态势。2013 年入境旅游人数为 450.1 万人次，同比减少 10%，仅占北京旅游接待总量的不足 2%，与“世界旅游城市”的定位相距甚远，也影响了北京“十二五”旅游规划入境旅游目标的实现。虽然入境旅游人数及旅游外汇收入均同比下滑，但从质量和效益来看，2013 年北京旅游外汇收入占比是其人数占比的 4.2 倍，人均花费 1065 美元，同比增长 3.6%，其中购物消费明显增加，入境旅游依然是北京旅游板块中最具贡献能力的组成部分③。

2013 年，北京旅游、休闲娱乐业的主要企业继续稳步发展，并且开启了新的发展历程，在线旅游业以大跨越的模式飞速发展。随着中国游客旅游需求日益个性化发展，传统旅行社的同质化产品越发难以满足游客需求，新兴在线旅游服务商应运而生，力图打造全新旅游商业模式。例如，“蚂蜂窝”作为全国最大的旅游社交媒体平台，站在旅游者的角度，通过对 UGC 旅游大数据的计算和分析，并将其转化成旅游信息数据，以更中立和客观的态度帮旅游者找到更好的酒店和物超所值的旅游产品。

---

① 北京旅游学会编《北京旅游发展报告（2014）》，社会科学文献出版社，2014。

② 《2014 年北京旅游发展报告：购物花费比例最高》，中文互联网数据资讯中心。

③ 北京旅游学会编《北京旅游发展报告（2014）》，社会科学文献出版社，2014。

不仅如此，北京各区县也对旅游进行了新的探索和开发。例如，北京密云新城子镇塔沟村对村内闲置房产进行资源整合，通过引入社会资金和银行贷款成立了农宅专业合作社，利用村民闲置房屋开展民俗旅游，盘活闲置资产，增加农民收入[①]。

**5. 广播、电视、电影业发展势头强劲，与现代科技进一步融合，坚持创新经营新格局**

2013 年，北京广播、电视、电影业资产总计达 2008.6 亿元，比上年增长 27.9%，增速居九大类别之首；占文化创意产业资产总值的 11.0%，仅次于软件、网络及计算机服务业；收入合计达 738.8 亿元，占文化创意产业总收入的 6.3%，比 2012 年增长 8.6%；从业人员的平均人数占文化创意产业从业人员总数的 3.8%，为 6.1 万人。广播、电视、电影业依然保持了强劲的发展势头[②]。

截至 2013 年 11 月底，北京城市影院累计放映电影 124.71 万场，比上年同期增加 15.37 万场，增长 14.1%；观影人次达 3754.57 万人次，比上年同期增加 616.47 万人次，增长 19.6%；票房收入为 16.28 亿元，占创收总收入的 7.19%，比上年同期增加 2.95 亿元，增长 22.13%[③]。截至 2013 年末，北京地区 20 条院线 150 家影院（820 块银幕，其中 3D 银幕 296 块）共放映电影 137.6 万场，观众 4247.6 万人次，票房收入 18.6 亿元。全年制作电视剧 88 部 3056 集、电视动画片 19 部 19546 分钟、故事片 222 部[④]。

2013 年，北京广播、电视、电影业重要企业继续坚持创新经

① 《密云流转闲置农宅办民俗旅游》，《北京日报》2014 年 9 月 2 日。

② 《北京统计年鉴 2014》。

③ 《2013 年 11 月北京市广播影视创收收入情况》。

④ 《北京市 2013 年国民经济和社会发展统计公报》。

营模式，收入和利润明显增长，推动产业稳步增长。例如，华谊兄弟继续注重各项核心业务的发展，注重对影视版权的价值挖掘，进一步完善其产业链，同时以品牌开拓和知识产权授权等方式提高公司的赢利能力。2013 年，公司实现营业收入 201396.38 万元，比上年增长 45.27%；利润总额为 89776.54 万元，比上年增长 179.69%；净利润为 67314.90 万元，比上年增长 179.65%；归属于公司普通股股东的净利润为 66540.23 万元，比上年同期增长 172.23%①。

此外，北京电影电视发展中，电影已全面完成数字化转型，向电影艺术与现代科技的深度融合迈进，3D 技术和“大数据”思维的运用，为票房的增长做出了巨大贡献。电影行业的资源集中度将进一步提高，微电影将成为电影业的一支重要力量。北京作为动漫产业发展的“领头羊”，具有较强的综合实力，将带领动画电影成为新的经济增长点。

**6. 广告会展业与网络新媒体、动漫产业等融合发展**

2013 年，北京广告会展业资产总计达 1267.9 亿元，比上年增长 20.8%，占文化创意产业资产总值的 7.0%，增速在文化创意产业九大行业中排在第四位；收入合计达 1388.9 亿元，占文化创意产业总收入的 11.9%，居第三位，比 2012 年增长 10.5%；从业人员平均人数达 13.5 万人，占文化创意产业从业人员总数的 8.3%，产业发展势头良好②。

广告业与网络新媒体的结合带动广告经营进一步发展。此外，由于动漫元素独具传播优势，量身定制更能彰显沟通效果，再加上国家政策对动漫产业的大力扶持，广告业与动漫业实现了进一步融

① 《华谊兄弟传媒股份有限公司 2013 年年度报告》。

② 《北京统计年鉴 2014》。

合，动漫广告发展前景广阔。

经过10年的迅猛发展，会展业的总体规模不断扩大，成交额逐年增加，不仅直接创造了经济效益，还增加了北京文化市场的发展活力。通过会展搭建的展示、融资和交易平台，有利于北京文化产业结构的优化，对促进首都经济发展方式的转变发挥着越来越积极的促进作用。2013年，第二届中国（北京）国际服务贸易交易会——“动漫品牌授权洽商会”填补了专业性动漫品牌授权活动空白；第八届中国北京国际文化创意产业博览会北京文化展馆获得充分肯定；第十届中国艺术节演艺产品交易会北京项目展示进一步提升了北京市舞台艺术产品在国内演出市场的知名度；第二届“动漫北京”活动民族动漫游戏推介洽谈会吸引了近200家业内大型企业参加，达成意向成交额58亿元；举办了北京民族原创动漫形象大赛，推出了八大类47部优秀作品。

**7. 艺术品交易业强劲发展，国际市场份额加大**

2013年，艺术品交易产业资产总计达910.2亿元，比2012年增长11.3%，占文化创意产业资产总值的5.0%；全年实现收入1098.5亿元，占文化创意产业总收入的9.4%，比2012年增长55.7%，强劲的增长势头使其位居九大行业之首；艺术品交易业就业人员平均人数与上年持平，为2.8万人，占文化创意产业从业人员总数的1.7%。艺术品交易产业实现大幅度增长①。

2013年，全球艺术品拍卖成交额增长13%，达到123.5亿美元，刷新了艺术品拍卖成交金额的历史纪录，而中国市场在其中发挥了主要作用，中国占全球艺术品拍卖市场33.84%的份额，成为艺术品拍卖成交额最高的国家②。以我国雄厚的实力为依托，北京

① 《北京统计年鉴2014》。

② 《2013全球艺术品拍卖成交额增长30%　中美占六成》，《中国文化报》2014年2月21日。

也在中国文物艺术品交易和传统工艺品交易市场占据重要地位，是全球最大的高端文物流通中心。2013 年，北京共举办各类艺术品拍卖会 260 场，拍卖总成交额达 256.7 亿元。继伦敦、纽约、香港之后，北京已然成为世界上又一重要的文化艺术品交易中心①。

**8. 设计服务业资源良好，产业链条完整，国际地位日益凸显**

2013 年，北京设计服务业持续发力，资产总计达 1436.4 亿元，比 2012 年增长 23.4%，占文化创意产业资产总值的 7.9%；实现收入 491.6 亿元，占文化创意产业总收入的 4.2%，比 2012 年增长 11.0%，增速排在第四位；就业人员平均人数占文化创意产业从业人员总数的 8.5%，达 13.8 万人②。

北京具有丰富的设计资源和良好的产业发展基础，是充满设计魅力的城市。北京是全国的科技创新中心，全国大约 1/3 的优秀科研院所、技术中心、实验室等都聚集在此，北京的科研发展经费支出和万人发明专利拥有量都在全国首屈一指。与此同时，北京还是全国的文化教育中心，文化教育资源非常丰富，有公共图书馆 25 座、博物馆 165 座，还有各种影剧院 203 家。北京凭借其优势条件，成为国际上排名前十位的会议城市，国际会议每年都要举办 5000 余场，国际展览超过 240 场。

北京产业发展的生态环境比较有利，拥有相对完整的产业链条，设计产业比较成熟，在建筑设计、集成电路设计等行业中有独特优势。在集聚思路的指导下，北京形成了包括 798 艺术区在内的 30 个产业集聚区，上万家创意企业汇集在那里。在北京优化产业结构、转变经济发展方式的浪潮中，设计已成为一种重要力量。

---

① 网易财经。

② 《北京统计年鉴 2014》。

当今，北京已成为全球最具影响力和实力的设计之都，其设计产业形成了包括工业、建筑、时尚设计在内的12个分支领域，拥有100多所设计院校和2万余家设计机构，全市设计从业人员近25万人，建有30个设计产业集聚区，众多企业中仅规模以上企业就超过了800家，北京市设计产业收入超过千亿元。

除此之外，北京还在国际上举办了许多有影响力的设计活动，如已经成功举办4届的北京国际设计周。其中最具影响力的是中国设计“红星奖”，经过近10年的发展，至今已有29个国家参评，2013年更是吸引了韩国三星、美国哈曼等100多家跨国企业，总参评企业多达1000家，参评产品更是多达5000件[①]。

**9. 其他辅助服务业贡献突出**

2013年，北京其他辅助服务行业资产总计达1478.4亿元，比上年增长2.4%，占文化创意产业资产总值的8.1%；收入合计达1460.8亿元，占文化创意产业总收入的12.5%，仅次于软件、网络及计算机行业的36.8%，比2012年增长6.6%；从业人员平均人数达15.7万人，占文化创意产业从业人员总数的9.7%，仅次于软件、网络及计算机服务业，排在第二位。其他辅助服务业无论是在行业收入还是在吸纳劳动力就业上，都对北京文化创意产业的发展有突出贡献[②]。

### （三）文化交流项目蓬勃开展，影响力不断扩大

北京市文化创意产业立足北京地域特色，坚持“走出去”与“引进来”相结合、文化交流与文化贸易相结合的战略，提升了北京文化的对外影响力和传播力。截至2013年底，北京市文化局共

① 《北京跻身全球最具活力设计之都》，《北京日报》2013年10月21日。

② 《北京统计年鉴2014》。

受理对外文化交流项目 183 批 4330 人次，交流项目同比增长 20%，交流人次同比增长 23%；出访国外及港澳台地区文化交流项目 140 批 2979 人次，引进国外及港澳台地区文化交流项目 43 批 1351 人次。

北京市文化创意产业服务外交工作大局，影响力不断扩大。赴刚果举办了“感知中国”文艺晚会，赴古巴举办了“北京之夜”文艺演出。以北京友城交往为渠道，积极与首尔中国文化中心开展年度对口合作，在曼谷开展双向交流演出。成功举办了 2014 年亚太经合组织在北京的文艺演出活动。

注重对活动品牌的打造，有利于中华文化与交流地文化融合发展。将我国“欢乐春节”这一经典品牌做大做强，在芬兰、罗马、摩洛哥等地举办庙会等春节系列庆祝活动，将我国的特色品牌推向国际，扩大中华文化的国际影响力，成为同类活动的亮点。“两岸城市文化互访系列——北京周”暨京台文化节传播经典文化，巩固两岸友好关系。新推出的“2013 北京舞台艺术香江行”活动首次采取商业运作模式开展贯穿全年的文化活动，以香港为依托，拓展北京文化的影响力。以北京市与澳门特别行政区政府主办的第二届北京·澳门合作交流洽谈会为契机，举办民族音乐会，丰富交流内容。举办高端学术论坛活动促进国内外文化研究学术交流，首届“艺术与创意城市北京论坛”和首都图书馆百年“城市与图书馆”论坛均获得好评。

创新机制，探索对外文化交流新模式。不仅与外国政府建立了交流合作关系，还注重与非政府组织和其他专业机构的交流合作。例如，与英国威尔士政府就推进两市的文化艺术交流签署谅解备忘录；成功举办了以“人文交流促进经济合作”为主题的论坛，以及系列中华传统文化展；北京的民间艺术团奔赴加拿大，在中国周活动中广受好评；北京京剧院、中国评剧院、北京市曲剧团、北京市河北梆子剧团先后赴世界三大艺术节交流学习，为后期深度参与奠定基础。北京交响乐团欧洲、美洲巡演，北京京剧院传承之旅欧洲站、南美站巡演，按照国际化商业规律运作，通过市场带动传统艺术走进国际主流社会。

搭建了对外展示与交易平台，对外文化贸易繁荣发展。北京市注重文化出口渠道建设。一是请进门来，与文化部合作举办首届中非圆桌会议，将26个非洲国家的文化高官请进来，为北京文化企业和产品在非洲开展文化贸易开拓局面。二是主动出击，与文化部共同组团参加阿根廷文化产业交易会，重点推介北京市优秀文化企业，打造一批重点文化出口品牌和企业。2013年，北京的文化贸易进出口总额为35.3亿美元，比上年增长15.7%。其中，核心文化产品进出口总额达9.1亿美元，服务进出口总额高达26.2亿美元。全国有60家企业被列为年度国家文化出口重点企业，37个项目被列为重点项目。以完美世界、金山软件、智明星通、蓝港在线、畅游时代为首的原创研发企业网络游戏出口额约为16亿元。大型民族歌舞剧《马可·波罗》赴美演出100场，中国杂技团北美市场演出协议额逾2000万元①。

## 三　北京文化创意产业特点分析

### （一）文化创意产业集聚区差异化发展

自2006年起，北京陆续认定了30个市级文化创意产业集聚区。经过多年的发展，市级和各区县的集聚区已经成为北京文化创意产业的一个重要载体。截至2013年底，市级文化创意产业集聚区内的742家规模以上文化创意产业法人单位实现收入1407.8亿

① 《北京市文化局2013年度工作总结》。

元，占全市规模以上文化创意产业总收入的 14%；从业人员达到 14. 8 万人，占全市的 14. 1%①。

为了避免集聚区之间的同质化竞争、创意淡化等问题，在北京市国有资产监督管理办公室的推动下，北京按照土地集约、产业集聚、功能集中的原则，结合各区县的功能定位，优化文化创意产业空间布局，规划建设 20 个功能区，引导文化创意产业“差异化”发展。这 20 个功能区分别是：文化科技融合示范功能区，主要从事文化软件服务、增值电信服务、互联网信息服务等，推动一批大数据、人工智能等融合发展的新业态进一步发展；动漫网游及数字内容功能区，开展原创设计，展示交易服务，推动运营服务和版权交易；文化金融融合功能区，致力于打造金融服务平台；天坛 – 天桥核心演艺功能区，发展创作、演出、版权、相关消费及衍生品等上下游产业链；戏曲文化艺术功能区，将戏曲教育、展示、体验以及衍生品打造成一条有特色的产业链；798 时尚创意功能区，主要进行艺术品创作、交易、设计，从事文化艺术的中介服务；音乐产业功能区，发展音乐版权保护与交易、音乐创作、教育、培训、演出等；CBD – 定福庄国际传媒产业走廊功能区，主要从事新闻、广播电影电视、广告及软件业，此外还进行设计、网络、商务等相关服务；影视产业功能区，力图打造电影行业总部基地；新媒体产业功能区，开拓新媒体研发、运营、服务和相关设备的制造业；出版发行功能区，致力于推动传统出版产业和数字出版产业的集合式发展；创意设计服务功能区，重点发展机械、手机、汽车、服装、家居、室内等设计产业；天竺文化保税区，主要进行艺术品的储存、物流、展示及交易；文化艺术品交易功能区，向高端、规模和原创方向发展；会展服务功能区，为各种会议展览提供服务，重点发展

① 《北京市文化创意产业功能区建设发展规划（2014 ~ 2020 年）》。

酒店、商贸等基础配套服务业；奥林匹克公园文化体育（会展）融合功能区，着力承办国内外重大体育赛事，开展一些参与体验式活动和演艺活动；北京老字号品牌文化推广功能区，集文化、商贸、旅游、制作、展示、消费于一体；未来文化城功能区，与未来科技城相呼应；主题公园功能区，主要为文化娱乐产业发展提供支持；历史文化和生态旅游功能区，以文化旅游休闲产业带动生态保护和传统农业的转型升级。

## （二）各行各业纷纷与科技融合，动漫产业尤为显著

自 2012 年北京把文化创新、科技创新“双轮驱动”作为发展的总体战略，积极推动“文化科技融合”以来，数字技术、新媒体技术、网络技术在新闻出版、广播电视等行业间渗透应用，文化创意产业中与新技术应用相关的领域快速发展。例如，《2013 年新闻出版产业分析报告》显示，报纸出版多项指标下滑，而电子出版物无论是营业收入还是利润总额都有较大幅度的增长，电子出版物是在数字化的大趋势下产生的，其融合发展的特征为自身的生存发展拓展了空间；数字出版营业收入占新闻出版产业营业收入的比重为 13.9%，其发展迅猛，数字出版产业基地的示范带动作用也在逐渐增强。北京数字出版行业起步较早、基础较好，不论是产业规模还是整体实力始终处于全国前列。北京数字电影论坛自 2003 年举办以来，已经将世界 30 余个国家的百余项尖端影视技术引入中国，并将目标调整为“促进电影艺术与现代科技深度融合”。此外，“大数据”开始试水国产电视剧，逐渐成为信息时代的核心资源和生产力。

文化与科技的融合，为文化创意产业发展注入了新的活力，北京的动漫游戏产业就是典型的文化和科技融合的示范产业。目前北京市动画制作公司和制作企业已达 100 多家，并在全市设立了 21

个文化创意产业集聚区，大力发展动画产业。北京动漫游戏产业发展势头强劲，2011 年产值就已达 130 亿元，居全国前列，出口 12 亿元，居全国第一位。2012 年，北京市共创作生产动画片 23 部 9952 分钟，数量居全国第六位；动漫游戏总产值达到 167.57 亿元，比 2011 年增长 29%；动漫游戏出口额达 15.6 亿元，比 2011 年增长了三成。2013 年，北京市及中直机关共创作生产动画片 22 部 20340 分钟①。近年来，北京市涌现了一批在全国具有较大影响力的动漫游戏企业，形成了 6 个动漫游戏产业区，分别是北京数字娱乐区、中关村创意产业园区、大山子艺术中心、德胜园工业设计创意基地、国家新媒体产业基地和东城区文化产业园。在今后的几年中，北京动漫游戏产业发展既要进一步发挥动漫元素的活力，又要创精品品牌、拓展国内外市场。

### （三）金融服务体系和平台建设推动北京文化创意产业发展

北京在文化与金融对接领域有着突出表现，除建立了文创信贷、保险保障等一系列金融服务体系以保障行业的发展以外，北京市政府还出台了有关示范区建设的政策意见，以实现国家科技金融创新的目标以及配套任务和机制的落实。此外，北京市还为文化企业股权转让和融资搭建平台，相关部门作为出资人，成立文化投资发展集团，作为实际的市场运作主体推动首都文化投资的发展。

### （四）文化创意企业掀起并购热潮

长期以来，我国文化产业的一大顽疾就是“弱、小、散、

① 《2014～2018 年北京动漫产业投资分析及前景预测报告》。

乱”，市场集中度差、整体实力弱。党的十七届六中全会、十八大乃至十八届三中全会都强调要加强文化企业跨区域的合理流动，根据市场导向合理兼并重组，提高文化产业的专业化水平。文化市场上兴起了一股并购潮。掌趣科技以8.1亿元收购动网先锋，博瑞传播以10亿元收购腾讯旗下的游戏平台漫游谷，百度以3.7亿美元收购PPS视频业务，华谊兄弟以6.72亿元购买银汉科技50.88%的股权，天舟文化以12亿元收购神奇时代[①]……并购既可以扩大既有优势，也可以直接进入自己尚未开展的业务领域，还有利于传统产业的转型升级，对于改变北京市文化企业业务单一、抗风险能力差的弱势，可谓对症下药、立竿见影。

## 四 文化创意产业发展的机遇与挑战并存

2014年，北京文化创意产业机遇与挑战并存，宏观经济放缓、政策调节失灵等因素威胁着产业潜在产能。当前，北京市和全国消费扩张、国家大力发展文化产业战略，又为北京文化创意产业发展提供了难得的机遇。

### （一）经济发展速度放缓给文化创意产业带来一定威胁

中国经济经过30多年的高速发展，已经由“高速”向“次高”转换。2013年，中国经济整体发展速度放缓，2014年前两个季度延续了这一态势，第一季度国内生产总值为128212.70亿元，累计增长7.4%，第二季度国内生产总值为269044.10亿元，累计增长7.4%，均低于上年平均增长速度7.7%。金融危机以来，中国经济结构也在发生内在变化，工业占比逐渐下降，以服务业为主导的结构即将形

① 陈少峰：《数字文化产业大发展引人关注》，《深圳特区报》2013年12月24日。

成。2014 年第一季度全国第三产业累计增长 7.8%，第二季度累计增长8.0%，均高于第二产业的7.3%和7.4%[①]。北京市前两个季度地区生产总值为9769.3 亿元，增速为7.2%，也低于上年平均增长水平7.7%。北京市第一、第二季度第三产业增速（7.3%）也高于第二产业增速（6.9%）[②]。第三产业的增长将导致总体经济增速放缓。

文化创意产业固有的消费特性使其受宏观经济影响较大，产业发展程度受到经济发展水平的制约。从根本上说，文化创意产业市场主要依赖于居民的消费行为，而居民消费的特点、承受能力和变化趋势又受到经济发展水平的影响，不易把握。所以，在国内经济发展放缓的情况下，文化创意产业可能会受到一定的冲击。

### （二）政府政策的干预影响了文化创意产业市场的自主发展

北京文化创意产业在现行政策的影响之下，出现了市场自我调节失灵、公共资源浪费的现象，真正优于创作的创意作品难以获得公平的市场环境，行业的真实需求和市场机制难以对接。

以北京市演出市场为例。2013 年北京市演出市场虽然演出场次增加，但观众人数和演出收入均有所下降。原因之一就是政府政策的调整，各类演出不再有团体票，再加上五部委文件禁止举办奢华晚会，致使许多演出单位的收入下滑，旅游演出也有较大程度的减少。这说明了以往的演出市场因为政策影响，存在一定程度的虚假繁荣，市场并未充分发挥其调节作用。另外，政府部门还经常发生越位现象，在财政支出、企业赞助、票务安排、演员选择甚至场

① 中华人民共和国国家统计局。

② 北京统计信息网。

地布置、灯光音响等各个环节主导演出市场，没有充分发挥演出市场在资源配置方面的基础性作用。演出机构以及从业人员要有敏锐的市场嗅觉，切勿墨守成规，要根据需要进行创新，积极探寻良性的运营模式和发展道路。

## （三）文化消费缺口大，如何把文化优势转为消费强势既是机遇又是挑战

过去十几年，中国经济显著增长，但主要依赖于外需，外向型经济发展的贡献毋庸置疑。而目前国内经济面临世界市场需求下降的新问题，把经济增长中心转至内需应该是今后相当长一段时间的重点。北京市文化创意产业已成为仅次于金融业的第二大支柱产业，扩大文化消费、培养新的消费增长点，对于拉动内需和加快首都经济增长方式的转变具有特殊意义。

北京集中了全国最丰富、最优质的文化资源，文化底蕴深厚，文化创意产业近年来也实现了快速发展，2013 年全市规模以上文化创意产业收入达 10022 亿元，同比增长 7.6%，从业人员达到 104.7 万人。同时，北京人均 GDP 已经超过 15000 美元，而根据国际经验，人均 GDP 达到 5000 美元时，居民对精神文化的需求就会呈现旺盛的趋势。然而数据显示，北京市居民文化消费量占居民生产总值的比例约为 10%，经测算，北京市预计拥有 2280 亿元以上的潜在文化消费量和 1378.38 亿元的文化消费缺口，北京文化消费的空间巨大、潜力无穷[①]。因此，面对如此大的文化消费缺口和机遇，将已有居民支付能力和优秀的文化资源转化为首都的内需优势、消费优势，扩大北京文化消费是大势所趋，也必定大有可为。

目前抑制文化消费增长的最大问题在于文化产品原创不足，缺

① 《北京：文化优势怎样转为消费强势》，中国文化产业网，2014 年 8 月 28 日。

乏技术和创意含量，整体水平不高，文化供给短缺。其次在于如何提高城乡居民文化消费的支付能力。如何解决上述问题关系到能否把首都的文化优势转化为消费强势，因此，文化消费缺口大对北京来说既是拉动内需的一大机遇，又是一大挑战。

### （四）文化繁荣发展的战略机遇期为产业发展创造了有利条件

北京市文化创意产业的发展面临国家“文化大繁荣大发展”的战略机遇期和前所未有的政策机遇，从整体发展环境看，国家出台了《中共中央关于深化文化体制改革　推动社会主义文化大发展大繁荣若干重大问题的决定》《文化产业振兴规划》《关于金融支持文化产业振兴和发展繁荣的指导意见》《文化部“十二五”时期文化产业倍增计划》等一系列鼓励扶持文化创意产业发展的政策。十八届三中全会提出要紧紧围绕社会主义的核心价值观，深化文化体制改革，对文化的生产经营机制和管理体制进行改革和完善。建立现代公共文化服务体系，推动我国社会主义文化大发展大繁荣，更好地为人民服务。

文化创意企业要抓住文化发展的大好时机，实现主营业务快速发展，同时立足主营业务产业链的延伸和拓展，实现规模经济，完善产业链布局。

## 五　北京文化创意产业未来发展方向

### （一）重点行业将不断创新

#### 1. 大型电影企业优势增加，3D 电影、微电影成为重要力量

我国文化体制改革不断深入，电影市场的开放度也不断提高。

许多新竞争主体的进入，在一定程度上改变了电影市场现有的竞争格局，降低了电影行业的平均利润水平，同时也为电影业的快速发展提供了良好的机遇，为国产电影营造了一个比较宽松和有利的发展环境。随着电影整体市场环境的不断改善和日趋成熟，市场资源明显向具有资金、人才优势的大型电影企业倾斜，使得大型企业在激烈的竞争中仍能处于有利位置，保持较高的赢利水平。

近几年来，电影总票房保持了较高的增长速度，其背后除了电影销售得到空前重视、银幕数量快速增长外，3D 影片也做出了不可磨灭的贡献。截至 2013 年上半年，我国数字银幕数量突破 1.5 万块，并以每天 12.5 块的速度持续增加，3D 银幕数更是历史性地达到 11854 块①，其技术与内容的贴合也更为合理化和艺术化。3D 影片的高票房和高吸引力将成为推动我国电影业发展的一股重要力量。

微电影虽然出现的时间并不长，影响力也不是很广泛，但是发展势头很强劲。2011 年国内微电影数量就已达 2000 多部，2012 年更是微电影的“井喷”之年。2012 年末举办的中国国际微电影节，作为微电影界影响力最大的电影节，见证了微电影的迅猛发展。此外，中国微电影已经形成了一条粗具规模的产业链，包括培训、营收、制作、播出和衍生五个环节，已经具有了潜在的商业价值。

**2. 移动新媒体动漫爆发式发展，带动北京动漫产业转型升级**

根据《“十二五”时期国家动漫产业发展规划》，我国力争在“十二五”规划期间打造 5～10 个有国际影响力的动漫产品和企业。着力培养一批专业的能把握市场需求的知名动漫艺术家和企业家。提高动漫产业的影响力、带动力和辐射力，衍生其产业链以应

---

① 《2013 年文化传媒白皮书：电影票房增 30%　每天 6 家手游公司诞生》，《证券日报》2013 年 12 月 27 日。

用到更多的文化生活领域，成为文化行业发展的重要驱动力。

随着智能终端的快速普及和移动网络的高速发展，移动新媒体动漫正呈现爆发式发展态势，我国动漫产业正从传统媒体向新媒体加速迁移，数字动漫产品的互联网化已成为不可逆转的潮流趋势。借助数字产品极低的复制成本和互联网极低的传播成本，视频网站正在取代传统电视频道而成为动画内容产品集成分发的首要媒体，新一代动画传播媒体的数字化、网络化、移动化、社交化和融合化特征日趋凸显。动画已经成为国内各大视频网站继电视剧、电影和综艺节目之后的第四大内容板块，不少主流网站纷纷开设了动漫（动画）频道，同时诞生了酷米网、淘米视频、百田卡通等一批动画视频网站，采购大量国内外正版动漫内容向广大网民进行分发传播。此外，即时通信、微博、社交网站和论坛等以社交元素为基础的网络应用平台为强化互动性和用户黏性，纷纷使用大量动漫形象作为表情符号，进一步丰富了新媒体动漫的产品形态。

因此，北京的动漫企业大力加强高新技术应用创新，充分利用 CG 数字制作技术和网络传播技术将所创造的技术红利转换成先进生产力和利润收益是企业发展的必经之路。如何把动漫内容充分互联网化和移动互联网化，如何开发更具针对性的微动漫、微视频等新型产品，如何利用微博、微信公众账号和社交媒体开展营销服务，如何利用官方网站、App 应用等构建一体化业务平台，是动漫企业应当思考的问题①。

**3. 数字出版迅猛发展，出版业转型升级呈现新特点**

据统计，2013 年，我国新闻出版行业保持平稳增长，整个行业的产业规模不断扩大，继续保持了较强的可持续发展能力。然

① 《中国动漫产业发展报告（2014）》。

而，根据《2013 年新闻出版产业分析报告》提供的数据，全国总印张、营业收入、利润总额都有不同程度的下降，总体经济规模综合评价由第四位降至第五位。相反，数字出版产业保持了强劲的增长势头，产值再创新高。2013 年，数字出版业收入总计为 2540.4 亿元，比上年增加 604.9 亿元，涨幅达 31.3%，占新闻出版产业总收入的比重为 13.9%，较上年增长了 2.3 个百分点。在线音乐和网络动漫发展也十分迅猛，收入增长 1.5 倍。这反映出新型数字化内容服务在新闻出版业数字化转型中发力迅猛，传统出版物的数字化转型尚需进一步加强。

未来北京出版业的转型升级将呈现以下发展特点。①媒体融合发展进程加快。随着传统新闻出版单位的转型升级，产业发展呈现融合发展的趋势，需要学会在互联网思维和新的产业发展视角的指导下，充分运用先进技术，注重内容建设，使传统媒体和新兴媒体实现一体化的、互补的发展。②数字教育出版发展迅猛。随着互联网的迅猛发展，教育教学也开始呈现移动化和碎片化的发展特点，各种学习类 App 以及微课堂等教学产品将成为新的利润增长点，在数字教育领域也将迎来投融资的高峰。③大数据深刻影响内容生产方式。传统新闻出版业要实现转型升级，不仅产品形态需要变化，更要借助大数据和互联网，对产品内容进行规划升级，深入掌握渠道和用户，力图完成从加工制造商到内容提供商的角色转变。④移动互联网数字产品突破发展。随着 4G 技术的发展和网速的提升，人们对阅读的要求也越来越高，如何将品质、内容、图像、文字等联结为一体，是移动互联网发展的挑战，同时也是巨大的机遇。⑤移动支付带动内容付费机制形成。新技术的发展促使移动支付不断发展，付费机制也将日益走向成熟，同时也会对我国数字出版新的模式提供有力支持。⑥内容呈现多屏融合与互动的趋势。新旧媒体的融合发展，促使内容的传播方式发生变化，逐渐由多屏独立向多屏融合发展，各种终端都将被纳入信息传播系统。新旧媒体之间的联系和依赖将继续加深，二者融合发展，信息内容的传播将更加丰富化和立体化①。

### （二）产业跨领域发展成为主流趋势，新业态新模式不断涌现

文化创意产业是一个关联性、包容性极强的产业，无论是传统制造业、高科技产业还是旅游产业，都有文化创意的元素，文化创意产业已成为一个跨界产业，融合创新是文化创意产业发展的必然结果。文化创意产业与科技的融合成为主流，并进一步成为政策重点支持的方向。文化与科技的融合，能够加快创新成果的转化应用，也是多数文化企业今后提升附加值的主要领域。而且还能促进移动媒体、数字出版、绿色印刷等文化与科技融合行业的发展。此外，在以数字化文化产业为核心的文化与科技融合的主流趋势下，4G 网络将进一步带动文化科技创新，特别是围绕数字文化产业领域的各种技术和产品创新。

近年来，文化创意产业与金融业融合的速度加快，尤其以互联网与金融业融合为首，大大推进了金融创新的步伐。其中，电子商务与金融业融合创新能力最强，为互联网企业带来新的赢利。以电子商务的供应链金融服务为例，企业以其良好的商业信誉为保证，以相应的应收账款为抵押，由银行为企业的上游供应商提供短期的贷款业务。电子商务企业涉猎金融业，将成为未来互联网领域发展的一个重要方向。随着越来越多的电子商务企业及其他互联网企业获得第三方支付牌照，互联网与金融业的结合将更加紧密，从而推动金融工具以更快的速度创新，同时将推动互联网业态的不断创新

① 《2013～2014 中国数字出版产业年度报告》。

和边界的不断扩展。同时，一些新的商业模式不断涌现，如文化旅游、体育、信息等行业的融合发展。

### （三）电子商务消费分流传统消费份额，带动快递业务飞速发展

近年来，以网络零售为代表的电子商务产业迅速发展，已成为推动我国经济增长的一种新生力量。有关统计数据显示，中国网络零售交易总额近五年的平均增长速度达到80%，2013年中国网络零售总交易额达到1.85万亿元，占整个电子交易总额的近20%，这一比例已经超过美国。目前我国已成为世界上最大的网络零售市场。并且，越来越多的零售企业正在向电子商务领域发力，互联网手机模式的代表小米手机就是一个极佳的例子。电子商务消费在较大程度上分流了传统消费份额，是拉动我国内需的重要力量。

此外，伴随着电子商务的快速发展，也为与之密切相关的快递行业带来了巨大的发展机遇。2013年我国的网购规模达到1.85万亿元，快递业务量达到92亿件，相对于2006年邮政体制改革时快递每年10亿件的业务量和500亿元的网购规模，其发展是显而易见的①。顺丰快递、中通快速、圆通速递、韵达快递等企业顺势发展和成长起来。

### （四）文化企业并购重组成为企业发展的重要方式

继中国财经出版传媒集团、中国教育出版传媒集团、中国科技出版传媒集团、中国出版传媒集团四个中央级出版社转企改制之后，2013年12月，工信部宣布旗下两大出版集团重组为中国工信出版集团，其资产总额超过20亿元，并且将通过市场与政府支持

---

① 《我国成世界最大网络零售市场　5年平均增速80%》，《北京日报》2014年3月11日。

相结合的方式整合优质资源，进行股份制改造，打造上市主体。实际上，当前中国文化媒体行业的并购重组十分活跃。包括电影、电视剧、出版等多个行业，仅 2013 年全国文化媒体并购事件就达 55 起（这只是保守统计，累计交易资金达到近 400 亿元）。其中华谊兄弟公司以 2.52 亿元收购浙江常升影视公司 70% 的股权、索芙特公司以 12.8 亿元收购桂林广维文化旅游有限公司 100% 的股权较引人注目。

随着文化创意企业逐步走过发展期，文化企业持续进行转型升级，面对激烈的市场竞争，具有一定实力的文化创意企业大都开始考虑资源再整合，优化资源配置，进一步开拓市场。因此，企业需要通过并购和重组整合优质资源、扩大生产经营规模、降低成本、提高市场份额、规避风险，以获得优势地位、达到快速扩张的目的。未来，这种趋势还会继续，并且将主要集中在互联网、网游、数字内容与服务、影视传媒和动漫领域。

## （五）数字化成为文化产业发展的最强动力

根据普华永道发布的《2014～2018 年全球娱乐及媒体行业展望》报告，2014～2018 年全球娱乐及媒体行业预计将会保持年均 5% 的复合增长率。而且值得一提的是，在全球娱乐及媒体行业快速发展的大趋势下，中国的年均复合增长率将达到 15.5%。预计未来 4 年内中国将会超过日本而发展成为仅次于美国的全球第二大娱乐及媒体市场。这不仅反映出了人们的文化消费实力日渐提升，而且反映出了人们对各种文化、娱乐形式的需求逐步旺盛。数字化因其能通过广阔的平台满足人们的这种需求，可以随时随地接近最终用户，实现互动，必然会被人们认可和喜爱，成为文化产业发展的最强动力。

近几年来，国家陆续出台了一系列与文化产业相关的利好政策，加大了对文化产业扶持的力度。在此背景下，加快数字文化产业发展也被提上更为重要的日程。数字文化产业所具有的内容丰富、平台广阔、内容与平台高度融合、娱乐性强、针对性强、更新速度快等优势，使其成为文化产业未来发展的主流趋势。

### （六）国有文化企业的改制将激发文化产业发展的新活力

党的十八届三中全会指出，要以建立健全现代公共文化服务体系为目标，大力推进文化生产经营体制和文化管理体制的改革。在坚持公有制经济主体地位的前提下，积极地鼓励、支持、引导非公有制经济的发展。引用现代企业管理制度，深化国有企业改革，完善产权保护制度，促进非公有制企业的发展。提高中国特色社会主义市场经济资源配置的效率和公平性，形成企业自主经营、公平竞争，消费者自由选择、自主消费，商品和生产要素合理自由流通的市场机制。未来，北京也应该贯彻落实十八届三中全会精神，推动国有文化企业改革，使其更加符合现代企业制度的要求，激发其发展活力，带动文化创意产业整体发展。

对于国有文化企业的改制，一是要推进国有文化企业体制机制改革，激发其发展活力，最大限度地发挥企业特别是国有控股、参股的文化企业对整个北京文化领域文化意识的主导作用。引导文化意识形态健康发展，还要借鉴相关的国有企业股权激励经验，通过管理层持股、核心人员入股等方式对企业的管理人才、专业人才实施股权激励。另外，还可以根据国有文化企业的不同性质对其进行差异化考核，区别对待，突出重点和优势。此外，还要注意总结归纳国有文化企业改制过程中的各种问题，研究制定切实可行的解决方案，积极推进方案的实施。二是要鼓励支持民营企业和外资进入。非公有制在市场竞争中遵循市场规则，具有较强的活力和市场洞察力，通过兼并、合资、参股等多种方式，国有文化企业与之结合有利于其进行股份制改造，能够促进国有文化资产的资本化，提高国有文化企业的发展活力。三是要进行文化管理体制革新。按照现代企业制度的要求，同时根据目前文化管理体制混乱的局面，要实行政企分离、管办分离，明确管理主体，给予企业更多的自主经营权，使其真正以独立的身份参与市场竞争。另外，也要加强国有文化企业内部的改革与管理，从劳动用工、考核分配、财务管理等方面建立健全更加符合现代企业制度要求的管理制度。

### （七）教育培训产业和人才的培养与引进将推动文化创意产业的高质量发展

近年来，多家中国教育培训机构在美国上市，重新引发了人们对这个新兴行业的关注。北京的教育培训机构众多，并且有着自己独特的经营模式。以新东方为例，其主要模式为“树立标杆”和“教师搭班”。通过树立标杆，教师会跟机构中的其他教师进行衡量比较，明确自身定位，满足自身的成长感；通过教师搭班，每位老师只负责课程模块之一，经过不断磨砺，既提高了自身的授课水平，也能有效地巩固生源。

北京文化创意产业发展态势良好，这与教育培训产业的支持和发展密切相关。如今，演艺培训已成为都市时尚休闲产业，受到社会的广泛认可，企业投入的拓展培训费用也在增加。培训师成为竞争的焦点，服务质量已成为行业成功的关键。北京市应该整合优质资源，为各类演艺企业、个人提供具有独特文化内涵、针对性强和附加值高的演艺培训服务，并且吸引国内外高质量的演艺培训公司入驻北京，延展演艺培训的核心业务，推动产业结构的升级转型，促进北京市文化艺术产业向高质量迈进。

人才是发展文化创意产业的第一资源，对文化创意企业来说更是如此。因此，应该重视高端人才在文化创意产业发展中的支撑作用，不仅要进行自主培养，更要针对核心产业和重点行业，制定产业关键人才的引进目录，建立人才引进机制、人才共享机制，鼓励、支持和引导在北京市居住和流动的高端人才为产业发展服务。可以通过建立资金和表彰等奖励机制，吸引高端演艺、创作、经营管理等人才来首都“发光发热”；可以通过承担高端人才的人才申报和服务职能，为他们提供咨询服务，帮助他们申报各类人才专项资金；还可以通过协调解决个人生活问题等吸引高端人才。

# 区域动态篇

Regional Development

## B.2

# 北京市各区县文化创意产业全景扫描

王国华　段鹏飞*

2013年，北京市文化创意产业取得突破性进展，全年资产总计达到18234.2亿元，同比增长17.1%；实现收入11657.1亿元，同比增长13%；吸纳从业人员161.7万人，同比增长5.8%①。文化创意产业的快速发展，直接促进了北京市经济发展方式的优化升级和产业结构的转型调整，使首都经济的特征更加凸显。

* 王国华、段鹏飞，北京工业大学。

① 《北京统计年鉴2014》。

## 一　北京市各区县文化创意产业发展新特点

作为北京城市形象的新符号和经济发展的新引擎，文化创意产业的支柱地位日益巩固。

各区县不断完善文化创意产业管理服务组织机构，出台了一系列政策措施，并设立专项扶持基金，为文化创意产业的孵化、壮大提供了良好的外部环境。

功能核心区和功能拓展区成为支撑北京市文化创意产业发展的中坚力量，而远郊区县的文化创意产业无论是单位数量还是收入产值所占比例都相对较小。2013 年，东城、西城、海淀、朝阳、丰台、石景山六城区规模以上文化创意产业收入合计 9407.2 亿元，约占全市规模以上文化创意产业总收入的 89.6%；实现利润总额合计 810.2 亿元，占全市规模以上文化创意产业总利润的 95.1%；上缴了全市规模以上文化创意产业 92.6% 的税金，达 433.4 亿元；吸纳从业人员 100 万人，占全市规模以上文化创意产业从业总人数的 90.1%[①]。其中海淀、朝阳、东城、西城四区的文化创意产业规模最大，带动作用明显，集中分布着各类文化创意产业集聚中心，产业链条相对完整，产业内部结构多元，易推动多产业联动发展，整体辐射力较强。

纵观 2013 年北京市各区县文化创意产业发展状况，各方面不仅在上一年的基础上取得重大进展，成为提升区域综合竞争力的有力砝码，而且还呈现若干新特点。

### （一）逐渐放开文化产业领域管制，鼓励民营企业和外资进入

国有文化企业往往面临历史包袱过重、经营性资金投入不足、

① 《北京统计年鉴 2014。》

整体效益偏低的问题。国有文化企业要想增强发展活力，就必须加快建立文化创意产业“负面清单”管理制度，降低文化领域市场准入门槛，推动国有文化企业逐步放开竞争性业务，鼓励民间资本、战略投资者、外资等社会资本以兼并重组、合资控股、参股等多种方式，参与竞争性行业领域的股份制改造，促进国有文化资产资本化。

2013 年，北京市发改委正式出台《关于进一步鼓励和引导民间资本投资文化创意产业若干政策》。北京市文化创意产业发展已经从土地、资本等要素资源驱动发展到依托先进技术及高效率制度安排等要素驱动的新阶段，并形成了新的“文创 16 条”政策。

该政策努力打破阻碍民间投资进入文化创意产业的“玻璃门”“弹簧门”，为民间资本开辟更广阔的发展空间，更加有利于提振民间投资意愿，增强文化创意产业发展的内在动力和活力。特别值得一提的是该政策在促进产业投资、扩大文化消费、创造公平市场环境等方面提出了一些实实在在的政策手段。该政策的出台，一是有利于进一步优化民间资本投资发展环境，释放创新创意活力；二是有利于进一步巩固深化文化体制改革成效，提高文化企事业单位发展的质量和效益；三是有利于进一步巩固以公有制为主体、多种所有制共同发展的文化创意产业格局，进一步加快首都全国文化中心建设。

### （二）并购潮风起云涌，跨领域整合活跃度高

并购是文化企业成长的必经之路，拥有一定资本的文化企业借助资本市场，把兼并、重组、上市、参股等资本运营手段作为商业模式，实现跨行业、跨区域的并购，并通过整合产业链上下游，扩大企业规模，提高市场占有率，从而降低企业经营风险，提升文化生产力和竞争力。

2013 年北京市文化创意企业并购现象频繁发生，兼并收购发展成为文化创意产业实现跨越式发展的一大途径。互联网领域中

BAT 作为北京市高新技术产业的代表，分别通过收购知名文化机构为自己在资本市场增光添彩。腾讯入股搜狗、百度收购 PPS 并与爱奇艺合并、阿里巴巴入股高德地图和新浪微博……这些兼并与收购，除了使产业链的拓展更加多元外，更是一种存量上的盘活，在大数据与云计算平台的聚合上寻找新的价值拓展维度，打通传媒领域之间的交叉点。

### （三）国有文化企业体制改革加快，有力地激发了发展活力

在文化事业单位转企改制过程中，部分国有文化企业历史包袱过重，经营性资金投入不足，整体效益较低。近年来，北京对文化企业积极开展转企改制工作，取得了显著的效果。以北京演艺集团为例，其整合了“中杂”“北歌”“木偶剧院”“保利紫禁城”等九大文化品牌，资产规模由 4.3 亿元增至 11.74 亿元，并且跻身“全国文化企业 30 强”。但是，由于历史因素，北京文化企事业单位改革中还存在很多不到位的地方，如部分改制后的企业包袱过重和压力过大、文化企业行政事业化色彩依然浓厚、尚未建立现代化的企业制度、市场化运作效率不高等。

2013 年，北京市作为国家文化创意产业的“领头羊”，迈出了关键性的一步。工信部宣布旗下的两大出版集团重组为中国工信出版集团。目前资产总额超过 20 亿元，年出版新书 6000 多种。集团今后将重点发展数字出版、文化创意项目等。中国工信出版集团近期将以资本为主线，建立现代企业管理制度，通过市场和政府扶持整合优质资源，推动股份制改造，打造上市主体。

### （四）积极推动文化与科技融合发展，培育文化创意产业新业态

云计算、物联网、智慧城市、移动互联等新技术与应用的不断

涌现，加速了“大数据”时代的到来。

2013 年，中关村创意产业园全力推动中关村大数据产业联盟发展。该联盟致力于跟踪和研究云计算、大数据的技术发展及应用趋势，以信息化建设为前导，以下一代互联网技术为平台，系统地将研究、咨询、战略规划进行有效整合，为用户提供开放、快捷、简便的数据处理平台，节省系统搭建和维护成本，为政府、企业在信息化时代的变革提供高品质的、信息化建设的、专业的咨询服务和解决方案。其成果已经成功应用于北京电视台、运营商 IDC 公有云（中国移动）、政府电子政务云（首都信息发展集团）、运营商中小企业云（北京电信研究院）和企业私有云等。

此外，中国最具影响、规模最大的大数据领域技术盛会——“2013 中国大数据技术大会”在北京成功举办。积极利用创新理念和创新技术，有利于北京培育文化创意产业新业态，推动文化产品和服务生产、传播、消费的数字化与网络化，探索商业模式和发展模式的创新。

## 二　功能核心区文化创意产业

### （一）东城区

2013 年，东城区文化创意产业发展势头迅猛。依托“国际化、现代化新东城”发展战略，立足“首都文化中心区、世界城市窗口区”整体定位，东城区不断向古都风貌与现代化交相辉映的城区靠拢。

#### 1. 总体状况：资产规模逐步壮大，重点领域贡献显著

2013 年，东城区文化创意产业的主导地位进一步增强。截至 2013 年 11 月，全区规模以上文化创意产业资产总计 1429. 6 亿元，

同比增长20.5%，占北京市文化创意产业总资产的10.8%[①]。2013年东城区规模以上文化创意产业实现收入1439.1亿元，同比增长8.1%；实现利润总额79.0亿元，同比增长18.0%[②]。文化创意产业作为东城区六大重点产业之一，占全区GDP的比重逐年上升，产业整体运行平稳，发展前景广阔。

**2. 优势产业：产业布局特色鲜明，艺术品交易独占鳌头**

东城区着力推动包括艺术品交易、文化旅游、文化艺术、新闻出版等在内的重点行业发展，巩固行业优势，凸显行业特色，呈现集聚、联动、融合、创新的发展趋势，并在艺术品交易、戏剧演艺市场、全媒体出版等领域处于领先地位。

截至2013年11月底，资产总额排名前三位的领域分别为艺术品交易、新闻出版和广告会展，资产总计分别为401.1亿元、265.2亿元和165.4亿元，同比分别增长22.4%、20.5%和15.3%，共拉动资产总计增长6.7个百分点，贡献率达44.4%。广播、电视、电影，软件、网络及计算机服务以及文化艺术三大领域继续保持强劲的发展势头，收入同比分别增长21.3%、15.8%和12.6%，合计拉动全区收入增长1.4个百分点，贡献率达69.9%。新闻出版，旅游、休闲娱乐以及艺术品交易三大领域收入同比分别增长10.3%、7.5%和5.5%，贡献率达41.1%，为文化创意产业的稳定发展发挥了重要作用[③]。

**3. 园区发展：传统园区文化升级，历史风情创新演绎**

抓住文化创意产业高端化发展以及促进产业结构升级的契机，

① 《2013年1~11月东城区文化创意产业保持良好发展态势》，http://www.bjdch.gov.cn/n7498/n7503/n7523/n7563/c646409/content.html。

② 《北京统计年鉴2014》。

③ 《2013年1~11月东城区文化创意产业保持良好发展态势》，http://www.bjdch.gov.cn/n7498/n7503/n7523/n7563/c646409/content.html。

东城区充分利用文化资源上的优势，形成了多处文化创意产业集聚区。其中，最具代表性的三个重点文化创意产业园区有前门历史文化展示区、雍和园文化创意集聚区、龙潭湖体育产业园区；四个休闲文化街区包括前门大街、南锣鼓巷、五道营、南新仓；五大剧场集群分别为王府井、交道口、东二环、天坛演艺区、银街；“胡同里的创意工厂”如方家胡同 46 号、嘉诚印象等。

“胡同里的创意工厂”彰显创意产业特色。东城区拥有众多历史文化保护遗迹，分布着近 800 条独具老北京特色的胡同。因此，在东城区经济社会发展的过程中，始终担负着风貌保护与产业发展的双重任务。为破解保护与发展的矛盾，东城区采取“腾笼换鸟”的策略，科学梳理胡同资源，将创意产业有机植入胡同空间，打造了一批“胡同里的创意工厂”，探索出一条在保护北京古都风貌的前提下发展文化创意产业、优化胡同创意生态、促进城市有机更新的新模式。

2014 年第五届“创意点亮北京”将活动场地安置于各具特色的胡同创意工厂里，来自世界各地的近百位艺术家、上千名中外设计师带来了创意十足的装置、新媒体、影像、动画等作品，组织了数场环境戏剧、音乐互动等表演，为广大市民奉上了一场创意的盛宴，实现了胡同公共空间与创意的完美结合。通过组织“创意点亮北京”文化艺术周、“胡同创意工厂游”等品牌活动，繁荣胡同文化生活，提升品牌影响力，东城区“胡同里的创意工厂”模式取得了较大的成效。

**4. 发展瓶颈：文化优势利用不足，经济效益提升较慢**

东城区历史文化资源丰富，为促进文化创意产业发展，出台了《北京市东城区关于促进文化创意产业发展的办法》，为文化创意产业提供专项资金支持。尽管政策支持为文化创意产业发展提供了基本保障，但东城区文化资源优势向产业发展优势转化力度仍然不足。符合区域资源特点的文化创意产业尚处于培育阶段，缺乏文化资源向产业发展优势转化的有效途径。同北京市相比，东城区的文化创意产业经济效益提升较慢，收入和利润所占比重有所下降。高收入文化创意单位多为传统商业企业，产业附加价值不高，并且产业内部各行业发展尚不均衡，产业规模和竞争力均有待提升。

## （二）西城区

近年来，西城区充分挖掘自身历史文化资源和现代产业资源优势，依托良好的金融基础，力图打造面向全国的文化金融创新中心，提升区域文化软实力，实现文化创意产业发展模式的创新。

**1. 总体状况：增长速度快，整体质量高**

2013 年，西城区文化创意产业延续了上一年度较快发展的态势，文化创意产业法人单位总计 7506 家，拥有资产总计 1308.3 亿元，实现收入合计 656.2 亿元，获得利润总额为 56.6 亿元。其中，收入排在前三位的分别是艺术品交易业、新闻出版业和软件、网络及计算机服务业，实现收入合计 372 亿元，占收入总量的 56.7%；利润排在前三位的仍然是这三大行业，不同的是软件、网络及计算机服务业以 17.1 亿元成为利润最高的行业，艺术品交易业次之，然后是新闻出版业，总共实现利润 43.3 亿元，占利润总额的 76.5%，成为带动全区文化创意产业快速增长的主要力量[①]。

**2. 园区发展：充分利用金融优势，推出首批区级产业集聚区**

西城区依托强大的金融产业优势，积极推进文化与金融融合

① 《2013 年四季度文化创意产业》，北京市西城区统计信息网，http：//www.xc.bjstats.gov.cn/sjfb/jdsj/yj2013/whcycy211/33380.htm。

发展，将区域资源优势转化为产业竞争优势。在2013年第八届北京文博会上，西城区推出了首批12个区级文化创意产业集聚区，分别是中国3D影视产业基地、“新华1949”文化金融创新中心、北京金工宏洋电子商务产业园、北京DRC工业设计创意产业基地、琉璃厂历史文化创意产业园区、中国北京出版创意产业园区、设计之都文化创意产业园、普天德胜科技文化创意产业基地、北京金丰和文化科技融合示范基地、北京天桥演艺区、西海48文化创意设计产业区和繁星戏剧村。其中以文化艺术、艺术品交易为主导产业的园区4个，以设计服务为主导产业的园区3个，以新闻出版为主导产业的园区1个。这些集聚区在空间上分布均匀，涵盖产业类型丰富，体现了差异化的文化创意产业发展思路。

天桥演艺区建设取得重大进展。天桥演艺区作为首都演艺核心区，主剧场的综合演出和专业小剧场的特色演出是其主导业态，宣传经纪、票务、交易、制作、文化交流、投融资等作为配套关联业态。同时，挖掘国内外地方特色文化资源，通过与现代创意元素相融合，配套建设特色购物、休闲、娱乐等项目，打造传统文化与现代时尚繁荣并存的复合型演艺产业园区。

2013年，随着天桥艺术大厦竣工交用、天桥演艺区官方标识公布以及天桥历史文化景观重现等重点项目的顺利完成，北京天桥演艺区建设取得阶段性的重大进展。此外，天桥演艺指数在第八届北京文博会上首次发布，它可以通过监测演出市场的综合发展水平和动态数据来掌握辖区演出市场活跃度的走势变化、运行状况，为政府决策、企业经营、行业自律乃至消费者消费等提供参考。同时，广大市民也可根据天桥地区各大演出场所的演出种类、演出剧目、票房收入、观演人数等动态信息选择观看自己中意的演出剧目。

## 三　功能拓展区文化创意产业

### （一）朝阳区

2013 年，朝阳区文化创意产业的发展已从产业培育期过渡到市场收益期，九大行业年收入均位居全市前三名，已成为北京市文化创意产业快速发展的引擎和核心承载区，成为北京市文化创意产业创新发展的示范区，文化创意产业发展强区态势日益凸显。

**1. 总体状况：增长幅度稳定，发展态势良好**

2013 年，朝阳区文化创意产业保持平稳发展态势。全区规模以上文化创意产业单位实现收入 2330 亿元，同比增长 10%。2013 年 1～11 月，广告会展业，软件、网络及计算机服务业以及旅游、休闲娱乐业分别实现收入 463.7 亿元、420.2 亿元和 351.9 亿元，增速分别为 7.6%、4.6% 和 12.9%。2013 年全区规模以上文化创意产业单位实现利润 109 亿元，同比增长 50.8%。2013 年 1～11 月，软件、网络及计算机服务业，广告会展业以及旅游、休闲娱乐业分别实现利润 33.5 亿元、17.6 亿元和 9.6 亿元，增速分别为 216.1%、11.1% 和 30.0%[①]。

**2. 产业结构：产业布局特色鲜明，结构日益多元**

从产业结构看，广告会展业，软件、网络及计算机服务业，旅游、休闲娱乐业以及其他辅助服务业依然保持主导地位，2013 年 1～11 月，四个领域实现收入分别占文化创意产业收入总量的 24.5%、22.2%、18.6%、17.0%。旅游、休闲娱乐，软件、网络及计算机服务以及其他辅助服务等新兴领域发展速度较快，其中软件、网络及计算机服务业和其他辅助服务业实现利润总额同比分别

---

① 《北京统计年鉴 2014》。

增长216.1%、214.3%，旅游、休闲娱乐业实现营业收入、利润总额同比分别增长12.9%、30.0%，旅游、休闲娱乐业对文化创意产业收入增长的贡献率达到40.9%。

朝阳区文化创意产业还呈现结构多元化、市场化程度高的特点。非公、港澳台及外资文化企业占该区文化企业总数的88%，实现各类经济指标占全区总量的85%以上。将文化创意产业九大行业按实现收入排序，朝阳区的广告会展业，软件、网络及计算机服务业，旅游、休闲娱乐业以及其他辅助服务业是文化创意产业的四个重点产业。2014年1~5月，四个领域主体地位稳固，合计实现收入666.9亿元，占文化创意产业总收入的82.3%①。

**3. 园区发展："传媒走廊"作为龙头，集群效应凸显**

从空间布局上看，朝阳区的文化创意产业集群发展特征显著。企业总数突破4.4万家，市级文化创意产业集聚区达到8个，位居全市各区县之首。"传媒走廊"的文化传媒业、大山子的时尚创意业、奥运村的文化体育和旅游休闲业、潘家园的古玩艺术品交易业等集群发展水平进入新的阶段，一核、一轴、多基地的"十二五"文化创意产业空间规划构想基本实现。

CBD－定福庄国际传媒产业走廊：龙头企业辐射作用突出，集聚效应凸显。自"传媒走廊"概念提出以来，重大项目、品牌企业和各类资源迅速向这一区域集聚，如中央电视台、北京电视台、凤凰卫视等传媒机构，产生了巨大的辐射作用。顶着全国首个年产值破千亿元的文化产业园区的光环，2013年，"传媒走廊"再添六大文化创意产业基地，并集中亮相北京文博会，包括全市面积最大的园林式文化创意产业基地——惠通时代广场新址、北京规模最大

---

① 《前五月我区文化创意产业收入815.8亿元》，朝阳区人民政府网站，http://www.bjchy.gov.cn/affair/tjxx/compile/8a24fe8346b703850147d25401d230f1.html。

的出版创意产业基地——中国北京出版创意产业基地、全市首个为动漫企业量身打造的专业楼宇——三间房动漫大厦、吸引相关人才入驻的传媒精英总部基地、面向传媒企业办公个性定制的世纪华腾总部公园、新型连锁式文化创意产业园区 i 工场。

其中，中国北京出版创意产业基地是朝阳区第 7 个国家级文化创意产业基地。该基地又被称为“中国书谷”，占地面积为 18 公顷，建筑总规模达 35 万平方米，总投资 30 亿元，建成投入使用后，预计年交易额将突破 500 亿元。朝阳区作为北京市出版创意产业的先行区，欲通过该基地重点打造七大公共服务平台，竭力推动首都出版创意产业集群发展，建设出版创意之都的核心承载区。

**4. 保障措施：发挥金融引导功能，完善公共服务平台**

完善政策体系，加大支持力度。朝阳区致力于建设中国文化产业创新发展示范区，积极优化文化产业规划，发挥政府的宏观引导功能，统筹社会资源，积极参与区域文化建设，推动全区文化创意产业发展。2013 年 3 月，区政府面向社会公开征集朝阳区文化创意产业发展引导资金支持项目，通过奖励、贴息、直接补贴等方式支持公共技术服务平台、公共服务体系建设，加大对重点集聚区、重点行业、重点项目、重点企业和关键人才的扶持力度。

提升公共服务，优化发展环境。利用修建文化创意产业园区的契机，朝阳区广泛吸引社会力量参与文化创意产业园区的建设和运营，创造良好的投资发展环境，促进文化创意产业与金融、商务产业融合互补发展；吸引高端人才集聚，搭建多种形式的人才成长和培养平台，以人才竞争力的提升引领产业核心竞争力的提升，以人才结构调整促进产业结构调整，增强文化创意产业发展品质。

## （二）海淀区

2013 年，海淀区文化创意产业积极利用高新技术改造提升传统文化产业，效益指标良好，充分体现出文化和科技融合的特征。

**1. 总体状况：产业规模占据北京各区县之首，发展优势明显**

2013 年，海淀区全年规模以上文化创意产业实现收入 4222.1 亿元，比上年同期增长 7.9%；实现利润 486.1 亿元，同比增长 15.6%①。2014 年上半年，规模以上文化创意产业实现收入合计 1913.5 亿元，比上年同期增长 9.5%②。海淀区文化生产力和竞争力一直在北京市 16 个区县中占据首位，并集中了一大批优秀领军企业，具备发展文化创意产业的基础条件和比较优势。

**2. 产业结构：IT 产业仍居首位，其他产业与高新技术结合程度高**

海淀区文化创意产业已形成了软件、网络及计算机服务业，设计服务业，广播、电视、电影业以及新闻出版业四大行业为主导的发展格局，利用区域资源优势打造科技和文化结合的高端文化创意产业发展思路已经成为区域共识。

软件、网络及计算机服务业收入占全区文化创意产业总收入的一半以上，牢牢占据着主导产业的地位。2013 年，海淀区为塑造文化科技融合品牌，举办了“2013 中国·中关村文化和科技融合产业峰会”，并评选出“2013 中关村十大卓越品牌”“2013 中关村十大新锐品牌”，联想、百度、乐视网、小米科技、创客空间、爱奇艺等上榜品牌大多分布在海淀区。

广播、电视、电影业迈向数字化。2013 年 11 月，在第八届北京文博会上，海淀文化创意产业数十家领军企业的亮相带来了一场创意的盛宴。海淀展馆在互动区设置暗环境，一项采用目前先进的

---

① 《北京统计年鉴 2014》。

② 《文化创意产业季度数据》，海淀统计信息网，http：//www.hdtjj.gov.cn/HDTJJWEB/S_59000.html。

3D 立体动画制作技术和立体电影拍摄技术制作而成的立体影片在向观众展示中国探月工程始末，观众预先目睹了嫦娥三号的风采，影片真实、立体地首次披露嫦娥三号卫星在月面着陆、释放月球车、月面巡视等重要场景。

**3. 保障措施：提升产业高端化，促使文化和科技融合**

为奋力打造国家文化和科技融合示范基地，提高文化创意产业的规模化、集约化和市场化水平，2013 年海淀区在文化和科技融合领域进行了积极的探索和实践。

一是加强规划研究。建立了文化和科技融合机制，制订了文化和科技融合产业路线图及三年行动计划，出版了《海淀区文化和科技融合发展报告（2013）》（蓝皮书），对海淀区文化创意产业的现状、问题以及对策进行了相对全面而又深入的分析和研究。

二是加大园区建设。制定了《海淀区文化科技园区及孵化器认定和管理办法（试行）》，认定了首批 8 家文化科技园区和 4 家产业孵化器，进一步提升了产业服务能力，促进了文化科技企业空间集聚，并为清华科技园、中关村软件园等 8 家“海淀区文化科技园区”和动漫游戏孵化基地、厚德创新谷等 4 家“海淀区文化科技孵化器”进行了授牌。

三是制订虚拟科技园“一园 N 平台”建设方案，打造一批创意经济孵化转化平台。在“2013 中国·中关村文化和科技融合产业峰会”的开幕式上，海淀区针对移动互联网创意经济、创意数码产品设计、工业设计三个领域，发布了移动互联创新创业孵化平台、创意数码成果转化平台、数字化设计创新平台三个创意快速转化平台，为创业者、设计师、中小企业提供了将创意快速转化为生产力的孵化平台。

四是加大资金扶持力度。建立了多只服务文化和科技融合的产业基金，引进投入产业发展基金 3.5 亿元，引进一只规模达 10 亿元的市属文化创意产业基金落户海淀。充分发挥政府投融资平台作用，撬动和引导社会资源参与文化和科技融合建设。

## （三）丰台区

丰台区作为北京市城市功能拓展区，已成为承接城市核心功能拓展、新兴产业集聚、现代经济要素转移的前沿区域。近年来，丰台区不断加大对文化创意产业的支持力度，文化创意产业在区域经济结构中的比重逐步增加，已经成为支撑丰台区转型发展的重要力量。

**1. 总体状况：产业规模持续扩大，发展态势稳中有升**

2013 年，丰台区共有限额以上文化创意企业 417 家，同比增长 6.1%；资产总计达到 514 亿元，同比增长 31.3%；吸纳从业人员 3.8 万人，同比增长 17.2%；总收入为 341.3 亿元，同比增长 19.2%，占全市规模以上文化创意企业总收入的 3.3%，列第五位；实现利润总额 2.2 亿元，与上年基本持平；上缴税金 1.6 亿元，同比增长 18.6%①。软件、网络及计算机服务业，设计服务业，新闻出版业三大重点产业继续保持稳中有升的发展态势，其中软件、网络及计算机服务业营业收入为 156.8 亿元，在丰台区文化创意产业中占 45.9%，增速达 36.5%②。

2014 年上半年，丰台区文化创意产业起步平稳，各项主要指标完成良好，产业整体运行呈现稳步上升态势。数据公布显示，2014 年 1 ~5 月，丰台区文化创意产业实现收入 99.2 亿元，利润总额为 3.9 亿元，两者均同比小幅增长 3.4%。其中，设计服务类

---

① 《2013 年丰台区文化创意产业发展状况》，丰台统计信息网，http：//www.ft.bjstats.gov.cn/html/20140916/7674524.html。

② 《2013 年丰台区文化创意产业发展状况》，丰台统计信息网，http：//www.ft.bjstats.gov.cn/html/20140916/7674524.html。

贡献最大，贡献率达 83.4%，拉动全区文化创意产业收入增长 2.8 个百分点[①]。

**2. 园区发展：突出品牌基地，重视品牌价值**

丰台区已经实现了文化创意产业特色发展，品牌文化、品牌产业、品牌项目树立，并将区域企业品牌、产品品牌有机统一。

一是品牌文化的提升。丰台区提出打造戏曲文化、汽车文化、中秋文化、红色文化、园艺花卉文化和服装时尚文化六大文化品牌。完成了中国戏曲文化中心产业发展规划以及中秋、园艺花卉和汽车三个品牌文化产业发展规划，通过规划引领，形成区域品牌文化体系。

二是品牌产业的壮大。丰台区提出打造生态旅游业、会议展览业、设计服务业三大重点文化创意产业。第九届中国（北京）国际园林博览会于 2013 年 5 月 18 日开幕，在园博园进行的各个场馆的展览展陈以及举办包括花车巡游、城市周、园博嘉年华、区县文化日活动等为期半年的各项文化活动，已经辐射带动了文化旅游、设计服务、文艺演出、会议展览等产业的发展，吸引了大批文化创意企业前来丰台区投资兴业。

三是品牌项目的引进。北京国家数字出版基地已正式落户花乡榆树庄村，将成为与丰台科技园区、丽泽金融商务区同等体量的文化创意产业功能区。北京国家数字出版基地将以移动出版、互联网出版为核心，以电子图书、数字期刊、数字音乐、数字视频、网络游戏、网络教育和动漫产业等数字出版内容为基础，重点发展技术研发、创意设计、标准规划、平台建设、产业运营和人才培训等数字出版高端领域。

① 《2014 年 1 ~5 月丰台区第三产业发展放缓》，丰台统计信息网，http：//www.ft.bjstats.gov.cn/html/20140714/3681452.html。

**3. 发展机遇：加大政策扶持力度，不断会聚产业人才**

丰台区文化创意产业正处在加速发展的战略机遇期。2013 年，丰台区全面启动中国戏曲文化中心、北京国家数字出版基地等重点项目的落地和建设，推动卢沟桥文化产业集聚区的开发建设，引进南方报业、北斗文化等一批龙头项目，研究出台《丰台区文化创意产业专项资金实施细则》等办法，设立文化创意产业专项引导基金，完善丰台区文化创意产业企业孵化器，快速推进丰台区文化创意产业建设。

区域人才资源实现集聚。目前已经建立了丰台区文化创意产业人才库、文化创意产业专家库，组建了文化专家顾问团，举办了文化创意产业“金凤凰”奖评选活动，等等。截至 2013 年底，丰台区规模以上文化创意产业法人单位共吸纳从业人员 3.8 万人，较“十一五”末期增加了 1.2 万人。人才构成不断丰富，人才素质不断提升，人才集聚效应初显，行业带动日益增强。

**4. 发展瓶颈：整体规模偏小，内部结构失衡**

（1）企业规模偏小，竞争力弱

目前丰台区的文化创意产业企业总体规模较小，龙头企业少，产业内部没有形成明确的市场分工和定位，产业价值链偏向低端。丰台区文化创意产业的很多领域尚未形成创新的商业模式或完整的产业链条，造成产业市场总体规模较小、无法良性循环发展且缺乏竞争力。

（2）缺乏专业的创意人才

丰台区面临创意、策划、经营管理复合型人才匮乏的现状。当前我国教育体系中，文化创意人才的培育主要以艺术院校、文化院校为主，具有文化商品化、产业化、全球化经营管理和营销等专业职能的人才还比较缺乏，并未和文化产业发展产生良性互动。

（3）产业内部结构不合理

丰台区文化创意产业的内部结构处于盲目发展的阶段，整体运行质量不高，发展后劲不足。从文化经营内容看，单一性的文化经营企业占多数，而综合性的文化经营企业较少；从生产经营方式看，以传统文化生产模式为主的文化企业占多数，而以高新技术现代生产方式为依托的企业数量较少。

## （四）石景山区

### 1. 总体状况：收入同比有所下降，数字娱乐业占据主导

2013 年，石景山区规模以上文化创意产业实现收入 272 亿元，同比增长 17.4%；实现利润总额 35.2 亿元，与上年大致持平；吸纳从业人员 2.9 万人①。

软件、网络及计算机服务业所占比重逐年增长，是石景山区文化创意产业的主要增长点。以中国动漫游戏城和北京数字娱乐产业示范基地两个市级文化创意产业集聚区为依托，形成了以影视动漫、数字媒体、网络游戏为特色品牌的数字娱乐产业，不断吸引相关公司入驻，如中国动漫集团、盛大无线、千橡网景、巨人征途等龙头企业先后将总部或分部设在该区域。

石景山区大力支持动漫游戏产业的发展，着力布局以影视动漫、网络游戏为特色的产业格局。截至 2013 年 11 月，全区文化创意产业发展到 3700 多家，动漫游戏产业近千家，其产值占北京市文化创意产业总产值的一半以上，约占全国的 1/7；共有软件出版权及版权登记 1000 余项，每年制作的民族原创动画片超过 7000 分钟，有近千款数字娱乐产业产品出口②。石景山区已经成为北京市重要的动漫游戏产业基地，文化创意产业品牌在全市乃至全国具有较强影响力。

---

① 《北京统计年鉴 2014》。

② 《石景山游戏动漫产业为北京动漫产值贡献半壁江山》，中国行业研究网，http：//finance.chinairn.com/News/2013/11/07/154319440.html。

**2. 园区发展：设计平台助力文化创意产业，品牌影响逐渐扩大**

首钢搬迁调整后，石景山区重点开发中国动漫游戏城、北京数字娱乐产业示范基地两大产业集聚区，依托“一园、一城、一轴、一带、多支点”的空间布局，推进中关村石景山园、京西文化创意产业带、永定河绿色生态发展带、新首钢高端产业综合服务区、苹果园交通枢纽商务区、天泰旅游休闲区等载体建设，为文化创意产业发展赢得后发优势。

北京设计产业示范基地：北京首个投入运行的设计公共服务平台。2014 年 5 月，“北京设计产业示范基地公共服务平台”在石景山区建设完成，这是北京被授予“设计之都”后首个投入运行的特色设计公共服务平台，分设动漫游戏衍生品设计、钢铁工程试验、建筑设计协同交互三大子平台，吸引了图文动画、景观规划、室内装饰等千余家设计企业登录，利用线上、线下多种模式，为用户提供测试研发、创意设计、技术交流与推广等高端服务。

作为北京动漫网游及数字内容功能区，石景山区具有较强的品牌影响力。利用这一产业发展优势，动漫游戏衍生品设计平台建立了动漫游戏衍生品设计素材数据库，为文化创意企业免费提供动漫衍生产品素材，或是根据动漫形象，量身设计衍生产品。钢铁工程试验平台则凭借八大厂等产业优势资源，成立现代钢铁厂数字化三维动态模拟、仿真试验中心，为工业领域的厂房设计、设施线路布局等提供服务。

## 四　城市发展新区文化创意产业

### （一）通州区

**1. 总体状况：发展潜力可观，赢利能力不强**

2013 年，通州区共有文化创意企业 5000 多家，注册资金超百亿元，文化创意产业规模不断壮大。规模以上文化创意产业实现收入100亿元，同比增长7.9%，但实现利润仅0.98亿元，同比下降42%[①]。

**2. 园区发展：着重推进文化品牌建设**

通州区重点打造“中国·宋庄”“北京七夕文化节”等一批具有国际影响力的文化创意产业品牌，着力推进一批国家级重大文化创意产业项目落地，打造北京高端文化创意产业的主要承载地和集散地。

2014年5月1日~5月3日，中国最大的音乐节品牌草莓音乐节在北京通州运河公园成功举办。自2009年创立以来，草莓音乐节便成为爱好音乐的年轻人春季必须经历的户外音乐体验，是国内吸引观众人数最多的音乐节品牌。加上草莓生活馆、搭讪广场等草莓音乐节多元化的文化娱乐元素，通州运河公园成为年轻人朝拜音乐的圣地。从第一届的3万名观众到2013年的24万名观众，从最早的3个舞台到如今的8个舞台，从最开始的仅北京一站到现在的全国各地开花，草莓音乐节树立了中国音乐节新的标杆，为通州区打造了一个充满活力的文化品牌。

### （二）顺义区

**1. 总体状况：发展状况稳中趋缓，收入增幅逐渐收窄**

2013年，顺义区文化创意产业整体发展状况稳中趋缓。规模以上文化创意产业单位实现营业收入95.9亿元，同比增长2.1%；实现利润总额7.3亿元；吸纳从业人员12741人，同比略有下降。2014年上半年，顺义区规模以上文化创意产业法人单位有109家，实现营业收入47.4亿元，同比增长15.3%；实现利润

① 《北京统计年鉴2014》。

总额2.1亿元，同比下降15.4%；从业人员有11503人，同比下降4.3%[①]。

**2. 产业结构：广告会展业占据主导，其他产业相对薄弱**

以顺义国展产业园为依托，以建设国际会展产业示范基地为发展定位，顺义区基本形成了以广告会展业为核心的独具区域特色的文化创意产业发展格局。广告会展业作为支柱产业，2014年上半年实现营业收入25.3亿元，占文化创意产业总体收入的一半以上；规模以上企业数量为33家；实现利润22.1亿元，成为拉动区域文化创意产业利润增长的主力军[②]，在很大程度上弥补了文化创意产业其他业态的亏损。

顺义国展产业园作为北京市唯一一家以会展业为主题的文化创意产业集聚区，承载了引领文化创意产业发展的重任，现已有中展投资、中投创展等160余家企业入驻国展产业园。园区位于顺义空港城内，东临首都国际机场，北接空港工业区，西南两侧与温榆河绿色生态走廊接壤，M15号线、机场高速、京承高速、京顺路等交通要道构成了产业园便捷的交通网络。地理位置得天独厚，发展潜力巨大。2013年展馆共举办展会20余场，吸引了中国国际服装服饰博览会、北京国际图书博览会等众多世界级商展落地。

**3. 存在问题：产业起步晚，发展掣肘多**

（1）部分行业规模小，赢利水平偏低

顺义区文化创意产业仍处于起步阶段，从九大领域的单位数量分布看，文化艺术，艺术品交易，广播、电视、电影以及软件、网络及计算机服务领域的单位数量少，行业规模小，导致融资能力有限，在

① 《北京统计年鉴2014》。

② 《1～6月顺义区文化创意产业经济运行情况》，顺义统计信息网，http：//www.sy.bjstats.gov.cn/level3.jsp？id=9732。

很大程度上制约了企业的做大做强；而设计服务，旅游、休闲娱乐，其他辅助服务以及广告会展等聚集企业较多的产业，内部小微型企业居多，整体营运能力、赢利水平还偏低，龙头企业数量较少。

（2）高端创新型人才匮乏

在文化生产力的构成要素中，人才是最活跃的要素，也是加快生产力发展的根本要素。高端创新人才短缺导致原创产品很少，企业核心竞争力不足。人才培养机制的缺失，使人才结构性短缺问题难以在短期内解决。

## （三）大兴区

### 1. 总体状况：发展势头良好，收入增幅列全市首位

2013 年，大兴区规模以上文化创意产业发展迅速，收入、利润均保持快速增长，对区域经济发展起到了良好的带动作用。大兴区规模以上文化创意产业单位共 102 家，实现收入合计 69.4 亿元，同比增长 25.1%；实现利润总额 1.7 亿元，同比增长 4.9%；吸纳从业人员 1.2 万人，同比增长 3.9%。从各经济指标来看，大兴区文化创意产业发展势头良好，其中收入增速居全市首位[①]。

### 2. 行业情况：内部结构呈现多元化趋势

2013 年，随着大兴区文化创意产业实力的不断增强，产业结构呈现几个新变化。

艺术品交易异军突起。2013 年，艺术品交易领域实现收入 16.0 亿元，同比增长 1.4 倍，占大兴区文化创意产业总收入的 23.1%，所占比重提升了 11.3 个百分点；实现利润总额 0.03 亿元，同比增长 34.3%；上缴税金 0.04 亿元，同比增长 93%。艺术

① 《2013 年大兴区文化创意产业发展势头强劲》，大兴统计信息网，http://www.dx.bjstats.gov.cn/sjzx/tjxx/33482.htm。

品交易成为文化创意产业增长最迅速的领域。

旅游、休闲娱乐发展迅速。旅游、休闲娱乐领域中的绿化管理企业，受平原造林以及生态建设的政策带动，共实现收入 15.6 亿元，同比增长 52.1%，占大兴区文化创意产业总收入的 22.5%，所占比重提升了 4 个百分点；实现利润总额 0.04 亿元，同比增长 55.2%；上缴税金 0.5 亿元，同比增长 57.1%。绿化管理相关行业的快速发展，成为文化创意产业新的经济增长点。

新闻出版收入比重下降明显。新闻出版作为大兴区文化创意产业的重点领域，一直以来处于领军位置。2013 年，新闻出版领域实现收入合计 12.4 亿元，在全社会勤俭之风影响下，台历印刷品订单大幅减少，同时由于国家倡导产业低碳环保，部分印刷企业处于业务调整期，收入比重下滑明显，比上年同期减少了 1 亿元，同比降幅为 7.6%，收入所占比重由上年的 24.2% 下降至 17.9%，同比下滑了 6.3 个百分点，排名由第一位降至第三位①。

**3. 园区发展：园区建设不断完善，入驻企业快速增长**

大兴区积极推进文化创意产业集聚区建设，重点建设以国家新媒体产业基地、中国工业设计基地、星光影视园、中国设计瑰谷和特色文化休闲功能区为代表的高端创意文化区，搭建四位一体的文化创意产业发展平台。其中，国家新媒体产业基地是科技部火炬计划批复的全国唯一以新媒体产业为核心的专业集聚区；中国工业设计基地是中国工业设计协会唯一授予的国字头基地；星光影视园则是国家广电总局唯一认定的国家级电视节目制作基地。

大兴新区吸引了一批优质项目落户，集聚效应凸显。作为新区着力建设的文化创意产业核心园区，新媒体基地目前已入驻的企业

① 《2013 年大兴区文化创意产业发展势头强劲》，大兴统计信息网，http://www.dx.bjstats.gov.cn/sjzx/tjxx/33482.htm。

达2000余家，从业人员达到3万人，已拥有以新华网、中国政府网、中国文明网、国家级搜索平台中国搜索等国家级网站为代表的网站集群。2013年1～11月，基地新增注册企业198家，其中注册资金超过千万元的企业有32家，注册资金在亿元以上的企业有4家，有重大项目储备的企业达50余家。此外，随着卡酷卫视、央广购物、电视体育联播平台CSPN、香港卫视等数十家知名影视传媒企业入驻星光影视园，实现了影视制作与文化体验的深度融合，延伸了产业链条。

**4. 保障措施：出台利好措施，推动产业标准化**

2013年4月，大兴区依据历时半年对文化创意产业发展环境、制约瓶颈以及破解之道进行的调研，出台了《促进新区文化创意产业发展的对策建议》。重点内容如下。

成立新区文化创意产业领导机构，统筹与开发区在文化产业资源、要素、产品和服务等方面的有效流动及整合；加快打造园区品牌和提升质量，积极拓展新区文化创意产业发展空间，解决同质化竞争难题；出台结构化的专项扶持政策，加大优惠政策的宣传力度；积极引进、大力培养文化产业高端人才和创业团队；充分利用新区发展的内生资源，优先安排文化产业重大项目的用地计划；构建以都市风情游、生态休闲游为重点的文化旅游产业体系，高标准、高质量地建设文化旅游基础设施；有针对性地引导文化消费，积极培育消费市场；建立文化创意产业统计评估体系，加强文化创意产业的统计工作。

## （四）房山区

**1. 总体状况：产业规模稳中有升，艺术品交易业一支独大**

2013年，房山区规模以上文化创意产业法人单位数达到86家，实现收入89亿元，比上年增长1.9%；实现利润总额2.1亿元，比上年下降32.4%；上缴税金2.5亿元，比上年增长

44.5%；吸纳从业人员6519人，比上年增长7.6%[①]。

从文化创意产业九大领域看，收入排名前三位的依次为艺术品交易业、广告会展业以及旅游、休闲娱乐业，这三大领域贡献了82.5%的产值，成为拉动全区文化创意产业增长的主力。

艺术品交易业优势明显，但是规模有所削减。2013年，艺术品交易业实现收入57.6亿元，占房山区文化创意产业总收入的比例高达64.7%，比上年略有下降。中国黄金集团改制分流，部分业务迁出房山区，最终导致资产、收入、利润等经济指标骤降。

旅游、休闲娱乐业收入增长。2013年，旅游、休闲娱乐业实现旅游收入4.5亿元，同比增长18%；上缴税金2395.7万元，同比增长42.7%。房山区有良好的文化旅游产业基础，周口店北京人遗址、房山世界地质公园、西周燕都遗址等文化旅游资源非常丰富。随着2012年"7·21"特大自然灾害不利影响的日趋消除，景区设施逐步恢复，营业收入实现增长，经济效益有所好转。

**2. 园区发展：融合优势资源，推广品牌建设**

2013年11月，在第八届北京文化创意产业博览会上，房山区以独特新颖的现代展览方式，展示了近年来房山区文化创意产业发展取得的重要成果，重点推介了文化与科技融合典范——北京文化硅谷、以历史文化资源为基础打造的云居寺文化景区、依托传统民俗打造的佛子庄第三空间精品民俗度假村、集聚国内外知名艺术家的展洲国际艺术区等文化创意产业项目。既有让人赞叹的周口店猿人遗址、云居寺、琉璃河商周遗址、金陵等历史文化资源和十渡、石花洞等自然景观，又有融合最新科技文化成果的现代化文化产业项目。除此之外，展会现场还特别展示了传统技艺融合现代理念设计制作的汉白玉雕、纯手工酿造的非物质文化遗产菊花白酒、

① 《北京市房山区统计年鉴2014》。

体现甜蜜创意健康生活的蜂产品、用新型材料结合创新生活方式制造的袜子工艺品和极具北京特色的京瓷、京绣等手工艺礼品，独具品牌特色。

**3. 制约因素：产业规模较小，结构不合理**

（1）总体规模较小，产品科技含量不足

房山区文化创意产业在单位数量、经济效益等方面与全市相比差距较为明显，要成为支柱产业还需要一个质的飞跃。房山区规模以上文化创意产业单位数量少，文化创意内涵低，产品科技含量不足，新闻出版、设计服务以及软件、网络及计算机服务等位于价值链上游的产业还有待进一步提升。

（2）产业结构不合理，缺乏支柱型企业

房山区文化创意产业单位主要集中在旅游、休闲娱乐，广告会展以及其他辅助服务三个领域，这三个领域单位数量占总单位数的近七成，而收入仅占总收入的两成。其他领域发展也参差不齐，缺乏支柱型企业和集团化企业来带动整个领域的稳步发展。

## （五）昌平区

**1. 总体状况：收入增长乏力，赢利水平下降**

2013 年 1～12 月，昌平区规模以上文化创意产业单位数达到 157 家，实现收入 105.1 亿元，与上年同期相比增长 2.2%。受用工成本提升、企业竞争激烈等市场因素的影响，文化创意产业赢利水平继续下降，全年实现利润总额 8.7 亿元，同比下降 6.7%；上缴各项税金 7.4 亿元，同比增长 15.6%；吸纳从业人员 18335 人，同比下降 6.9%[①]。

---

① 《2013 年昌平区文化创意产业收入增幅 2.2%》，北京市昌平区统计信息网，http://www.bjchp.gov.cn/tjj/tabid/626/InfoID/282909/frtid/624/Default.aspx。

**2: 产业结构：重点产业增长呈现颓势**

昌平区文化创意产业覆盖了全部九大领域，重点领域突出，主要集中于软件、网络及计算机服务，设计服务，其他辅助服务以及旅游、休闲娱乐四大领域。四大领域共集中了八成以上的文化创意产业单位，共实现收入 92.7 亿元，占全区文化创意产业总收入的 88.2%。以软件、网络及计算机服务业为支撑，重点发展设计服务业、文化旅游业的格局基本确立。

其中，软件、网络及计算机服务业是全区文化创意产业经济的主要增长点。自 2013 年初以来，软件行业竞争激烈，用工成本不断增加，企业赢利水平下降明显。2013 年 1～12 月，软件、网络及计算机服务领域实现收入 43.6 亿元，同比下降 4.2%，实现利润总额 3.9 亿元，同比下降 36.2%，是导致全区文化创意产业利润总额下滑的主要原因①。

**3. 园区发展：园区定位立足高远，项目开发充满创意**

2013 年，昌平区规划建设了占地 6 平方公里的未来文化城，其定位是国家级文化展演中心、高科技文化艺术舞台、未来世界展示区和文化创意产业总部基地。其中，国家级文化展演中心集演艺、博展、交流于一身，项目包括国家大马戏院、中国杂技博物馆、北京魔术城等；高科技文化艺术舞台的重点项目有 5D 未来中国秀、“幻彩北京”光影秀等；未来世界展示区重在打造一系列具有“高科技”和“想象力”的未来世界科技体验集群，包括未来信息馆、未来交通馆、未来太空馆和未来能源馆等；文化创意产业总部基地是在高新技术的基础上打造创意设计中心，形成科技、娱乐、设计综合的产业链。

① 《2013 年昌平区文化创意产业发展情况简析》，北京市昌平区统计信息网，http://www.bjchp.gov.cn/tjj/tabid/626/InfoID/283034/frtid/623/Default.aspx。

## 五　生态涵养发展区文化创意产业

### （一）门头沟区

**1. 总体状况：旅游、休闲娱乐业作为支柱产业，支撑文化创意产业发展**

2013 年，门头沟区规模以上文化创意产业单位累计实现收入 11.2 亿元，同比增长 17.4%；实现利润总额 0.54 亿元；吸纳从业人员 1664 人①。2014 年上半年，门头沟区规模以上文化创意产业实现收入 4.6 亿元，比上年同期下降 2.4%②。

旅游、休闲娱乐业是门头沟区文化创意产业的支柱产业。2013 年，门头沟区实现旅游收入 19.2 亿元，比上年增长 14.1%，全年共接待游客 105.4 万人次，实现经营收入 1.1 亿元③。门头沟区充分利用浅山区和深山区的独特旅游资源，以居民休闲、体育健身、文化体验为主要内容，将旅游文化休闲产业作为主导产业，构建高端产业体系。门头沟区政府编制完成了旅游文化休闲产业发展战略规划，加快推进旅游产业项目，形成了旅游与农业、文化、体育、科技融合发展的格局；成功举办了“第四届北京国际山地徒步大会”“2013 环北京公路自行车赛”等重大活动，地区吸引力和影响力不断增强。

① 《北京统计年鉴 2014》。

② 《2014 年 1 ~ 6 月文化创意产业单位实现收入情况》，门头沟统计信息网，http：//www. mtg. bjstats. gov. cn/Page/506/InfoID/19116/SourceId/1751/PubDate/2014 - 08 - 15/Default. aspx。

③ 《门头沟区 2013 年国民经济和社会发展统计公报》，门头沟统计信息网，http：//www. mtg. bjstats. gov. cn/Page/509/InfoID/18907/SourceId/1660/PubDate/2014 - 04 - 24/Default. aspx。

**2. 园区发展：园区集聚效益尚未展现**

门头沟区虽然文化资源丰富，但大多处于分散状态，没有形成具有一定规模的产业园区，多数园区还在规划设计中，集聚效益没有得到展现。

斋堂镇古村落古道文化旅游产业集聚区建设初具规模。作为市级文化创意产业集聚区之一，斋堂镇根据镇域独特的九支文化资源规划沟域经济，实现了建筑与民俗曲艺文化组团、红色军旅文化组团等六个组团文化旅游产业，逐步形成了具有一定规模的文化旅游产业群落。2013 年 4 月，斋堂镇灵岳寺的建筑修缮工作已完毕，灵岳寺文化建设项目中的四合院主体结构和杨家峪景区院落主体改造工程也已完成。

**3. 制约因素：产业发展仍处于萌芽阶段**

（1）发展规模较小，尚处于孕育期

门头沟区文化创意产业总体规模较小，吸纳从业人员较少，营业收入和利润总额两项指标增幅较小。2014 年上半年，文化创意产业收入呈下降趋势，整个产业缺少龙头性企业支撑，距离“十二五”规划中定位的支柱产业目标仍有一定距离。

（2）集聚程度低，品牌推广空白

缺乏重大龙头项目，难以形成认知度，已经成为制约门头沟发展文化创意产业的瓶颈；区内项目集聚程度低，尚未形成一定规模的产业园区，难以推进品牌化发展。

## （二）平谷区

**1. 总体状况：发展态势良好，收入实现两位数增长**

2013 年，平谷区文化创意产业得到较快发展。规模以上文化创意产业收入合计达到 25.0 亿元，比上年翻了一番；从业人员平均人数为 3771 人，同比增长 8.9%；实现利润 1.34 亿元，缴纳税金 1.27 亿元[①]。

**2. 产业结构：产业布局特色鲜明，音乐、奇石、桃花成为三大名片**

平谷区在“十二五”文化创意产业发展规划中，提出要建设以音乐产业为核心，奇石产业、中国书画产业和文化旅游产业等其他产业协调发展的文化创意产业结构体系，将主导产业打造成国际品牌，将优势产业打造成全国品牌。

中国乐谷发展快速，音乐产业核心地位逐步显现。作为市级文化创意产业集聚区和国家音乐产业基地，中国乐谷是北京市“十二五”重大规划项目，也是推动平谷区文化创意产业发展的重要项目。近年来，平谷区将传统的桃花节与中国乐谷建设有机结合起来，既提升了旅游品质，又推介了文化传播，收到了较好的社会效益和经济效益。2013 年，平谷区实现旅游营业收入 26.8 亿元，同比增长 10.0%，接待游客 922 万人次，特别是第十五届国际桃花音乐节的举办，全面推进了旅游商品开发建设[②]。

奇石交易业保持较快增长。2014 年 4 月，第四届赏石文化节在平谷区奇石城举办。平谷区地质地理条件复杂多变，出产多种观赏石，观赏石资源十分丰富，种类多达 30 余种，其中最具代表性的就是轩辕石和金海石。奇石已成为平谷区特有的旅游资源，有 100 余个奇石展馆遍布全区，并获得“中国观赏石之乡”的称号。

**3. 制约因素：产业规模偏小，各领域发展不均衡**

平谷区文化创意产业的营业收入和总资产在北京市各区县中排名靠后，周边地区文化创意产业飞速发展给平谷区带来了极大的挑战，面临被淹没、被忽略的风险。除了旅游、休闲娱乐业构成主导

---

① 《北京统计年鉴 2014》。

② 《2013 年平谷区旅游发展情况分析》，平谷统计信息网，http：//www.pg.bjstats.gov.cn/tjfx/tjbg/31874.htm。

产业外，其余产业产值少，规模效益差。整个产业缺少龙头性企业支撑，距离“十二五”规划中定位的支柱产业目标仍有一定距离。

### （三）怀柔区

**1. 总体状况：发展态势呈现颓势，收益能力下降**

2013 年，怀柔区规模以上文化创意产业法人单位实现营业收入 46.3 亿元，同比增长 13.6%；实现利润总额 6 亿元，同比下降 17.9%。同时，全区重点文化创意产业法人单位共吸纳从业人员 5708 人，与 2012 年同期持平①。

**2. 园区发展：以 APEC 峰会为契机，加快园区建设**

怀柔区立足“国际交往会都、科技创新基地、影视文化新城”的发展定位，构建以影视产业为核心，原创艺术业、文化演出业、会议会展业和文化旅游业为重点的文化创意产业体系，在空间布局上形成雁栖湖生态发展示范区、怀柔科教产业园、原创艺术产业园、怀柔影视基地等产业集聚区，文化创意产业发展前景广阔。

2014 年 11 月，APEC（亚太经合组织）第 22 次领导人非正式会议在怀柔雁栖湖畔举行。场馆建设过程坚持“低碳、自然生态、节能环保”的标准，有效利用了 70 多项最新的生态环保技术，污水处理率、清洁能源使用率、生活垃圾无害化处理率等各项指标均达到 100%。2014 年雁栖湖生态发展示范核心区 21 平方公里的范围内 12 套总统别墅、国际会议中心以及 1 个精品酒店的主体结构和内部装修已完成，进入试运行阶段。

**3. 存在问题：赢利能力有待提升，对经济的拉动作用有限**

2013 年上半年，怀柔区规模以上文化创意产业法人单位营业收入增长缓慢，一度呈负增长趋势。2013 年前三季度，规模以上

① 《北京统计年鉴 2014》。

文化创意产业法人单位营业收入为22.9亿元，占第三产业收入的16.4%，同比增长7.2%，低于第三产业收入增速5.7个百分点，文化创意产业对区域经济增长的拉动作用尚不明显①。

广播、电视、电影业作为怀柔区文化创意产业的优势产业，对中国电影股份有限公司的依赖性过强，受其经营状况的影响波动较大。2013年上半年，中影股份有限公司实现收入2.4亿元，同比下降43.3%，拉低全区文化创意产业增速16.5个百分点②。而文化艺术、新闻出版、艺术品交易、设计服务以及软件、网络及计算机服务五大领域的收入合计占文化创意产业总收入的比重不到一成，同样作为特色产业的旅游、休闲娱乐业增速远低于文化创意产业平均水平，其带动作用没有得到充分发挥。

### （四）密云县

#### 1. 总体状况：产业结构单一，运行态势基本平稳

2013年，密云县规模以上文化创意产业法人单位实现收入总计约19亿元，利润亏损0.14亿元，吸纳从业人员3266人③。2014年1~5月，密云县共有规模以上文化创意产业单位54家，实现收入8.5亿元，同比增长8.7%；吸纳从业人员3329人，同比下降7%；实现利润总额4964万元，同比增加6450万元。

密云县文化创意产业单位主要集中在广告会展业和旅游、休闲娱乐业，其中旅游、休闲娱乐业有20家单位，广告会展业有15家单位，两个分类单位数量占文化创意产业单位总数的64.8%。

---

① 《新区第三产业发展状况良好》，怀柔统计信息网，http：//www.hrtj.gov.cn/Page/213/InfoID/20111/SourceId/752/PubDate/2013-12-02/Default.aspx。

② 《上半年我区经济运行形势及发展建议》，怀柔统计信息网，http：//www.hrtj.gov.cn/Page/213/InfoID/19645/SourceId/752/PubDate/2013-07-24/Default.aspx。

③ 《北京统计年鉴2014》。

2014年1～5月，广告会展业实现收入5.8亿元，同比增长16.3%，占文化创意产业的68%，是文化创意产业的中坚力量。以潮河、雾灵山为代表的自然风光，以古北口古镇、司马台长城为代表的人文景观①，以蝴蝶会、鱼王美食节为代表的非物质文化遗产和特色节庆活动，还有独一无二的生态环境，为文化创意产业发展奠定了良好的资源基础。

**2. 园区发展：政府加大招商引资力度，特色园区建设初具规模**

2013年，密云县文化创意产业的发展，吸引了越来越多投资者的目光。密云县通过积极招商引资，引进重点项目和龙头企业，为推动文化创意产业增添了新活力，带动了产业的集聚发展，在空间布局上形成了北京数字信息产业基地、潮河红酒产业基地、东方神韵产业园区、华润希望小镇等产业集聚区，其中北京古北口国际休闲谷产业集聚区被认定为市级文化创意产业集聚区。

密云通航产业园引起关注。2013年密云县政府工作报告中提出，密云县将抓紧做好公务机机场选址论证，全力建设通航产业基地，提升穆家峪机场建设水平。通航产业基地是以高端公务飞行服务为基础，以“飞行嘉年华”竞技赛事为载体，以美国贝尔直升机4S店为核心，集飞机销售、托管、维修等各项服务于一身的通用航空产业园。密云县将全力支持华彬天星、乔治·海因茨等通航企业发展，加大通航产业实体企业引进力度，不断完善通航产业链，加快形成通航产业集聚密云县的强劲态势。

**3. 制约因素：创意人才匮乏，资源得不到有效整合**

密云县自然资源丰富，历史人文底蕴浓厚，但是在过去一年中，文化创意产业甚至呈亏损状态，不能实现规模效益，对区域产业发

---

① 《2014年1～5月密云县第三产业运行情况》，密云统计信息网，http://www.my.bjstats.gov.cn/Page/272/InfoID/14915/SourceId/735/PubDate/2014-07-21/default.aspx。

展的主导作用还没有充分发挥。其中很大一部分原因在于密云县文化创意产业缺乏一支高素质、高技能、高水平的专业人才队伍，尤其是缺乏掌握现代信息技术手段的高科技型人才和懂文化、会经营、善管理的复合型人才，导致文化创意企业经营状况不佳、园区规划滞后、文化资源得不到有效整合等，制约了文化创意产业的发展壮大。

## （五）延庆县

**1. 总体情况：经济收益下降，文化旅游业占主导**

2013 年，延庆县规模以上文化创意产业单位实现营业收入总计约 14.4 亿元，同比增长 16.6%；实现利润总额 0.2 亿元，同比下降 70.8%；上缴税金 0.4 亿元[①]。

文化旅游业占据主导。延庆县作为京郊旅游大县，有丰富的自然资源、生态资源、人文资源和旅游资源，拥有对外开放的景区 30 余处，其中 A 级旅游景区 18 家、5A 级旅游景区 1 家。2013 年，全县接待旅游人数 1855.2 万人次，同比增长 3.0%，实现旅游综合收入 50.7 亿元，同比增长 7.0%，已成为全县的主导产业[②]。

**2. 园区发展：园区建设迅速，注重品牌经营**

延庆县以“休闲延庆”为品牌定位，将文化旅游业确定为文化创意产业的龙头产业，重点打造“东西南北中”五大文化旅游产业功能区，即东部——沟域经济休闲观光产业带、南部——八达岭长城文化旅游产业带、西部——康西马文化休闲旅游产业带、北部——葡萄及葡萄酒文化产业带、中部——环妫河泛创意休闲产业带[③]。

---

① 《北京统计年鉴 2014》。

② 《延庆县 2013 年经济运行简况》，延庆统计信息网，http://yq.bjstats.gov.cn/sjjd/tjxx/13182.htm。

③ 《“休闲延庆”已成极具特色的文化创意品牌》，中国经济网，http://www.ce.cn/culture/gd/201212/19/t20121219_23956457.shtml。

2013 年，“休闲延庆”品牌影响力得到有效提升。野鸭湖湿地公园晋升为 4A 级旅游景区并成为首批国家生态旅游示范区，完成龙庆峡等 5 家景区、中银酒店等 7 家旅游饭店和玉皇庙等 5 个民俗村的升级改造，北京妫河建筑创意区接待中心投入使用；在八达岭长城景区等 4 家单位启动智慧旅游试点建设，完成数字旅游电子地图工程，旅游综合服务能力得以有效提升；成功举办“第二十七届冰雪欢乐节”“2013 长城之声森林音乐节”“第三届北京国际自行车骑游大会”“2013 全国公路自行车冠军赛”“国际自盟 UCI 自行车越野分站赛”“第五届北京国际马球公开赛”“首届北京（延庆）通用航空旅游文化节”等一系列节庆活动和体育赛事。

**3. 制约因素：产业结构单一，关联协同效应不足**

文化旅游业与产业链上游行业之间缺乏整合，创新创意能力不足，文化创意产业内关联度不高，产业融合发展存在掣肘，尚未形成在大文化视野下建设文化产业综合体的理念，限制了企业间基于业务协作的产业集群形成。

八达岭长城文化旅游产业集聚区作为延庆县唯一一个市级文化创意产业集聚区，功能定位单一，以传统的观光型产品为主，商务会展、现代娱乐、运动养生、节庆活动等高端旅游休闲产品匮乏；文化旅游业仍然处于门票经济的初级阶段，尚未形成多产业集聚的文化旅游产业综合体，运行效益较差，人均消费水平偏低，对县域经济的拉动作用不足。

B.3

# 北京文化创意产业功能区发展的战略思路初探

张京成*

文化创意产业功能区（以下简称“文创功能区”）的规划建设是北京市委、市政府的重点改革任务，也是全市推进文化创意产业发展的重要战略。在新形势下，准确把握文创功能区建设在全市文化创意产业发展中的战略定位，构建文创功能区发展的资源要素体系，进而明确政府、企业、研究机构和社会团体等各类参与主体在促进文创功能区发展中的角色和作用，形成指导文创功能区发展的战略思路，对于正确认识并推进文创功能区建设十分重要。

## 一　把握北京文创功能区的战略定位

转变发展方式，走融合式、内涵式、集约化、品牌化和国际化发展之路，是北京市委、市政府对文化创意产业发展的新要求。文创功能区作为在集聚区的基础上以提升产业功能、优化产业布局、塑造产业品牌为目标提出的新概念，其战略定位是打造北京文化创意产业发展的新载体、文化政策创新与实施的试验田、经济增长的新引擎、创新发展的新平台以及城市建设的新品牌，迎合了新的发展要求，将成为北京实现“两个率先”和建设世界城市的软实力支撑。

* 张京成，中国创意产业研究中心。

### （一）产业发展的新载体

作为解决文化创意产业集聚发展问题、促进北京市文化创意产业健康发展的空间载体的文创功能区，通过切实发挥文化企业的主体作用，增强企业适应市场的能力，提高企业竞争力，增加文化创意企业数量，打造一批大型龙头文化企业，扩大产业规模，不断提升功能区在文化创意产业发展中的地位和作用。

### （二）文化政策的试验田

依托北京文化、科技资源优势和良好的产业基础，将文创功能区作为推动文化与科技、金融、教育和其他相关产业融合发展的先行先试示范区，不断扩大文创功能区的影响力，将其打造成国家文化产业发展的新标杆和全国文化的创新中心，在宏观层面营造良好的城市创新文化氛围。

### （三）经济增长的新引擎

积极发挥文化企业的主体作用，通过完善产业链、供应链、服务链培育文化创意产业集群，提升全市文化创意产业规模化、集约化、专业化水平，通过大型文化项目建设打造文创功能区品牌，不断扩大功能区内文化创意产业的规模，提升文创功能区产值占全市 GDP 的比重，增强文化创意产业的支柱地位，提升文创功能区的辐射带动作用，将文创功能区打造成为城市发展的新引擎。

### （四）创新发展的新平台

创新是文化创意产业发展的根本动力，也是文化创意产业的根本特征，要把文创功能区作为首都协同创新和体制机制创新的平台，作为推动全市转变发展方式的新载体。依托首都科技和人力资源优势，构建文化交流、交易平台和文化创意产业创新发展的协作网络，充分利用各类商业人才、艺术人才、科技人才等协同创新，通过产业协同、区域协同、政产学研协同、政府和市场协同，将文化与创新结合起来，通过增进城市经济文化协作，使文创功能区成为文化建设和文化产业发展的创新之源。

### （五）城市建设的新品牌

将文创功能区打造成为首都的新品牌，将打造产业品牌、企业品牌、产品品牌、区域品牌和城市品牌结合起来，积极推进文化创意产业国际化，不断提升首都文化产品的国际细分市场占有率和国际影响力。通过打造文化品牌，改善城市总体形象，提高城市品位，从而提升城市的综合竞争优势，为建设中国特色社会主义“先进文化之都”和中国特色世界城市提供坚实支撑。

## 二　构建文创功能区发展的要素体系

文创功能区战略定位的实现必须有适宜产业发展的资源要素做支撑，这些要素包括创意空间、创意人才、创意网络和产业资本等，与一般产业功能区的构成要素既有相似性又有自身的特色，其特色在于文化创意产业所具有的精神属性和知识属性，人和与人的精神创造力相关的方面尤其重要。

### （一）创意空间

创意空间是文化创意产业的空间载体，也是文创功能区的空间单元。文化创意的核心产业链包括内容创意、内容创意复制、相关设备生产、市场营销等环节，关键环节是内容创意。从社会分工的角度来看，文化创意产业的各个环节在空间上是可以分离的，在空间上有不同的聚集方式。其中内容创意环节的空间布局特征及空间要求具有特殊性，由于内容创意来源于个体的聪明才智、才艺和创造力，内容创意聚集的主要目标不是规模经济报酬递增，而是个性思想火花碰撞，实现创意规模递增。因此，文创功能区的创意空间更加注重物质要素的文化特质，更加注重人性化、灵活性、行为参与与个性化空间创造、内外环境交融以及文化内涵。

创意空间对文创功能区的影响体现在两个方面。一是文化资源特质。文化创意产业发展主要涉及科学技术、先锋时尚、历史传统三种文化资源，一般通过科学技术推进先锋时尚文化实现文化创意产业的发展，文化资源越多样、越独特、影响力越广泛，就越有利于文化创意产业的集聚发展。与科学技术相关的文化资源具有明显的“后发优势”，如果缺乏必要的管理协调，容易导致功能区产业结构雷同，需要通过持续投入、完善创新机制等在科学技术方面一直保持领域地位，如动漫、网络游戏、电信增值等产业。先锋时尚文化引领某一文化领域的潮流，不依赖高科技，难以复制，因此容易占领产业发展的一席之地，但难以实现产业化，如北京的“大山子798”“宋庄画家村”等。传统历史文化具有单一性、独特性，具有“先发优势”，难以模仿和复制，开发历史传统文化资源可以使老城区迅速有机更新。二是空间限制性。从创意空间的物质属性来看，空间具有占用的排他性、空间结构的刚性，空间本身也是一种稀缺资源，空间规模大小深刻影响着文创功能区的发展，文化创意企业数量和规模增加，需要一定的空间保障，如果空间规模过大则会稀释文化资源，降低土地利用的综合效益，空间规模过小则会限制文化创意产业的集约化发展。在文化创意产业发展实践中，通过结构调整可以释放一定的生产潜能，在一定程度上缓解空间限制的束缚。

### （二）创意人才

在文化创意产业中，内容创意在产品的整个生产过程中占据核心地位，具有创新意识、智慧和能力的人才是发展的关键乃至优先要素。创意人才的数量、结构和创新能动性决定了文创功能区的创新水平和竞争力。文化创意产业发展需要多种创意人才，包括艺术人才、时尚人才、技术人才、管理人才等。北京无疑是我国人力资本最为丰富的大都会，文化创意产业人才优势明显。然而，结构性人才短缺，特别是缺少懂得经营、熟悉文化、掌握科技知识的复合型高端创意人才、经营管理人才、对外贸易人才，是制约文化创意产业发展的重要因素。

### （三）创意网络

创意网络是功能区内的各类企业、创意机构、金融机构、中介机构等主体，依托契约、信息和传媒网络、社会关系，通过价值链、供应链、产业链等链接而成的创新系统。企业通过创意网络获取更广泛的资源，缩短科技创新周期，提高竞争力，促进企业之间的合作与交流，使企业得以发展壮大。

### （四）产业资本

资本是影响文创功能区发展的关键要素之一。就功能区而言，完善基础设施、公共服务设施建设需要资金支持，构建创新网络平台和公共技术服务平台也需要资金支持，鉴于文创功能区对空间质量的要求较高，美化和优化功能区的环境、构建个性化空间等，也需要充裕的资金支持。就企业而言，文化创意企业的创新活动离不开资金支持，良好的资金支持可以降低企业创新的风险，促进文化企业的繁荣。一般来说，文化创意企业在资本市场的融资能力对其创新活动影响巨大，金融机构的贷款（包括银行贷款与非银行的金融机构贷款），有利于应对文化创意企业技术创新的资金瓶颈。

### （五）政策体系

根据国家相关政策文件，围绕文化创意产业发展，北京市和各区县政府出台的相关文化政策、科技创新政策、人才政策、投融资政策，以及文化与其他产业融合的各项政策措施等，构成了错综复杂的文创功能区政策体系。政策体系是文创功能区发展和进行有效管理的保障。

### （六）服务平台

文化创意产业服务平台是由政府或者文化企业、中介机构等主导，通过信息化手段建立起来的各种管理与服务系统，是社会化服务的重要组成部分，涉及管理和服务的软件体系及其硬件支撑体系，其核心功能是通过市场机制为文化企业提供各种资源和要素条件、交流交易服务、咨询服务等，包括投融资平台、文化项目孵化平台、信用评价平台、人才交流平台、知识产权平台、展示交易平台等。

## 三　发挥各类参与主体的功能作用

在构建文创功能区发展资源要素体系、协调各要素之间关系的基础上，文创功能区的规划建设还需要充分发挥各参与主体的作用，共同构建资源整合与协作平台。文创功能区建设的参与主体包括政府、企业、社会团体、创意机构等，根据文化创意产业发展的现实需要，文创功能区的关键主体通过创意网络可形成一个有利于参与各方对话与协作的文化创意产业集群资源整合的创新平台。

### （一）政府是文创功能区的协调者和引导者

政府推动和培育一直是文化创意产业发展的重要动力。相对于其他产业，文化创意产业具有推进文化事业发展的历史使命，具有或多或少的公共品属性，需要政府的管控、协调和有效引导。政府的积极作用主要体现在以下四个方面。一是文创功能区的规划和建设。政府是制定文化创意产业发展规划、文创功能区规划的主导者，文化创意产业的发展方向、空间布局等在很大程度上与政府的管控有关。二是文创功能区发展的政策和资金支持。北京市文化创意产业发展实践表明，政府的政策鼓励、项目投资等对产业发展具有深刻影响。三是构建文化创意产业孵化器以及公共服务和交流交易平台。四是掌控功能区企业入驻门槛，对文化创意产业发展的方向和行业门类具有重要影响。

### （二）文化创意企业是文创功能区的关键创新主体

企业是市场经济的主体，由于市场在资源配置中起决定性作用，企业在文化创意产业发展中的主体地位和作用都将得到强化。企业的主体作用表现在以下相互联系的两个方面：一方面，企业是经营管理的主体，在市场经济中，企业是决定投资、发展战略、生产内容、生产方式等的主导者；另一方面，企业是技术创新的主体，主导着产品、工艺等创新的方式、方向和路线图。企业作为创新主体的积极性和活跃程度，对企业发展具有决定性作用。文化创意企业是文化市场的关键主体，也是文创功能区发展的关键创新主体。

## （三）创意研究机构是文创功能区的创新参与者

创意研究机构是指专门从事文化创意产业理论及相关研究的机构，主要依托高校、科研院所的人才优势来组建专门从事创意及相关研究活动的机构，是促进文创功能区发展的智力支撑，为文化创意产业提供理论支持和人才储备。创意研究机构利用各种媒体网络和服务平台为企业提供咨询服务，也可以通过产学研合作为企业创新提供创意和技术支持。通常，创意研究机构通过文化创意产业理论和创意成果的推介以及人才教育服务等的提供，展示人才优势和自身智力，从而吸引合作伙伴，推动产学研的结合，采取有偿服务和合作经营的形式，实现研究成果转化为现实价值，获得经济回报后反哺研究，实现创意研究的可持续性。

## （四）文化社会团体是文创功能区的重要服务者

文化社会团体是指从事各种文化创意活动的非营利性社会组织，如行业协会、学术性社团、专业性社团等，其主要职能包括运用专业知识为社会或者特定群体提供与文化相关的公益服务，或组织一些公众参与的活动。随着政府职能的转变和文化市场的发育，政府将成为文化创意产业发展的宏观引导者和协调者，市场将成为文化资源、创新资源、投融资、人才等各种发展要素配置的决定性力量，而社会团体则可以成为企业连接政府和市场的桥梁与纽带，可以为文创功能区企业提供广泛的服务，如行业协会可以开展行业基础调查，为企业提供所需信息，并为功能区发展规划当好参谋与助手；学术性社团和专业性社团可以参与信息服务、文化交流、人才培训、文化宣传等，不仅可以为功能区企业提供服务，也能促进功能区的品牌打造和宣传推介。

# B.4

# 北京文化创意产业功能区的规划依据与价值

董鸿英　张 铮*

当今全球范围内文化产业的兴起已构成一股新兴的潮流。文化产业在世界经济与社会转型发展进程中的地位和作用日益凸显，已成为具体呈现国家和地区竞争力、地区产业活力、人民生活质量的重要指标。近年来，我国各级城市纷纷把发展文化产业纳入战略要务，将其作为一个城市沟通世界、面向未来、推进城市产业升级、转变经济增长方式、建设“两型”社会的重要支点。

北京作为中国的首都，是全国的政治、文化、科技和教育中心，也是国际交往中心，在形成突出的资源集聚效应和辐射效应的同时，也面临巨大的人口压力、环境压力。国家主席习近平在2014年2月对推动京津冀协同发展的重要指示中强调：要优化三次产业结构，突出高端化、服务化、集聚化、融合化、低碳化，调整疏解非首都核心功能，把北京建设成为国际一流的和谐宜居之都。文化产业在促进北京城市功能转化、人口疏解中具有重要的意义和作用。

为适应文化产业新的发展要求，2013 年北京市提出了规划建

---

* 董鸿英，清华大学国家文化产业研究中心博士后；张铮，清华大学国家文化产业研究中心主任助理。

设20个“文化创意产业功能区”（以下简称“功能区”）的战略构想，意在北京市现有文化创意产业[1]集聚区的发展基础上，进一步明确新形势下文化创意产业的发展方向和目标，优化产业空间布局，完善产业发展体系，促进要素集聚，加强产业链分工协作，落实产业促进政策与公共服务措施，加快推动北京市产业转型升级、城市功能优化调整和经济社会的全面可持续发展。

## 一　功能区划分背景

“十五”期间，北京市文化创意产业的支柱地位初步确立；“十二五”以来，北京市文化创意产业的增速继续保持高于同期经济增速的态势，成为持续推动北京市产业升级和经济转型的新引擎。在文化创意产业集聚区的引领带动下，北京市文化创意产业加快形成分行业的空间集聚。北京市文化创意产业发展的新态势要求有新的产业集聚政策给予引导。

### （一）北京文化创意产业发展现状

近年来，北京市文化创意产业发展势头迅猛，确立了以30个市级集聚区为载体、带动区县集聚区发展的文化创意产业空间发展模式。“十二五”时期文化产业倍增计划的提出，要求北京的文化创意产业发展必须站在更高的平台上，以新的动力来助推发展，依靠改革创新和科技进步实现文化产业的跨越式发展，促进首都经济结构调整和发展方式转变，发展以文化和科技为核心的首都经济。北京文化创意产业发展任重道远，相关措施纷纷出台，旨在尽快形

① 2012年，国家统计局颁布《文化及相关产业分类（2012）》标准修订版，按此国家标准，应使用“文化产业”概念。本文根据北京市相关政策文件提法和统计分类标准，使用“文化创意产业”的概念。

成北京市科技创新与文化创新“双轮驱动”的发展格局。

**1. 产业规模快速增长，产业集聚初步形成**

2013 年，北京市规模以上文化创意产业实现总收入超过 1 万亿元，增加值达到 2406.7 亿元，自 2004 年以来年复合增长率为 17.3%，占全市 GDP 的比重增至 12.3%，文化创意产业已成为北京市第三产业中紧跟金融业之后的第二大支柱性产业。北京在全国首创文化创意产业集聚区发展模式，自 2006 年起共认定了 30 个市级集聚区，涵盖了全市 16 个区县及 9 个文化创意产业门类。截至 2012 年底，30 家市级集聚区内的 779 家规模以上文化创意产业法人单位共实现收入 1323.2 亿元，同比增长 10%，占全市文化创意产业总收入的 14.2%；从业人员达到 15 万人，同比增长 11.5%，占全市从业人员总数的 14.4%。

**2. 产业结构不断优化，融合发展态势初显**

依托市级集聚区和众多文化产业园区及示范基地建设，北京市文化创意产业集聚形态已初步形成，建立健全了以软件、网络和计算机服务业为主，包括文化艺术，新闻出版，广播、电视、电影，广告会展，设计服务以及艺术品交易等行业国内领先的文化创意产业结构体系，涌现了一大批龙头企业和专业化、精细化、特色化的中小企业。尤其是文化与科技的融合加快了信息产业、新媒体产业等的发展；文化与金融融合优化了产业融资环境，完善了金融服务功能；文化创意产业与现代服务业、先进制造业的融合，带动了相关产业的转型升级。

**3. 政策体系不断健全，发展环境持续优化**

北京市在全国较早编制了《北京市“十一五”时期文化创意产业发展规划》，并先后出台了《北京市促进文化创意产业发展的若干政策》（京办发〔2006〕30 号）、《北京市文化创意产业分类标准》、《北京市文化创意产业发展专项资金管理办法（试行）》、

《北京市文化创意产业集聚区认定和管理办法（试行）》等政策文件，以及税收返还、贷款贴息、信用担保和支持影视动画、网络游戏等重点行业发展的实施办法和优惠政策，有力地推动了北京市文化创意产业集聚区和各行业的快速发展。

**4. 文化贸易大幅提升，国际交流成果丰硕**

文化贸易成为北京市对外贸易发展新的增长亮点。2012 年，北京文化贸易进出口总额达到 30.54 亿美元，同比增长 15.55%，继续保持较高速度增长。在国际交流方面，随着中国经济的崛起及奥运会的成功举办，全世界更加关注中国、关注北京，首都文化软实力日益增强，相继举办了中国北京国际文化创意产业博览会、北京国际电影节、北京国际设计周、海峡两岸文化创意产业展、文化创意产业集聚区论坛、动漫游戏产业发展国际论坛等多项国际活动，成功入选并成为联合国教科文组织评选的世界“设计之都”。

## （二）现有集聚模式面临的挑战

北京市文化创意产业集聚区在带动全市文化创意产业加速发展的同时，还存在一些不足，主要体现在以下方面：资源配置的科学性、空间布局的协调性等有待提升；产业的集约化、专业化水平还不够高；集聚区发展水平不均衡、辐射带动作用不强；等等。这些问题依然制约文化创意产业的长远发展，与北京市进一步巩固提升文化创意产业支柱地位的要求相比，还存在一定的差距。与国内外文化创意产业发展较好的城市相比，北京市还需改善和提升以下方面。

一是产业发展质量还有待提升。具有国际竞争力的企业较少，具有国际影响力、体现“北京创造、北京服务”的产品还不够丰富；各行业发展还不均衡，尤其是文化创意产业的核心产业还有待提升。二是区县产业定位还有待优化。各区县未能根据自身比较优势明确产业发展定位，部分产业和项目存在同质竞争现象。三是政策空间载体还有待夯实。集聚区集聚程度不够，各区县产业定位不明确，产业链和产业集群培育受限，产业促进政策落实乏力，管理服务水平有待进一步提升。四是产业融合发展还有待加强。文化资源和创意的产业化能力相对较弱，文化创意与旅游、科技、金融、制造等相关产业融合发展的能力还有待提升，各类传统产业及新兴产业对文化创新和创意设计的认识不足。

## （三）功能区建设的核心问题

文化创意产业的健康发展，需要引入体系化概念，以“产业”为逻辑起点，在遵循产业动态变化和均衡发展规律的基础上，促进要素资源流动、结构布局优化、经济绩效提升。而构建文化产业体系的重要前提则是建立和完善产业基础与要素体系，包括产业发展的底层环境，诸如产业链构成、基础设施、人力资源、资金投入、公共服务平台、消费人群、消费水平等因素。随着北京市加大文化创意产业在全市经济结构中的整体比重，以及产业本身的转型与升级，文化创意产业对产业基础支撑条件和发育程度提出了进一步的要求。规划建设功能区作为北京市文化创意产业的重点改革和发展任务，需要大力解决功能区未来发展产业基础中存在的缺失、薄弱环节，健全和完善产业体系。

### 1. 形成以产业链为纽带的产业集聚

功能区的建设核心，不是空间的集聚，而是形成产业链、组织协调、内生发展动力的集合。要以功能区建设为框架，以产业链为纽带，在政府和市场两股力量的驱动下加强产业内部的关联，激发产业发展活力。推动各功能区之间差异化发展，加强功能区内部企业之间的互补性和融合性，形成功能区文化产业上下游有效集聚、协同发展，产业政策、公共空间、中介平台有力支撑的局面。

**2. 促进要素合理流动，优化资源配置**

发展文化创意产业要遵循市场经济规律，根据市场供需状况，推动生产要素在部门之间流动，优化资源配置。北京市文化创意产业功能区建设，根本的举措就是要打破行业壁垒和行政分割，促进人才、土地、文化资源、资本、市场、政策等要素在功能区内部和功能区之间合理流动，实现资源的优化配置，推动文化资源和生产要素向优势区域、优势企业适度集中，增强产业集群的技术创新效应、资源共享效应和经济扩散效应。

**3. 完善产业政策，健全要素保障系统**

产业政策是引导、刺激和规范产业发展的重要支撑条件。文化产业因其门类的多元性和要素的复杂性、流变性，产业政策与其他产业相比显得更为复杂。北京市文化创意产业功能区强调作为“政策空间”的产业发展功能，细化、优化各项产业政策。根据各功能区的发展定位、依托资源、产业特性和发展瓶颈，完善土地、金融、人才、组织、创新等相关政策，提升政策的针对性、有效性和长效性，改善产业运行的体制机制，健全产业发展的要素保障体系。

## 二 功能区理论探讨

“功能区”概念的提出，反映了北京市文化创意产业对文化产业集聚模式新的探索。概念背后体现的往往是理论发现和观念更新。文化创意产业园区、集聚区和功能区都属“产业集群”的概念范畴，但功能区表现为产业集群理论在前两者基础上的拓展与创新。

### （一）功能区与园区、集聚区的区别

总体来看，文化创意产业具有集群发展的特质，且与传统产业

集群具有本质上的区别，对城市的空间区位选择和政策要素要求等有其自身显著的特点。最早，迈克尔·波特（Michael E. Porter）首先用产业集群（Industrial Cluster）的概念对工业化生产的集群现象进行分析。波特通过对工业化国家的实证考察，发现并提出产业集群是工业化过程中的普遍现象，并且意识到产业集聚是构成影响国家竞争力的重要因素。

按照波特的定义，产业集群特指在一个特定区域的特别领域，集聚着一组相互关联的公司、供应商、产业以及专门化的制度和协会，通过这种区域集聚形成有效的市场竞争，构建出专业化生产要素优化集聚洼地，使企业共享区域公共设施、市场环境和外部经济，降低信息交流和物流成本，形成区域集聚效应、规模效应、外部效应和区域竞争力①。

文化园区（Cultural Quarter）是文化产业的集群，是融合文化和经济的发展，将艺术与文化消费、文化生产、城市空间联结起来的一个发展策略。就产业集群这个考察范畴而言，产业“园区”往往形成了产业集聚，但不一定形成了产业集群。其特点是：①更注重地理空间位置因素（一定面积的土地开发）；②由各级政府（或企业）主导建设，实行（争取）一定的优惠政策；③对入园企业有一定的限制条件，提供多方面的服务和管理；④园区内产业类型多样，入园企业产业关联不一定很高（如经济开发区）。

文化产业“集聚区”则更加强调以产业链为中心，但它缺乏组织协调机制。集聚区有这样一些特点：①有一定空间集中度，但地理特性不十分明显；②自发或半自发形成；③组织体系和管理服

---

① 〔美〕迈克尔·波特：《国家竞争优势》，李明轩等译，中信出版社，2007，第176～178页。

务体系不一定完善；④产业关联度相对较高。

而目前北京市文化创意产业资源空间布局规划中所探讨的“功能区”不以空间的集聚为旨要，而是主张空间、产业链、组织协调、内生发展动力等要素的集合。与“园区”和“集聚区”相比，“功能区”的特点表现为：①城市内部某种新兴或强势产业集聚发展、规模扩大在“要素集聚”和“资源集聚”上的表现；②既有一定的空间关联，又有明显的产业关联；③在政府调控和市场驱动两股力量的作用下形成；④切合文化产业区别于工业产业的特色：产业门类多，不同门类区分较大；⑤不仅表现为“物理空间”，还突出地表现为“政策空间”。

也就是说，随着理论和实践的发展，我们对“产业集聚”的概念应当有新的认识，功能区可以是“分布式”发展的，甚至可以是打破集聚的。作为园区和集聚区的提升概念，功能区更加强调产业联系和政策覆盖性。我们熟知，文化产业区别于工业产业的一个显著特色是其细分产业门类多，且不同门类区分大。那么，依据不同细分产业门类的内在特质进行产业要素的整合与协调，构建共性与个性化政策支持体系，是适应新时期文化产业创新发展的必要选择。

因此，功能区规划建设的意义，就是要以产业链、供应链、服务链为纽带，合理配置要素资源，充分培育市场主体，加强产业内部的关联，激发产业内在的活力。功能区的构建目标，在于充分形成北京市文化创意产业的错位竞争和融合发展，着力实现北京市文化创意产业上下游有效集聚、协同发展，产业政策、公共空间、中介平台有力支撑的局面。

### （二）功能区的核心价值

“功能区”概念的提出，要解决什么核心问题呢？这个问题实际上与前一个问题——“功能区”与“园区”和“集聚区”的区别——是不可分割的，是一个逻辑上的顺延。

“产业集群”属于宏观经济学，尤指产业经济学的范畴。而经济学要解决的核心问题是资源配置问题。产业经济在发展过程中，生产、分配、交换、消费四个环节都必然要面对的问题是资源稀缺性问题，产业的各类参与主体都必须对资源做出选择，回答资源配置的方式和方向问题。可以说，资源配置是社会生产和再生产始终面临的问题，资源配置的效率决定了社会生产和再生产的效率。

从这一经济学要解决的核心问题来说，“功能区”与“园区”和“集聚区”的本质区别在于资源配置的方式和方向的变化。这个资源的所指，包括土地、人才、财政、资金、信息等各类要素。北京市文化创意产业发展为什么要重新选择资源配置的方式和方向呢？就问题意识来说，其是要解决北京市文化创意产业在之前的产业管理方式中存在的问题和不足；就发展意识来说，其是要顺应北京市创新型产业在当今信息化社会中应突破的方向。因此，功能区的核心价值在于对产业要素资源进行更有效的聚合与更合理的配置。

一方面，一段时期内北京市文化创意产业的园区、集聚区呈雨后春笋之势，但它们在推动北京市文化创意产业加速发展的同时，也存在一些不足，其中包括同质竞争、集聚度不够、区域发展不平衡、管理体制不畅、保障系统不健全、政策有效性不强等。而另一方面，北京市具有发展文化创意产业的先天优势，包括作为历史文化名城，享有丰富的文化资源；作为全国首善之都，具备更充沛的资本供给；作为全国人才高地，聚集了大量的文化创意人才；作为带动我国科技创新的引擎，正大力实施教育、科技与文化的融合发展。在文化创意产业的创新发展中，北京市需要进一步挖掘资源优势、增强比较优势，并将资源优势、比较优势切实转化为产业竞争优势和市场拓展优势。

在这一背景下，提出建设功能区的目的，在于紧紧围绕资源配置这一产业经济的核心问题，将产业的空间布局、体系设计与产业链协调、政策保障更恰当地结合起来，进一步避免产业发展过程中不必要的资源损耗和同质竞争。功能区建设，不仅是北京市文化创意产业未来长期可持续发展的要求，也是在全球化时代，北京市更好地融入世界文化创意产业协作体系的必要举措。

## 三　功能区规划思想

空间布局、产业体系构建、政策保障是北京市功能区规划建设的三个重要问题。第一个问题是与文化创意产业在一个城市的结构转型、功能提升和未来规划中所扮演的重要角色相关的；第二个问题是对文化创意产业自身发展结构的布局设计；而第三个问题则涉及如何进一步发挥和协调政策引导与市场主导两股力量在产业资源配置中的作用。

### （一）空间布局

文化创意产业因其突出的渗透性、外部性特点，其产业集聚不仅关系到一个产业的财富流动、整体发展，还对一个城市的功能扩展、未来面貌、生活方式产生重要的影响。早期的研究表明，文化创意产业大多集聚在城市的边缘地带，并在衰败旧区再生中扮演着重要角色。而 2000 年以来的研究进一步发现，文化创意产业主要集中在大城市的内城和 CBD 边缘地区，尤其偏好大都市的旧仓库、旧工厂和内城等不适于居住的区域，成为城市的“新生产空间”，在生产更新、景观重建、城市空间结构重新配置、内城空间的重新地方化和地方社区再生当中扮演了重要角色。文化创意产业推进了城市更新，导致了传统的城市景观和旧有的空间结构从公共文化空间向文化经济空间转变、从工业生产空间向文化消费空间转变[①]。随着交通和通信的发展，也有学者的研究认为文化创意产业发展还与城市边缘区发展以及郊区化甚至远郊区化关系密切[②]。因此可以说，文化创意产业的发展面貌将从一定程度上影响一个城市未来的面貌。

与传统工业产业相比，文化创意产业的集聚涉及更为复杂的问题，因其突出地体现了人这一要素的影响作用。文化创意产业最重要的资源是创意阶层，且表现为“业随人走”的特征。随着艺术家的集聚，文化创意产业集群所在区位转变为区域艺术中心，更加富裕的个人及企业随之入驻，区域的房价、房租上涨，大部分艺术家不得不向其他地区转移，艺术中心也就转为高消费地区，从而导致了文化创意产业空间分布必然具有一种自我毁灭的特性，呈现“边缘—中心—边缘”的循环转换过程[③]。以北京的798艺术区为例，随着近年来租金成倍上涨，迫使早期进驻798的艺术家迁出，这种状况对原生态的文化创意集群构成了损害。考虑这些发展状况，北京市文化创意产业的空间布局问题将面临更多的挑战，需要综合评价、运用市场和政策多种手段。

在功能区具体设计中，需要考虑到文化创意产业各行业集聚的空间分异是十分明显的。一些门类偏好于城市的传统街区、内城中心、CBD、Sub－CBD，如演艺、传媒、广告的高端部分，设计服务业总部等；而一些门类则偏好于中心区边缘、次中心、大学周边

---

① 黄斌：《北京文化创意产业空间演化研究》，北京大学博士学位论文，2012，第40页。
② 黄斌：《北京文化创意产业空间演化研究》，北京大学博士学位论文，2012，第40页。
③ 黄斌：《北京文化创意产业空间演化研究》，北京大学博士学位论文，2012，第40页。

或新城，如原创艺术、信息服务的专业化中心、文化创意生产环节、会展等。并且，不同产业类型的不同发展阶段对于城市空间的选择与进驻亦是有分异的。总体上，创意阶层趋向于内城中心（溢出效应、城市利便性理论）以及郊区（基于通信技术进步引发的“灵活生产”）居住。功能区的空间布局规划需要充分考虑影响产业集聚的各种因素，包括文化创意产业的多样性、创意阶层的流动、知识外溢、成熟区域的正外部效应、产业发育程度等，采取空间灵活、政策覆盖的布局模式。

按照北京城市总体规划、主体功能区规划和“十二五”规划纲要确定的北京城市空间结构，在涵盖30个市级集聚区和相关国家部委设立的文化产业园区及示范基地等政策空间的基础上，功能区吸收借鉴中关村国家自主创新示范区的发展经验，采用“一区多点、政策覆盖”的发展模式，从产业门类、产业链环节和产业发展阶段三个方面，对北京市各区县文化创意产业发展基础和发展条件进行系统梳理，构建“一核、一带、两轴、多中心”的功能区空间发展格局（见表1）。北京市提出着力建设20个文化创意产业功能区，规划面积共计446.75平方公里。

基于文化产业发展对城市更新的影响作用，制定勾画北京市文化创意产业发展蓝图的功能区规划，必须与整个北京市的城市规划发展结合起来。也就是北京市文化创意产业功能区规划需要关注与北京市旧城改造、新城建设的协调发展关系，以及与中关村国家自主创新示范区、金融街、经济技术开发区、临空经济区等高端产业功能区的协调发展联系，与北京市传统商务办公区域、商贸零售区域和制造业区域转型升级的空间协调关系。

**表1　北京市文化创意产业功能区空间格局与上位规划空间结构的对应关系分析**

| | |
|---|---|
| 《北京城市总体规划（2004～2020年）》 | 提出“两轴、两带、多中心”的北京市城市空间结构。<br>两轴：东西轴——长安街及其延长线；南北轴——传统中轴线。<br>两带：东部发展带——通州、顺义、亦庄、怀柔、密云、平谷；西部发展带——大兴、房山、昌平、延庆、门头沟。<br>多中心：中关村示范区核心区、中央商务区（CBD）、奥林匹克中心区、海淀山后地区科技创新中心、亦庄高新技术产业发展中心、顺义现代制造业基地、通州综合服务中心和石景山综合服务中心等城市职能中心，能够提高城市的核心功能和综合竞争力，服务全国、面向世界 |
| 《北京市国民经济和社会发展第十二个五年规划纲要》 | 提出“构建‘两城两带、六高四新’的创新产业发展格局，成为全市高端产业发展的重要载体”。<br>“两城两带”：“两城”为中关村科学城和未来科技城；“两带”为北部研发服务和高新技术产业发展带以及南部高技术制造业和战略性新兴产业发展带。受限于基础设施和产业发展，“两带”目前尚未成型。<br>“六高”：六大高端产业功能区，包括中关村国家自主创新示范区、商务中心区、北京经济技术开发区、金融街、奥林匹克中心区、临空经济区等。<br>“四新”：四个高端产业新区，包括新首钢高端产业综合服务区、通州高端商务服务区、怀柔文化科技高端产业新区和丽泽金融商务区 |
| 《北京市文化创意产业功能区建设发展规划》 | 提出“一核、一带、两轴、多中心”的总体空间格局，充分顺承了上位规划的空间结构，并体现了北京市文化创意产业的空间发展特点。<br>“一核”是“中心城文化核”，是北京市首都功能核心区，也是城市总体规划中的两轴焦点和金融街高端产业功能区的所在地。<br>“一带”是首都文化科技融合发展形成的独有产业空间布局，文化和科技的大部分产业均集中于城市中心区边缘并形成最具活力的文化、科技发展带，该带即城市总体规划中的中关村示范区核心区、奥林匹克中心区、海淀山后地区科技创新中心、亦庄高新技术产业发展中心和石景山综合服务中心等在空间上的体现，也是“六高四新”中的中关村国家自主创新示范区、北京经济技术开发区、奥林匹克中心区、新首钢高端产业综合服务区等功能空间的串联。<br>“两轴”是顺承北京城市总体规划提出的两轴而形成的文化创意产业发展轴，即按照北京市城市空间拓展方向，推进功能区点轴扩散、东进南拓，形成符合城市总体规划的东西轴“文化创造产业轴”和南北轴“北京文化服务产业轴”。<br>“多中心”则进一步与未来科技城、通州高端商务服务区、怀柔文化科技高端产业新区等形成了协调和呼应 |

一是要积极发挥文化创意产业功能区促进北京市中心城区功能更新与提升作用。在中心城区文化创意产业功能区内，鼓励通过文化创意产业置换和孵化，疏散居住条件较差和人口密度较高的旧城胡同、城（中）郊村落等区域，以改善旧城风貌，提升旧城品质；鼓励通过文化创意产业改造和提升办公商业设施、城区内废旧厂房，促进棕地再开发；鼓励中心城区文化创意产业根据产业链分工，转移、带动郊区县相关文化创意产业功能区发展。

二是发挥文化创意产业功能区带动新城建设的作用。依托新城定位，发挥区县文化创意产业资源禀赋和比较优势，引导中心城区文化创意产业向新城集聚，培育新城文化创意产业内生增长动力。鼓励通过发展文化创意产业，在新城内形成新的就业集中区域、文化娱乐综合体和旅游休闲目的地，带动新城产业发展，促进新城职住平衡；鼓励通过文化创意产业注入，营造新城建设的艺术氛围，提升新城生活质量。

### （二）产业体系

一般认为，文化园区是在创意产业领域中拥有大量联系密切的创意企业（包括创意产品供应商、创意服务商、金融机构、相关产业的厂商及其他相关机构），以及相关支撑机构（包括辅助产品制造商、相关基础设施供应商，以及提供专业化培训、信息、研究开发、标准制定的相关协会、中介机构等民间团体）在空间上集聚，通过协同作用，形成强劲、持续的竞争优势。文化创意产业园区不仅应具备一般产业园区的五大特性——专业化分工（Specialization）、地理性邻近（Geographic Proximity）、组织性邻近（Organizational Proximity）、群内组织相互关联（Interrelatedness）、协同与溢出效应（Synergies and Spillovers），还应突出反映创意产业的特点——创新力、文化力、知识产权保护力[①]。

还有学者认为，文化园区不仅是一个生产园区，而且是在特定的地理区位将一个城市的文化与娱乐设施高度集聚以产生创造力和吸引力，是文化生产与消费的结合，是多项使用功能（工作、休闲、居住）的结合，能活化城市特定地区，提供夜间活动且延长地区的使用时间，提供艺术活动及其所需的设备，为当地艺术家提供更多就业或居住的机会并让艺术与社区发展更加紧密地结合。也因为如此，Scott 认为创造力必须在特定城市背景下，通过编织生产、工作和社会生活的综合网络来有机地发展[②]。

也就是说，文化创意产业集群的产业体系远不局限于一个特定产业的市场主体及配套体系，还包含整个城市或区域的功能结构和社会生活样态。正是出于这种对城市生态的构造力，文化创意产业在优化城市产业结构、创造和更新城市文化的过程中扮演着重要的角色。从各国产业发展的现实来看，文化创意产业也往往得到了政府的推动和支持，一般享有针对性的顶层规划。学者 Montgomery 在总结了文化创意产业园区必须具备的条件和要素后，做出如下总结（见表2）。

从这个意义上来说，文化创意产业的集聚也在逐步突破产业特定的范畴，越来越强调关联产业，甚至是区域带动。这也是北京市文化创意产业功能区提出在整合现有集聚区的基础上，进一步加强与北京市各区县关联的重要原因。功能区规划从北京市现有资源条件以及文化相关产业的发展规律出发，充分发挥北京在科技与金融领域的潜在优势，巩固和提升文化艺术，广播、电视、电影以及新闻出版三大传统优势产业，加快发展艺术品交易、广告会展、设计

① 黄斌：《北京文化创意产业空间演化研究》，北京大学博士学位论文，2012，第52页。

② 黄斌：《北京文化创意产业空间演化研究》，北京大学博士学位论文，2012，第52页。

表2 文化园区：必要条件和成功因素

| | |
|---|---|
| 活　力 | 多样性的土地利用<br>多种类的文化活动<br>夜晚经济，包括咖啡文化等<br>小型企业为主<br>易于连接教育资源<br>大型活动与节事的展示<br>易于获得的低成本的工作机会和场地，尤其是对艺术家而言<br>小型企业的发展重点在文化领域<br>办公区域良好的管理服务<br>艺术公司和办事处明确的区位<br>有艺术和媒体等的培训<br>同一用地的昼夜用途转换 |
| 建成环境形式 | 精致的城市形态<br>多样性的、可调整的城市街区<br>渗透的街景<br>环境的可读性<br>有一定数量和质量的公共空间<br>有活力的临街界面<br>能对人产生吸引力 |
| 意　义 | 有重要的聚会或会议场所<br>有历史参与感<br>有独特的地区识别性<br>知性<br>有特定指向意义的环境 |

资料来源：Montgomery John, "Cultural Quarters as Mechanisms for Urban Regeneration Part 1: Conceptualising Cultural Quarters", *Planning*, *Practice & Research*, 2003, 18 (4), pp. 293 – 306。

服务三大高成长性产业，探索和培育多种文化产业新业态。遵循国际化、高端化、品牌化发展路线，引导各类要素向价值链高端领域汇聚。

20个功能区在整体结构上，突出文化科技融合与文化金融融合两条主线和文化艺术、传媒影视、出版发行、设计服务、文化交易、会展活动、文化休闲七大板块（见表3）。这些产业板块在城市空间中的体现，既可以是一个产业在一个区域，也可以是一个产业覆盖多个区域，或者是一个区域拥有多种产业。规划的依据主要在于对产业链、供应链和服务链的梳理与整合。文化创意产业集聚的基本意义在于实现文化创意产业的专业化分工和产业链配套，增加合作与创新的溢出效应和范围经济效应。

在主导产业选择的基础上，功能区还对辅助产业的联动予以充分的关注，着力加强功能区主导产业与辅助产业的信息交流与合作对话。相关配套产业的专业化发展是主导产业规模化、专业化、标准化发展的基本条件。北京市文化创意产业功能区建设强调促进产业内服务外包、经贸代理、衍生品等领域的健康发展，关注产业中介与服务平台的建设，要求建立健全信息咨询服务、公共技术服务、交易集成服务、创业孵化服务等公共服务体系，促进物流仓储、营销代理、品牌推广、对外贸易、文化金融、咨询评估、教育培训等相关服务产业发展，以提升产业集聚的资源集约性和运转有效性，从产业全局意义上实现大的融合发展。

功能区规划建设中特别提出文化科技融合、文化金融融合"两条主线"的概念。因为"功能区"较"园区"和"集聚区"更加强调要素集聚和功能支撑，在文化创意产业体系构建中突出科技和金融的支持与驱动作用则显得空前重要。对科技与金融在文化创意产业突破发展的进程中所发挥的关键作用，我们多少意识到了，但是我们的意识很可能还不够。在文化创意产业研究的先驱者美国学者理查德·佛罗里达（Richard Florida）所提出的著名的创意产业"3Ts"评估模型中，技术（Technology）被视为3T之首，

表3　北京市文化创意产业功能区“两条主线带动，七大板块支撑”产业发展定位

| | |
|---|---|
| 文化科技融合主线 | 北京是实现文化、科技双轮驱动战略的主战场，也是充分发挥北京市科研资源优势和高新技术产业优势、提升文化创意产业增加值和成果转化率的政策载体，从产业空间形态上主要集聚于“文化科技融合带” |
| 文化金融融合主线 | 发挥全国金融机构总部优势，带动全市文化创意产业发展的总平台和发动机。着力引导大型金融机构支持文化创意产业发展，培育文化领军企业和战略投资者，完善文化金融服务体系，为全国培育、创新和示范文化金融产品 |
| 文化艺术板块 | 依托北京市艺术、人才和历史文化等资源优势，遵循文化艺术创作规律和市场规律，着力促进形成文化艺术上、中、下游产业链，提供艺术创作、展示与交流的产业化平台，培育文化消费市场，推动北京全域创意氛围提升 |
| 传媒影视板块 | 集聚于“两轴”周边，主要依托北京国家传媒中心、影视中心地位，进一步强化影视产品、渠道、人才、技术等资源优势，助力北京建设具有世界影响力的信息传播枢纽城市和影视产品制作中心 |
| 出版发行板块 | 依托北京出版业传统优势地位，通过集聚国内外原创作品、版权交易、印刷出版等相关资源，大力推动传统出版与信息技术的融合，丰富数字出版、绿色印刷等新兴业态产品形式，推进国家版权交易中心建设，形成面向数字出版时代的全球出版中心 |
| 设计服务板块 | 依托北京“设计之都”的企业、人才和资源优势，进一步巩固北京在工业设计、建筑设计、创意艺术设计、服装设计等方面的竞争优势和市场地位，着力推进文化创意和设计服务与相关产业融合发展 |
| 文化交易板块 | 依托国家级文化贸易口岸、国际级文化交易企业、原创艺术基地和传统文化艺术品展示交易中心，集聚国内外文化贸易企业以及人才等要素，建设交易平台、物流体系等配套设施，助力北京建设亚太文化艺术品交易中心 |
| 会展活动板块 | 依托国家和北京两级大型会展设施、奥运场馆资源和便捷的交通体系、完善的配套设施服务能力，构建国家级会展服务和文化体育新型城市区域，推动北京建设国际会展业中心城市 |
| 文化休闲板块 | 依托北京历史文化、自然生态和旅游休闲资源，着力于传统与现代、文化与旅游、文化与休闲的融合发展，积极引导新型文化休闲城市功能区的建设，引导各类资源的合理开发利用 |

高科技指数和创新指数被视为创意的关键因素。主线的意义在于突出和强调，更在于线索和引领。“两条主线”就是要以文化科技融合、文化金融融合作为北京市文化创意产业发展的重要引擎，带动创新在文化产业领域的转换，推动实现文化创意资源的跨区域共享。

### （三）政策保障

文化创意产业的发展离不开政策的支持，产业政策的规范、调整与完善是规划发展文化产业的先行举措。与其他产业相比，文化产业具有显著的多样性，北京市文化创意产业功能区建设应进一步细化和深化产业政策，切实提升功能区产业发展政策的针对性、实操性。

**1. 发展现行政策体系，提升政策落地性**

自 2005 年 12 月召开的中共北京市委九届十一次全会提出大力发展文化创意产业以来，北京市积极落实国家和本市文化产业发展规划，市委、市政府及相关部门制定文化创意产业政策数十种，政策涉及范围广泛，种类众多。现行的产业政策体系有可资借鉴之处，也存在有待继续提升的方面。

（1）延续“主导政策 + 配套政策”的结构层次

北京市文化创意产业现行政策体系总体上呈现“主导政策 + 配套政策”的结构层次。在 2006 年颁布的《北京市促进文化创意产业发展的若干政策》等总体性规划、政策和措施的基础上，北京市出台了《北京市文化创意产业投资指导目录》《北京市文化创意产业发展专项资金管理办法（试行)》等指导性政策和相关实施细则，各相关部门着手制定具体的行业性扶持政策和多项配套政策。2011 年 12 月召开的中共北京市委十届十次全会审议通过了《中共北京市委关于发挥文化中心作用加快建设中国特色社会主义先进文化之都的意见》，在这个“路线图”的基础上，围绕该意见制定若干配套政策的“1 + X”政策体系逐步形成。“主导政策 + 配套政策”的方式，既把控了总体规划和政策的导向作用，又发挥了各级政府部门、各直接产业部门配合和扶持文化创意产业发展的作用，体现了方向性和落地性、操作性的统一。这一政策结构层次和组织模式将在功能区产业政策制定过程中得到进一步应用和发展。

（2）协同运用行政、法律、经济三种调节手段

从产业经济学的角度，对文化产业制定倾斜政策是优化调整产业结构的基本思路，通过提高文化产业的政策吸引力和预期收益，引导社会资本从发展过剩的产业流向文化产业，加快文化产业增长，扩大文化产业规模。在产业政策制定过程中，行政手段、法律手段、经济手段是可以采用的三种重要工具。从政策传导方式上，可以分为间接和直接两类，通过政府执行的政策手段干预是直接方式，通过经济手段间接影响生产者或消费者行为是间接方式。要提高文化创意产业功能区产业政策的效果，关键是要架构产业政策的科学机制，合理搭配产业政策手段。随着文化产业越来越多地依靠市场来优化资源配置和运行机制，在产业政策设计上需要淡化行政手段色彩，应当着力完善法律手段，建立系统的文化产业法律体系，同时，研究利用好经济手段，研究制定促进发展和优化结构的刺激性和诱导性政策。

（3）兼顾好产业结构政策、组织政策和发展政策

根据产业经济学中产业政策的一般分类方法，可以把产业政策划分为产业结构政策、组织政策和发展政策三种类型。北京市现有产业政策涉及这三个方面，形成了包括发展规划、专项基金管理、税收管理、奖励政策、统计管理等在内的多元类别产业政策。这些政策中较为突出的是产业金融政策和产业布局政策，比较注重通过专项基金、财税优惠等手段促进文化创意产业在技术、创新、规模

等方面的发展，并积极推动文化创意产业集聚区的规划和建设。目前在北京市层面及各区县层面，产业发展政策较为完备，所占比重较大，而引导资源要素流向、调节产业内企业和产业链关系的产业结构政策和组织政策仍需加强。要实现北京市文化创意产业功能区的健康、快速、持续发展，需要兼顾好三类产业政策的相互配合、相互衔接。

**2. 把握共性与个性问题，突出政策适用性**

功能区的产业政策需要充分考虑到各区文化产业的特点、需求和发展重点，将政策的科学调控与市场的客观规律有机结合起来。一是从北京市的产业发展全局出发，把握功能区发展的共性问题，制定各功能区具有共性的文化产业政策；二是针对各功能区发展阶段的差异和主导产业性质的不同，分别利用财税、金融、人才、土地、对外交流等政策手段对各区制定各有侧重的产业引导和刺激政策。针对北京市文化创意产业的发展特性和不同功能区的产业定位与发展目标，功能区规划构建了“1 +8 + N”的功能区综合保障体系，即“一类基础认定政策，八项综合保障措施，若干个性发展策略”，从政策扶持、措施保障和个性发展等方面，系统把握功能区建设所需的要素体系。

（1）共性政策

北京市文化创意产业功能区的产业集聚不只是强调物理空间，更本质的是创造“政策空间”。功能区的产业政策需要从北京市的产业发展全局出发，针对产业集聚、产业链构造、组织关系协调中存在的具体障碍提出解决方案，针对一些关键问题和瓶颈问题予以政策回应，构建协调统一的政策体系。

功能区在共性政策方面主要包括制定“一类基础认定政策”和完善“多项综合保障措施”。“一类基础认定政策”主要是指研究确定北京市文化创意产业功能区内文化创意企业、项目和产品等一系列认定政策，针对符合各功能区主导产业发展定位的文化创意企业、项目和产品，研究制定相关税费减免、房屋租金补贴、金融担保、公共服务等政策扶持措施。“多项综合保障措施”包括组织、机制、资金、人才、金融、用地、合作、服务八个方面的保障措施，以促进产业要素集聚，提高产业运转效率，优化产业发展环境。

（2）个性政策

在共性政策的基础上，结合各自的功能定位、发展基础和资源禀赋，针对各功能区主导产业性质的不同和发展阶段的差异，分别利用财税、金融、人才、土地、对外交流等政策手段，研究适合各功能区发展要求、各有侧重的产业引导和刺激政策，解决不同的政策瓶颈，推动各区产业的集聚化、特色化和差异化发展。

例如，在“文化科技融合”主线，需要重点关注人才政策、创新政策、科技成果转换、股权和分红激励、要素市场和产业链合作；加大对专利、科技成果转换的支持和奖励力度；完善股权和分红激励制度；建立创业辅导培训平台；建立公共实验室、测评站等公共技术服务平台；提升要素市场活力，鼓励自主创新。而在“文化金融融合”主线，则需要重点关注金融政策、人才政策、股权和分红激励，加强文化资源与金融资源的对接，从贷款、担保、上市、基金、发债、挂牌交易等环节制定切实的扶持政策。

**3. 强化功能区之间的政策协调，形成统筹体系**

（1）建立功能区之间的政策协调机制

充分考虑文化创意产业门类的多样性和要素的复杂性，实现对各功能区进行分区促进、分类指导。同时，大力加强功能区政策措施的全局统筹与相互协调，保证政策措施的合理制定、有序实施。共性政策集中研究、统一制定，个性政策允许先行先试、分步推行，两者有机结合；以市场主导政策为主体，功能区个性政策为配套，理顺功能区政策体系的关系，避免政策措施的重复与冲突；明确功能区内部各片区享受同等政策措施覆盖，功能区之间突出政策区分度，促进不同主导产业的集聚。探索建立政策协调机制，强化功能区之间的政策沟通与管理协作。

（2）建设高效合理的综合评价指标体系

统筹考虑文化创意产业发展与区域经济建设之间的关系，开发建设科学合理的文化产业功能区综合评价指标体系。一是以国家文化产业统计标准为基础，强化文化产业相关发展指标的统计分析工作，建设功能区信息资源共享平台，为政府决策、企业咨询、资金投入、人员流动等提供科学有效的信息支持。二是以产业功能发展的相关经济指标为框架，全面评价功能区的建设和发展，同时综合考察功能区建设对区域社会和谐发展的带动与引领作用，对功能区的社会价值进行科学的评估。三是针对各级政府和相关机构的文化产业专项资金，建立健全年度资金使用的评价机制。从资金申报、发放、使用、绩效等全过程跟踪监控其在产业发展过程中的积极作用与可能存在的问题，并根据国家与北京市产业发展整体思路，及时调整资金的使用，使其在产生经济效益的同时形成更好的社会效益。

## 四　结语

北京市文化创意产业功能区的构建，旨在遵循产业的动态变化与均衡发展规律，通过产业化、要素化、模块化的体系建设，转变北京市文化创意产业增长方式。北京市规划建设文化创意产业功能区的重要基础是构建结构合理、机制灵活、保障到位、运转高效、创新驱动、融合发展的现代文化产业体系。在不同的文化产业功能区内，以产业链、供应链、服务链为纽带，合理配置要素资源，充分培育市场主体，综合建设服务平台，通过构建多层次、复合型的综合支撑系统，促进产业向资源集约型、质量效益型发展，形成功能区内部、功能区之间的整体有机联动，协调有序、运转高效的产业格局，切实增强北京市文化创意产业的整体实力和外部竞争力。

功能区的规划，可以说是北京市对文化创意“产业集群”效应的一次新的探索。随着现代信息技术的发展，以及产业生态的创新，“空间集聚”已经不再是“产业集聚”的唯一手段。也就是说，随着“产业集聚”理论和实践的发展，功能区可以是“分布式”发展的，甚至可以是打破空间集聚的。作为“园区”和“集聚区”的提升概念，功能区更加强调产业联系和政策覆盖性。新时期，在政府产业调控层面上，北京市文化创意产业发展的着力点，在于“要素集聚”“功能支撑”，在于创造“政策空间”、实现“有机融合”。

B.5

# 浅析文化创意产业园区建设的路径及展望

## ——以中国北京出版创意产业园区为例

唐学雷*

产业园区是一种介于政府、市场和企业之间的产业发展模式和企业发展平台。通过特色产业园区建设实现产业的快速发展是当今世界各国新兴产业发展的一个重要趋势①。发达国家的实践证明，文化创意产业园区作为一种空间产业组织形式，从出现伊始便凭借其信息获取成本低、资源利用程度高、综合创新能力强、附加值高等优点促进了经济的高速发展，成为世界区域发展模式和产业发展的重要组成部分。

《国家“十二五”时期文化改革发展规划纲要》指出，要“优化文化产业布局，发挥东、中、西部地区各自的优势，加强文化产业基地规划和建设，规范建设一批全国文化产业示范区，发展文化产业集群，提高文化产业规模化、集约化、专业化水平”。在大力发展文化产业示范区政策的指引下，近年来文化创意产业园在我国迅速发展，逐渐成为我国经济发展的重要力量。而出版创意产业园作为文化产业园的一种重要类型，在文化大发展大繁荣的进程中发挥着越来越重要的作用。

---

* 唐学雷，北京联合出版有限责任公司董事长。

① 庄廷江：《浅论数字出版产业园区的建设与培育》，《中国出版》2010 年第 3 期，第 29 ~ 31 页。

## 一 中国北京出版创意产业园区概况

中国北京出版创意产业园区是经原新闻出版总署和北京市人民政府批准成立的综合性出版产业园区，旨在通过整合出版资源、创新体制机制、引进高新技术、打造品牌产品、加强版权保护，建设以出版原创为核心、以高新技术为引领的国家级出版产业基地。

自 2010 年 5 月正式成立以来，园区建设在多方面取得了可喜成果。目前，园区入驻企业共有 33 家，2012 年销售总码洋达 58.3 亿元，利税总额约 10 亿元。截至 2012 年底，园区企业共通过出版公共服务平台出版图书 1000 余种。《北京京剧百科全书》《浴血荣光》《高等学校教职工廉洁教育知识读本》《忧伤的情欲》《天上的帆船》《官德》《北京精神》《于丹：重温最美古诗词》等主旋律作品受到社会好评。

2012 年 7 月，园区企业北京时代华语图书股份有限公司投资 500 万美元在美国纽约成立全资子公司（CN TIMES INC），专门出版发行英文版中国图书，宣传推广中国模式、中国道路、中国精神和中国文化。该公司首期即与国内 10 家品牌出版集团、出版社签订了 100 本版权输出协议，是迄今中国出版史上最大规模的单笔图书输出。

## 二 中国北京出版创意产业园区建设的主要路径

园区从当前形势和自身特点出发，以特殊的服务平台全面吸引特色民营文化企业入驻园区，为民营企业有序参与出版提供了正式、合法的渠道；以特殊的运营模式配置出版资源，通过选题引导和审读把关等措施，确保出版物的内容安全；以特惠的政策扶持民营文化企业发展，全面提升公共服务质量，有效地激发了民营出版的活力。可以说，园区的发展，是一个不断整合国有和民营两种优势资源的过程，是一个不断解放和发展出版生产力的过程，也是一个不断为繁荣文化市场寻求新出路、实现新突破的过程。

### （一）以特殊的服务平台吸引特色文化企业入驻园区

园区从建园开始，就提出要以出版服务为核心，建设出版服务平台、版权交易服务平台、公共阅读服务平台、科技创新服务平台、投融资服务平台，为园区企业提供优质服务，解决民营书业面临的困难和问题。为解决非公有文化机构参与出版的通道问题，在原新闻出版总署的支持下，北京市新闻出版局将北京联合出版有限责任公司改造成为园区出版服务平台。由北京联合出版有限责任公司向园区企业配置出版资源，突破有关政策瓶颈，让非公有文化机构通过平台享受出版单位的政策，解放和发展非公有文化机构的出版生产力。园区成立以来，已吸引包括社科、儿童、经管、教辅等图书策划制作和网络出版以及手机出版在内的一批优秀民营文化企业入驻园区。

### （二）以特色的运营模式保导向、促增长

为了做好出版资源配置、强化出版导向管理、引导园区企业出版精品力作，园区建立了编辑审读中心，集中开展内容审读把关，确保出版物的正确导向；建立优秀出版项目评选奖励制度，对社会效益和经济效益俱佳的出版项目进行表彰，鼓励优秀原创和精品出版，激发园区企业的创造力、竞争力；通过主动引导和在民营文化企业建立党支部等措施，将政治意识、大局意识、社会责任意识融入园区企业。

为了规范生产过程，确保产品质量，园区建立了严格的出版工作流程。一是严格执行选题论证会制度，按照导向正确、鼓励原创、社会效益好、文化价值高的原则，严把选题确定权，需要报批的重大选题，坚决履行报批手续。二是严格落实双重三审制度，要求入驻企业在完成书稿内部三审的基础上再报园区出版服务平台进行三审，严把内容审定权。三是规范书号管理，严格按照书号实名制要求申请和使用书号，未完成三审的书稿不予办理书号。严格的出版管理流程帮助入驻企业健全了质量管理机制，增进了精品出版自觉，提升了社会责任意识，以更多精品出版物惠及人民，繁荣市场。

## （三）以特惠的政策扶持园区企业发展

园区成立以来，市、区两级政府推出了一系列扶持园区发展的特惠政策。一是将中国北京出版创意产业园区纳入北京市国民经济和社会发展“十二五”时期发展规划，为园区长远发展提供政策保障。二是起草制定了北京市支持中国北京出版创意产业园区发展的有关政策。三是加大资金扶持力度，市委宣传部、市财政局拨付专项资金用于园区建设和企业发展。四是园区所在的西城区人民政府为园区发展提供了大力支持，2013 年初专门出台《北京市西城区促进出版创意产业园区发展办法》，从资金、人才、空间等多方位给予支持。

此外，国家新闻出版广电总局、证监会、市发改委、市工商局、市文资办等部门深入园区调研，帮助企业解决实际困难。园区辅导企业参加“国家高新技术企业”“中关村高新企业”认定；组织举办新书发布、版权签约等活动，组团参加全国书博会、国际图书博览会、图书订货会等展会，帮助企业拓展产品市场；举办园区企业骨干编辑培训班，不断提高编辑队伍的业务能力。随着各项政策的逐步落实，园区公共服务日益完善，入驻企业有了归属感，普遍有了“家”的感觉。

## 三 中国北京出版创意产业园区发展中存在的问题及未来展望

自成立以来，中国北京出版创意产业园区建设遵循产业组织、产业集聚等理论并根据首都出版产业的实际情况，不断探索有效的出版创意产业园区发展路径，并取得了一定的成绩。园区集聚效应初步显现，内容生产开始向全媒体出版方向发展，一次内容得到多次利用，各个企业的积极性与主动性得到进一步发挥，逐渐形成了双赢甚至多赢的局面。

但也必须看到，中国北京出版创意产业园区在发展中也存在一些突出的问题，如园区物理空间较小，不能容纳更多的优秀企业；联合出版平台资源有限，需要进一步增资改造以提升公共服务能力；等等。围绕现存的问题，园区下一步发展可以按两步走。

### （一）升级服务平台，推进改革试验

园区的发展是一个持续完善的过程，不可能一蹴而就。对于中国北京出版创意产业园区而言，近期可以从两个方面来推进。一是对园区服务平台进行升级改造。对园区服务平台——北京联合出版有限公司进行增资改造，提升其公共服务能力，打造园区服务平台升级版。按照牢牢把握出版权的要求，加强对编辑审读中心软硬件建设，在做好出版选题把关、内容审读的同时，更好地向园区企业提供产品推广、对外宣传、人员培训等专业服务，进一步激发活力、提高效率，助推产业快速发展。与民营出版机构开展资本合作和项目合作，促进国有资本的增值并加强对民营出版业的资本掌控

能力。二是积极推进各项政策先行先试。作为中国出版业综合改革试验区，在园区积极推进政策先行先试。要进一步扩大出版范围，满足园区企业全方位、多语种、多功能的出版需求；要允许园区企业打造自己的品牌，设计 LOGO，并在图书的一定位置加以明确体现；要允许园区企业向北京联合出版有限公司租型印刷；等等。通过各方面政策的先行先试，将园区打造为中国出版业改革创新的桥头堡和通过改革破解难题、解决问题的示范区。

## （二）把握四大关系，促进园区发展

对于园区未来的发展，建议从四大重要关系来把握。一是统筹好改革与导向的关系。既要解放思想，先行先试，不断解放和发展新兴出版生产力；又要加强引导，严格把关，确保园区出版导向正确。二是统筹好产业与公益的关系。产业发展是手段，服务社会是目的。产业发展要服从社会需求，园区坚持社会效益第一、社会效益与经济效益兼顾的原则，以优秀的内容产品回报社会。三是统筹好文化与科技的关系。园区要顺应出版业数字化、复合化的发展趋势，在业态上突出科技与文化的整合、出版与阅读的互动，推动出版业转型升级。四是统筹好园内与园外的关系。园区既要为驻园企业提供服务，支持驻园企业做大做强，又要扩大服务范围，全面吸引北京地区民营出版机构来园区推广、交易、出版产品，参加园区培训与辅导，引进一批、孵化一批、壮大一批，为北京地区出版文化机构提供优质服务。

# 专题研究篇

Special Subjects

## B.6

# 激活北京文化消费市场的思考与对策

张慧光 *

扩大文化消费、带动文化供给，是实现首都文化大繁荣大发展的一条重要路径。近年来，北京在“文化创新、科技创新”双轮驱动战略的引领下，推动文化消费规模化发展，培育新兴文化消费业态，打造特色文化消费平台，取得了显著成效①。接下来，还应当深入研究文化消费发展面临的新形势，抓住文化消费发展的新机遇，促进文化消费增长，培育新兴文化消费业态，推动文化消费成为首都新的经济增长点②。

---

* 张慧光，北京市国有文化资产监督管理办公室党委书记。

① 陈智国：《提振文化消费何处着力》，《投资北京》2014 年第 3 期。

② 张慧光：《文化消费如何带来新增长》，《光明日报》2013 年 9 月 17 日。

## 一　文化消费具有消费主体多元化、影响因素复杂多样化特点

文化消费有两个特点。一是文化消费主体多元化。消费主体不仅包括个人和家庭，还包括政府、企业、社会团体和社会组织等。北京文化消费主体中的个人消费群体，不仅包括北京市居民，还应包括来自全国其他地区乃至全世界范围内的消费者。二是影响文化消费的因素复杂多样化。对文化消费主体的消费行为起决定性的因素是多方面的，包括消费意愿，即由消费者的观念、阅历、经验等多种因素决定其是否具有消费需求；支付能力，即由消费者收入水平、未来预期、文化产品或服务的价格水平等因素决定其是否具备承担文化消费的能力；消费实践，即决定文化消费是否最终实现的行为。

## 二　重点培育文化消费，成为首都经济新的增长点

北京文化消费发展态势良好，但与首都全国文化中心的地位还不相称，还有较大的提升空间，特别是在主动调控房市、车市的形势下，文化消费将成为首都经济发展新的增长点。据统计，2012年北京市社会消费品零售额为7702.8亿元，比上年增长11.6%；限额以上批发和零售企业中，书报杂志类实现零售额124.9亿元，增长26%；体育娱乐用品类实现零售额89.2亿元，增长17.9%[①]。从现实情况来看，北京文化消费近几年增长很快，市场潜力巨大，

① 《北京市2012年国民经济和社会发展统计公报》《北京市人民政府公报》。

但是社会消费品零售额中文化消费所占的比重仍较低，与首都全国文化中心的地位极不相称。

目前，北京正处于产业转型和经济发展方式转变的关键时期，受全球经济形势的影响①，相关行业收入大幅下降，要继续保持经济实现两位数的增长不容易。要完成经济增长保八的目标就需要培育新的经济增长点，要进一步扩大内需来完成增长目标，而消费是扩大内需的难点和重点，也具有最大潜力，文化消费恰恰是一个重要的支撑点。另据北京市统计局测算，2013 年全市文化、体育与娱乐业有望实现较大幅度增长，如果加以刺激和引导，释放文化消费市场潜力，可以成为一个新的经济增长点。

## 三　北京文化消费正在迎来发展拐点，即将步入爆发期

当前，首都经济社会的发展，促使人们对精神文化产品的消费需求增大，北京文化消费市场正在迎来发展拐点，一个新的爆发期即将开始。举例说，从《失恋 33 天》到《泰囧》的票房成绩，足以说明文化消费已经开始增长。"80 后"和"90 后"作为当前文化消费的中坚力量，对于"70 后""60 后""50 后"关注和参与文化消费具有极大的带动作用，使得更大一批人的消费开始从传统消费向更高层面的消费提升。

作为文化中心和国际交往中心的首都北京，会聚了大量高端文化人才，各类总部机构集聚在此，庞大的消费人群、雄厚的资源基础、通畅的营销渠道、极强市场辐射力等，大大促进了文化消费。目前，北京人均 GDP 达到 1.3 万美元，文化消费市场潜力巨大。

① 张慧光：《文化消费如何带来新增长》，《光明日报》2013 年 9 月 17 日。

2012 年来京旅游总人数达 2. 31 亿人次，其中入境旅游人数为 500. 9 万人次①。特别是从 2013 年 1 月 1 日起，北京对美国、英国、法国等 45 个国家实行 72 小时过境免签政策，这必将促进入境旅游人数和消费的增长，文化消费正面临爆发期。

## 四 北京文化消费仍受需求、供给和平台建设等多重因素制约

从需求来看，多数居民在文化消费方面还“不敢花”。文化消费不同于生活必需品消费，只有基本生活保障得到满足并达到一定水平，文化消费才会更好地释放出来。目前社会保障体系还在进一步健全之中，居民的主要消费仍停留在以保障性储蓄投入为主的基本消费层面，如住房、医疗、教育、养老等，文化消费的支付能力在一定程度上受到制约，未能充分有效释放，文化消费理念和习惯还有待培育。

从供给来看，目前北京文化市场在一定程度上还存在居民文化消费“没得花”现象。北京“不缺文化缺创意”，由于创意人才不足、创意手段缺乏、创新手段不高，北京丰富的文化优势资源还未能有效利用，并转化为具有市场吸引力、受群众欢迎的优秀文化创意产品，居民多元化的消费需求还不能得到有效满足。

从平台建设来看，便捷高效的文化产品供需平台建设不足。类似淘宝、苹果、Facebook 以及各类文化消费节、消费季等能把供需双方有效结合起来的平台还比较缺乏，为消费者便捷高效地提供文化产品与服务的能力有待进一步提高。

---

① 《2012 年北京市旅游人数 2. 31 亿 旅游收入 3626. 6 亿》，http：//www. china. com. cn/travel/txt/2013 -02/09/content_ 27930838. htm。

## 五　文化消费的快速发展有赖于积极发挥政府引导作用

文化消费兼具社会效益和经济效益的两重性：一方面，文化消费的目的是满足人们精神文化生活需求，对社会核心价值、公民素质、城市形象等“软实力”的建构至关重要；另一方面，文化消费是文化产业发展的内生动力、文化创新发展的基础。文化消费受制于文化生产，又对文化生产有着巨大的反作用，能够促进文化要素与各种生产要素的融合，推动产业转型升级。文化消费的这种双重性，决定了政府在促进文化消费的过程中，必须发挥重要的引导作用，为文化健康、快速发展助力。

### （一）策划举办北京文化消费节，引导树立健康文化消费理念

每年定期举办内容丰富的文化产品交易活动，促进文化消费，积极推介宣传民族文化，塑造具有北京特色的文化品牌，建设世界知名的文化消费平台。一方面通过荟萃文化精华，激活静态资源，借助节事主题和活动序列，集中组合现有资源，深度挖掘产品内涵，激发民众文化消费欲望，增强民众文化消费热情，使首都文化消费潜力得到进一步释放；另一方面通过宣传引导，帮助民众树立文化消费理念，提高自身综合素质，培养高雅情趣，促进社会文明建设[①]。

### （二）开展不同消费群体的需求调研，培育消费主体与消费者的文化素质

对各类潜在文化消费群体做好文化产品和服务需求的系统性调

① 吉林省中国特色社会主义理论体系研究中心：《如何引导文化消费》，《求是》2011 年第 9 期。

研，以及公民文化素养调查，分析不同年龄、不同职业、不同地域消费者的差异化需求、偏好和模式，通过基础性的分析，为政策制定提供实证依据。深入研究个体消费、家庭消费和群体消费（包括城市居民中的非户籍人群）的特征和规律，注重培育以个体、家庭和社会群体为主导的文化消费主体。注重培育消费者的文化素质，借鉴北京大学百年纪念讲堂将传统文化艺术引入校园的模式，加强对年轻群体的关注与引导，促进文化素质和文化消费同步提升。

### （三）创新刺激消费手段，通过政府、企业、金融机构的多方联动提升文化消费水平

创新多元化消费载体，研究推出北京文化消费卡，使之成为涵盖文化创意产业各领域，能够满足各地区、各阶层、不同层次欣赏品位消费主体的消费能力和消费意愿的“文化消费激励卡”。探索通过金融手段设计文化消费信用卡，通过现有的支付渠道来降低设计和运营成本。整合各类资源，将政府财政补贴、文化创意企业让利、金融机构支持有机结合，在深入进行调研论证的基础上，探索以终端消费为导向的资金补贴与考核评价机制，着力降低群众消费成本，提升消费水平，让老百姓真正感受到文化产品和服务生产过程中各类优惠政策所带来的实惠。

### （四）制定促进文化消费的配套政策，提振文化消费市场

认真研究各阶层、各群体的不同消费心理和消费需求，对一些文化事业领域的公益性文化产品，通过政府购买等方式实行免费消费。分析文化消费领域存在的问题和根源，结合欧洲各国、美国、日本、韩国促进文化消费和扶持文化创意产业的经验，统筹各方力量，制定具有前瞻性、针对性、差异性、可操作性的政策体系[①]，

① 张慧光：《文化消费如何带来新增长》，《光明日报》2013年9月17日。

完善文化消费领域的现有政策，加大文化精品补贴、文艺院团剧场影院补贴、文化产品促销、税收返还、文化创意人才支持等方面的政策支持力度，刺激文化消费[①]。此外，对其他领域行之有效的政策措施进行借鉴，在全国范围内开展先行先试。

### （五）荟萃多元文化精华，搭建文化产品和服务供需平台

拥有千年文化历史的古都北京，作为全国的文化中心，要有博大的胸怀，既要扶持自己的文化精品，也要大力引进优秀文化产品，吸引文化人才和文化创意集聚，立足北京、辐射海内外，打造文化产品和服务的供需平台，成为全国文化产品和服务的集散地，国内文化产品和海外文化产品进入中国的首发地[②]。加大文化产品、文化品牌的营销力度，多方面、多层次、多角度向全国乃至世界进一步展示北京文化，提升和传播首都文化软实力，促进文化交流和文化产品交易，提升文化消费能级。

### （六）创新文化消费模式，积极培育新的文化消费增长点

一是充分利用好 72 小时过境免签政策，将文化与旅游相结合，设立若干条适合北京特色的旅游路线，集中参观北京文化景观，并将具有北京特色的文化产品（如燕京八绝等）通过免税店等形式引入旅游市场，促进文化旅游消费。二是借鉴台湾“诚品书店”的商业模式，打造一批具有北京特色的品牌文化消费综合体，加强文化消费体验。三是将文化旅游与科技相结合，联合电信运营商，将能够反映中国文化气质和北京文化特色的图书、影视、大型演艺等文化产品和服务信息进行整合，形成便捷的文化产品信息交易平

① 温源：《激活文化消费　北京应带什么头》，《光明日报》2013 年 9 月 17 日。
② 张慧光：《文化消费如何带来新增长》，《光明日报》2013 年 9 月 17 日。

台，引导人们来北京进行文化消费。四是支持有实力的企业精心策划一台文化大餐，要既能体现北京深厚的历史文化底蕴，又能融合现代文化和现代科技[①]，营造品牌效应，促进文化消费持续增长。五是建立两小时文化消费圈，开发特色文化消费，培育新的文化消费增长点，拓展大众文化消费。

### （七）政府部门带头养成良好的文化消费习惯

在促进北京文化消费快速发展的过程中，政府要积极营造良好的社会发展环境，树立服务理念，真正下决心解决企业负担过重的问题，降低企业的运营成本，使得文化消费物美价廉，从而唤起民众的文化消费热情，激发民众的文化消费欲望，这样有利于培育引导民众树立良好的文化消费理念，养成良好的文化消费习惯。

### （八）继续大力发展文化事业和文化产业

文化事业和文化产业相辅相成，在一定程度上还可以互相转化，政府一方面要继续完善文化基础设施，增强公共文化服务能力；另一方面要大力促进文化产业发展，特别是要支持传统文化产业转型升级，重视文化和科技催生的新业态，加大对数字文化产业的扶持，为文化消费提供好的文化产品。

① 赵弘：《北京文化要做成传统与现代化一体的文化大餐》，中国经济网，2013 年 3 月 1 日。

B.7

# 促进文化金融深度融合 打造文化金融创新中心

周茂非*

金融在现代经济中处于核心地位。一方面，充分发挥首都金融资源配置的先导作用，满足文化创意产业发展的资金需求，实现金融与文化创意产业的有效对接，是推动北京文化创意产业跨越式发展、建设先进文化之都的客观要求①。另一方面，迅速发展的文化创意产业也为北京市金融业的发展转型提供了新的机遇。长期以来，我国金融机构开展的业务大部分集中在物质生产和服务领域，由于群众消费需求的深刻变化和传统经济领域边际效益的不断下降，金融业的信贷资产配置和赢利能力面临调整转型与可持续发展的巨大压力。文化创意产业作为促进北京市经济增长的新兴产业，市场发展空间广阔，具有门类众多、产业链长、附加值高等特点，而且受经济周期波动影响较小，使得服务于文化创意产业发展的金融机构获得了转型经营的新机遇、拓宽业务的新市场以及提升服务的新空间。

## 一　首都文化与金融融合存在的主要问题

北京借助金融业优势，在文化与金融融合上进行了大量尝试，

* 周茂非，北京市国有文化资产监督管理办公室主任。

① 北京市金融工作局、中共北京市委宣传部：《关于金融促进首都文化创意产业发展的意见》。

包括机构创新、产品创新、市场创新等，初步形成了文化金融产业链条和文化金融服务环境，支撑首都文化创意产业健康持续发展。但是，文化创意产业轻资产、自主创新不强等特点，使得融资难问题仍然普遍存在，成为制约企业做强做大和产业发展壮大的瓶颈①，如何有效引导资本向文化创意产业集聚成为当前亟待解决的突出问题。

### （一）文化创意企业融资困难制约产业发展

一是在文化创意产业领域中大部分为中小微企业，初创期的企业组织形式较松散，经营模式不成熟，市场规模还比较小。此外，文化产品市场需求变化较快，企业生存风险较高，金融机构介入难度增加②。二是传统金融机构提供贷款等金融服务时，大多要求企业以房地产、实物资产等进行抵押，而文化创意企业固定资产比重小，版权、著作权等无形资产比重大，缺乏权威有效的价值评估，使得金融机构面临理念创新和产品创新等挑战。三是文化创意产业主要依赖于人力资源，核心资产具有极大的不稳定性，导致文化创意产业发展资金主要依赖于自身资本积累，缺乏信贷、信托、债券等外源融资支持，金融市场发展深度较其他行业相对滞后。

### （二）文化要素市场缺失阻滞产业发展活力

由于我国还没有建立起标准的文化创意产业知识产权评估体系，知识产权市场交易体系也尚未完善，尤其缺少质押担保等文化要素市场，所以版权、知识产权、文化人才等文化要素还不能通过市场进行充分的配置与交流，文化创意企业与金融机构之间的沟通

① 周茂非：《促进文化金融深度融合》，《光明日报》2013 年 11 月 28 日。

② 周茂非：《促进文化金融深度融合》，《光明日报》2013 年 11 月 28 日。

衔接存在诸多困难，文化人才的自由流动存在诸多障碍，难以在更加广阔的领域中施展才华，精品文化力作推广存在诸多困阻，阻滞了文化产业发展的活力和创造力。

### （三）有效手段不足限制企业壮大

我国文化体制改革不断深入，投融资主体日趋多元化，涌现了一批民营文化创意企业，文化市场得到极大的丰富和繁荣。但是，文化创意产业除了具有商品性，还具有社会意识形态性，因而非公资本在文化创意产业中的扩张受到一定限制，也延缓了部分国有文化单位的发展步伐。国有文化创意企事业单位拥有大量优质资源，但是缺乏非公资本具有的资本高效运作手段和市场活力，竞争能力相对较弱，不利于国有文化创意企事业单位的发展壮大。

## 二　推进首都文化与金融融合发展的总体思路

北京作为全国的文化中心和享誉世界的东方古都，拥有“一行三会”的金融决策机构，大型国有银行总部也基本聚集于此，丰富的金融资源为文化创意产业提供了坚实的发展基础。充分发挥首都金融资源配置的先导作用，实现文化创意产业与金融的有效对接，满足文化创意产业发展的融资、投资、交易、风险管理等需求，是推动北京文化创意产业跨越式发展、提升文化软实力和国际影响力的客观要求[①]。今后，北京市将结合文化创意产业发展的实际，继续深入推进文化与金融融合发展，打造立足首都、辐射全

① 北京市金融工作局、中共北京市委宣传部：《关于金融促进首都文化创意产业发展的意见》。

国、引领世界的文化金融创新中心和文化金融综合改革试验区，为全国文化金融融合发展积累经验。

### （一）强化政府部门的统筹协调

首先，要完善政策协同机制，加强政府部门的工作对接，建立文化创意产业主管部门、金融主管部门和金融机构的协调沟通机制，进一步固化政府部门推动文化与金融资本、社会资本相互融合的工作对接平台。其次，要营造良好的发展环境，推动出台促进文化金融融合的具体政策措施。最后，要健全配套服务机制，推动文化创意产业投融资服务体系进一步建设完善，推动建立知识产权评估体系、现代文化创意产业市场体系和文化创意产业投融资服务平台，进一步促进文化金融融合发展。

### （二）发挥金融机构的服务职能

金融机构应深入研究文化创意企业的运营机制和特点，开发符合文化创意产业特点的金融产品、信用评级机制、贷款审批机制和利率定价机制，灵活使用各类金融工具，为文化创意企业提供差别化和特色化服务。同时，还应引入第三方服务，引导相关中介机构运用资信评估、委托培训、支付清算、风险管理等手段，主动为文化创意企业提供针对性强、技术含量高的金融服务，帮助文化和金融实现便捷的无缝对接。

### （三）完善文化创意企业的制度体系

要推动文化创意企业建立现代企业制度，完善公司治理结构，通过引入现代企业财务会计制度，规范会计和审计流程，进一步增强财务管理能力，提高企业信用等级，提高信息披露透明度，为文化与金融融合发展奠定良好基础。

## 三 首都文化与金融融合发展的实现路径

推进文化与金融融合发展，是首都科学发展的客观需要，必须紧抓国家大力发展文化创意产业和提升文化软实力的历史机遇，着力推进文化与资本对接，探索完善文化金融政策体系、组织体系、市场体系、产品体系和服务体系，建立覆盖文化创新发展全过程的文化金融服务体系。

### （一）牢牢把握五项原则

坚持政策先行先试，积极争取国家和市有关部门的支持，推动出台促进文化与金融融合发展的一系列试点政策。

坚持文化创意产业和金融业深度结合，推动形成二者良性互动的发展环境，实现相互促进、共同发展。

坚持体制机制创新，建立与中央部门和北京市各部门、各区县的协调联动工作机制，推动政策、资金落实到位。

坚持以市场为导向，切实强化企业市场主体地位，积极发挥市场的资源配置作用。

坚持需求带动，着力加强资源整合，进一步强化金融服务的系统创新[①]。

### （二）加快推进五项工作

#### 1. 先行先试一批文化金融政策

在市级层面出台的金融促进首都文化创意产业发展意见的基础

① 国家发展改革委、科技部、财政部、人民银行、税务总局、银监会、证监会、保监会、外汇局：《北京市人民政府关于中关村国家自主创新示范区建设国家科技金融创新中心的意见》。

上，积极争取中央政策和资金支持。

**2. 健全管理体制机制**

加快建立跨行业、跨层级的工作协调机制，负责全市文化金融创新的建设、领导与统筹协调，进一步理顺管理体制和工作机制，切实推动文化金融创新中心建设。

**3. 汇聚一批文化金融机构**

科学统筹100亿元文化创新发展专项资金，利用财政资金的撬动作用，吸引、集聚金融机构和社会资本对公开征集项目进行投资。

**4. 扶持一批文化创意企业做强做大**

打造一站式融资平台，根据不同企业的不同需求，量身定制各具特色的融资方式，促进文化与资本的有效对接。

**5. 建立政企合作机制，吸引重大项目落地**

继续完善与大型国有文化创意企业和民营文化创意企业的合作机制，吸引文化创意产业重大项目在京落地发展。进一步加大与国有文化单位和民营文化创意企业的沟通协调力度，深入了解企业发展需求，切实帮助企业解决发展过程中遇到的难点问题。

## （三）着力建设六个平台

**1. 文化投融资平台**

建设首都文化投融资平台，成立北京市文化投资发展集团作为运作主体，同时负责重大文化项目的实施；成立北京市文化创意产业基金管理公司；针对中小微文化企业融资需求，成立文化产业小额贷款公司；针对文化企业贷款需求，成立北京市文化创意产业融资担保公司，提供融资担保和再担保；针对中小文化企业融资，与国家开发银行、中国建设银行等合作建设统贷平台；等等。推动文化与资本对接，政府通过投入引导资金，发挥“杠杆”效应，打好“组合拳”，为北京文化产业繁荣发展提供资金支持[①]。

**2. 文化项目孵化平台**

通过北京文化创新工场的建设，为文化金融融合提供集约式空间服务，吸引文化和金融信息流的集聚。同时，将公共技术平台、相关产业联盟和专家顾问等公共资源进行整合，为企业提供发展空间、投融资、法律、公共行政、财务等一系列专业服务，为不同发展阶段的企业提供差异化“贴身”服务[②]。

**3. 文化创意企业信用评价平台**

加大中介机构的建设力度，研究建立文化创意企业信用评价体系，建立信用担保、评级和增进体系，在文化创意企业投融资过程中，大力提升信用的评价和担保作用，激励文化创意企业增强公信力，促进文化创意企业提升服务质量，大力推广文化创意企业信用产品。此外，通过法律、经济、舆论、监督等手段的运用，完善信用激励机制，创造信用促融资、融资促发展的良好局面[③]。

**4. 文化要素配置平台**

加快建设北京文化产权交易所，与有关部门加强协作，构建文化资产评估和交易体系，为文化创意企业提供资产股权转让等各种交易服务，促进文化要素与资本无缝对接。通过中国艺术品交易中心、国家版权交易中心等文化要素市场，汇聚和配置文化资源。

**5. 文化金融人才集聚平台**

积极引进、培养既懂文化又懂金融的文化金融领军人才。

**6. 文化金融信息传播平台**

建立文化金融信息发布机制，保证文化金融相关信息的及时发布和易于获取，使信息能在政府、金融机构和企业间快速传播。

---

① 周茂非：《促进文化金融深度融合》，《光明日报》2013年11月28日。
② 周茂非：《促进文化金融深度融合》，《光明日报》2013年11月28日。
③ 周茂非：《促进文化金融深度融合》，《光明日报》2013年11月28日。

文化与金融深度融合、相互促进、共同发展，将为文化创意产业创造良好的金融发展环境，为广大金融机构构建和谐的文化发展氛围。今后，北京市将持续推动文化创意产业和金融的有效对接，推动首都文化创意产业跨越式发展，建设具有全球影响力的文化金融创新中心和中国特色世界城市，实现文化大发展大繁荣。

# B.8

# 关于国有文化资产监管工作的思考和建议

赵 磊*

从根本意义上讲，国有文化资产监管是宣传文化系统根据当前经济体制改革的最新形势，顺应文化大发展大繁荣的时代潮流，尝试参照一般领域（国资委管辖领域，不含金融和资源类国有资产监管领域，下同）国有资产监管模式，同时兼顾管理文化导向的特定要求而做出的主动探索。在这一探索过程中，全国上下已经形成了中央、北京、上海、重庆、深圳等多种代表性监管模式。每一种模式下的中心任务都是首先明确一家履行出资人的机构或资产管理公司，然后根据当地的实际情况，建章立制，创新性地推进国有文化资产监管工作。

关于如何搭建国有文化资产监管体系管理架构，尽管各地模式不一，但已取得一些基本共识。目前，国有文化资产监管工作的重心已转移至如何出台合理有效的监管制度、如何完善现代企业制度、如何平衡国有文化企业经济效益和社会效益等中微观执行层面。本文认为，当前要做好国有文化资产监管工作，关键要在深入把握国有文化资产监管与一般国资监管区别点的基础上，合理借鉴有效经验，兼顾差异化特征，进行重点突破并相应开展制度建设。

---

* 赵磊，北京市国有文化资产监督管理办公室党委副书记。

## 一 国有文化资产监管与一般领域国有资产监管的区别

国有文化资产监管与一般领域国有资产监管的差异点，主要集中在法律制度体系基础、改革任务性质及外部环境、企业业务社会公益性程度等方面，正确理解和把握这些区别并做好相应处理是做好国有文化资产监管工作的起点。

### （一）规章制度体系建设基础不同

一般领域国有资产监管工作重要的法律基础有2003年以国务院令颁布实施的《企业国有资产监督管理暂行条例》、2005年全国人大通过的以国家主席令颁布实施的《公司法》、2008年全国人大通过的以国家主席令颁布实施的《企业国有资产法》。目前，国资委系统出台的各项制度规章都是以上述法律法规为根据的，有顺理成章的法律上下位对应关系。国有文化资产监管工作目前尚无正式的法律法规，全国各地出台的规章制度只能以上述法律法规为依据，具体内容参照国资委系统出台的各项具体制度措施。

### （二）改革任务性质存在时间差

由于列入国有文化资产监管范围的大部分国有文化企业主要脱胎于近年来文化体制改革的宏观背景，正处于从事业单位转为企业的过渡阶段，这一阶段对应于20世纪90年代一般领域国有企业改革时期。但今天国有文化企业与一般领域国有企业面对的是同样一个外部市场环境，相对来说却要同时完成转企改制、完善现代企业制度、推进股份化等多重任务，而一般领域国有企业早已进入上市融资、股权投资甚至海外投资等新阶段，国有文化企业必须奋起直追才能实现与时代融合发展。

### （三）监管企业社会公益性程度不一

一般领域国有企业可以专注于围绕收入、利润、现金流等指标进行经营拓展，根据这些指标完成情况进行考核并取得合理奖励回报。国有文化企业一方面要作为企业主体进行市场化经营，另一方面又不得不承担新闻舆论导向、文化产品内容审校把关等社会公益职能，甚至很多情况下会要求企业社会公益职能发挥前提性决定作用。因此，有必要把对国有文化企业社会公益性职责履行情况作为重要考核内容，进行区别化对待。

## 二 推动国有文化企业成为合格市场主体的重点任务

### （一）搭建国有文化资产监管的制度框架，实现依法有效履行出资人职责

从一般意义上分析，国有文化资产监管本质上是履行企业股东角色职能，关于股东的权利和义务及股东会的议事规则，《公司法》已有明确的规定。从特殊意义上分析，国有文化资产监管属于国有资产监管的范畴，与社会一般领域的股权投资关系显著不同。《企业国有资产法》围绕国有企业各个层面的事项，如国有资产监督管理体制、国家出资企业法律制度、企业国有资产管理制度等进行了明确规定，相当于对国有企业监督管理有别于一般民事主体的特殊性做了法律细化规定，从而为各种所有制经济在市场竞争中发挥各自优势、相互促进提供了法律依据和制度保障，监管机构

与监管企业均应遵照执行并细化落实。

**1. 监管机构层面**

作为资产监管机构，尽管没有必要像国资委那样出台门类齐全、面面俱到的监管制度，但至少要依据《公司法》《企业国有资产法》等法律法规，制定框架性的规章制度，实现资产监管工作纲举目张。如制定国有文化资产重大事项管理制度及其具体实施办法，特别是在产权登记管理、投资监督管理和绩效考核三大重点方面出台详细的管理办法和工作措施。同时，要围绕上述规章制度做好培训学习、数据收集整理等基础性工作，清晰明确资产归属、权益规模、收益分配等具体方式，形成国有文化资产监管工作的统一认识和统一标准，为国有文化资产监管工作的顺利开展奠定坚实基础并提供制度保障。

**2. 企业层面**

应依据《公司法》《企业国有资产法》等法律法规和监管部门的制度规定，制定既符合监管部门战略意图导向又符合市场经济基本竞争和协商规则的《企业章程》，形成有效的制约机制和议事规则，合理保障各方利益诉求。事关企业发展战略和重大投融资等的事项，企业除了要按照监管部门的制度规定进行报批外，还应参考借鉴成熟的大型企业集团或上市公司内控制度，制定规范化的内部管理措施，从而形成包含各个层面且相互衔接的完整制度体系。

### （二）坚持推动企业以建立和完善现代企业制度为根本方向，保证与外部市场主体的顺畅有效对接

提出国有文化企业要加快建立和完善现代企业制度，主要是为了适应我国市场经济发展已进入融合、开放发展的新阶段，为企业在与外部环境有序对接方面打造统一话语体系和制度体系，从而推

动企业持续成长，实现做大做强的目标。

**1. 明确产权归属并进行客观合理、真实有效的产权评估和登记管理**

现代企业制度特征可归纳为“产权清晰、权责明确、政企分开、管理科学”，其中产权问题被列为首要事项。国有文化企业由于历史原因，往往产权关系错综复杂，目前许多企业产权纠纷问题仍然处于僵持阶段，严重影响了企业的业务经营和外部合作。捋顺产权关系、明确产权归属、确定产权价值是实现有效监管国有文化企业和企业自身实现良性发展的前提，一般领域国有企业改革的实践经验也证明了产权管理的基础性作用。唯有产权清晰化后，企业在管理制度架构方面才能实现累加效应，发挥依靠制度管理企业的真正作用。2010年中央文资办成立后集中出台了《中央文化企业国有资产产权登记管理暂行办法》和《中央文化企业国有资产评估管理暂行办法》两项政策法规，时至今日仍在集中围绕上述两项政策开展一系列的培训活动和具体信息数据的收集整理工作。全国各地国有文化资产监管工作模式多样，但均把产权管理作为核心工作之一，配套出台相应管理制度并认真落实。另外，不同于一般国有企业，国有文化企业产权问题往往涉及文物保护、知识产权评估等多个层面，从而对产权管理工作提出了更高要求，必须更为合理慎重对待。

**2. 完善财务管理制度，遵从社会共同的财务制度评价标准**

自2006年国家会计准则正式发布实施以来，各行各业财务会计制度开始纳入统一的标准核算体系，这是我国经济社会发展的巨大进步且具有里程碑意义。在统一的财务标准体系下，各类市场主体发展的成效和质量及趋势等情况有了可以系统对比的参照体系，从而为实现保护出资人权益、进行市场合作、获得外部评价等提供了对接基础，各方可以真正做到决策前“心中有数”。正是由于此原因，财务指标数据成为企业投资者及各类利益相关者最为关注的焦点，各方可以从各项指标分析中获取各自所需要的真实情况，并可进一步评判决策层的决策是否准确、管理层的经营管理是否有效。

当前，一般的财务分析都以杜邦分析法为标准体系，将净资产收益率作为综合性最强的财务分析指标予以关注。如果是上市公司，企业的每股收益、市盈率、市净率等财务指标也会成为核心关注的财务指标。国有文化企业只要存在与外部市场进行交易重组的现实需要或抱有做大做强的发展愿望，就必须按照统一的会计规则规定进行制度建设，保证随时能够与外部市场进行合作洽商和基础对接。因此，国有文化企业在财务制度建设方面应主动适应现代财务会计工作的发展方向，不断提高财务信息的可靠性、可比性、谨慎性、及时性，并要切实按照财务报告“四表一注”的规范格式，建立和完善可以准确反映企业财务状况、经营成果、现金流量的财务信息系统，搭建与外部投资者、债权人及企业内部管理层的有效沟通桥梁。

**3. 健全以法人治理为主要内容的企业管理机制**

现代企业制度的法人治理结构以股东会、董事会、监事会和经理层作为重要枢纽点，要明确相互之间的权利、责任和利益以及相互之间的制衡关系。尽管国有文化企业有刚刚脱胎于事业体制的现实因素，但当前面对的外部环境已经是成熟的市场环境，不能再像以前一般领域国有企业改革那样设定一段缓冲期或采取折中模式。国有文化企业在建立现代企业制度过程中，只能在统筹考虑下齐头并进推动各项改革，在出台可行性关键制度措施方面一步到位。

总体而言，国有文化企业应沿着国有企业改革的成功路径，推动文化事业单位转企改制、推动重点领域国有文化企业兼并重组、推动部分重点文化企业上市，大力培育骨干企业和文化航母，实现与当前经济改革整体环境的同步发展，并可在部分领域力争适度超前，发挥文化引领作用。具体来说，无论是刚刚进行转企改制的国有文化企业还是已经实现成熟企业化运营的国有文化企业，均应按照《公司法》和《企业国有资产法》等法律法规要求合理划分股东会、董事会、监事会、经理层权限，规范办理流程，形成各司其职、相互监督的局面，并借助有效的激励约束机制，推动企业成为合格的市场竞争主体。

作为扮演股东角色的监管机构要以提高企业决策成效为目标，首先应充分尊重《公司法》就股东会议事方式中一般决议、特别决议的规定，实现企业股东决策流程的市场化。同时，综合考虑《企业国有资产法》的特别规定和当地的现实条件，最大化支持国有文化企业不断完善决策制度、经营管理制度，为企业的持续稳定发展提供组织制度保障。

### （三）鼓励引导企业优先考虑借助商业模式创新和市场化手段实现并保持赢利

国有文化企业尽管有自身特殊的行业特点，但作为市场经营主体的首要任务是努力创新经营模式、发现利润区从而保证企业实现存续经营。特别是当行业内同类企业有成功的运作先例时，更应积极主动地参与市场竞争，而不应过分依赖政府补贴或者将发展目标维持在基本的生存状态。譬如，从一般角度分析，文艺演出行业的赢利水平普遍较低，需要进行财政补贴，但市场实践中，并未掌握垄断性资源的本山传媒刘老根大舞台、宋城股份千古情系列演出等，均取得了高水平的赢利回报甚至已经实现上市融资，其中创新经营是成功的关键所在。因此，在同样甚至反而更差的资源条件下，其他企业能实现商业模式创新并实现赢利，国有文化企业在这种情况下就不能过多寻找外部理由，只有主动作为方能证明是合格的市场主体。

## 三　权衡考虑国有文化企业轻资产特征和社会公益职能属性的主要举措建议

国有文化企业不同于一般企业的特点，一是固定资产在总资产中占比相对较低，无形资产、知识产权、版权等轻资产占比相对较高，造成企业在资产评估、外部融资、绩效考核等方面出现很多困难和障碍；二是承担很多社会事业领域的文化传播导向、传统技艺和曲目保护、传统技术人才培训等事务，这些事务部分已经实现市场化运作，其他部分则仍维持事业化运营模式并发挥相应社会效用。尽管国有文化企业毫无疑问应着力按照现代企业制度的要求和市场经济的竞争法则进行相关制度建设，但作为资产监管部门在建立内部考核指标体系时，应适当考虑国有文化企业的轻资产特征和社会公益职能属性。

### （一）尝试引入分类绩效考核制度，合理兼顾企业经济效益和社会效益

对诸如出版、发行等传统行业国有文化企业，深圳等地提出了社会效益最大化、经济效益最优化的监管原则，并进一步按照70∶30的比例对社会效益、经济效益进行了考核指标量化设计。考虑到国有文化资产监管范围存在新设综合投资类国有文化企业的现实因素，因此不能一概强调全部国有文化企业社会效益最大化，合理的方式是对传统国有文化企业和综合投资类国有文化企业进行分类管理。综合投资类国有文化企业应注重突出经济效益目标，围绕如何实现企业做大做强进行积极努力，而对传统的出版、发行、演

出等领域的具体企业，应根据企业经营业务领域交叉情况和承担政府社会事业任务情况等，适当提高社会效益考核比重甚至将社会效益考核作为主导性考核方向。譬如企业的新闻报道、输出文化产品、引导社会舆情等工作受到上级部门或领导肯定的，应给予高绩效分值确认，而出现重大失误或造成严重社会后果的，则应给予低绩效分值甚至负绩效分值确认，以此量化处理企业社会公益职能履行情况。

同时，鉴于国有文化企业的轻资产特征，对国有文化企业经济效益的考核指标体系也应进一步优化调整，充分权衡考虑企业真实的经营环境、决策效能及执行力度。具体而言，在设置绩效评价指标体系时，可以适当提高总资产周转率等代表资产质量状况的指标比重，提高流动比率、速动比率等代表债务风险情况的指标比重，提高销售增长率等代表企业经营状况的指标比重，从而客观地反映企业内部管理人员和工作人员的努力成效。国有文化企业经济效益指标设置还应结合当前资本市场金融工具创新模式，如应收账款贷款担保、知识产权质押、企业集合债券等方面涌现的新合作方式，探索国有文化企业经济效益指标考核与外部资本市场实现有效对接的可行模式。特别是在宣传文化系统文化投融资体系建设方面，建议可以将企业经济效益考核指标与文化投资方向和扶持方向直接挂钩，尝试创造推动文化企业发展的新融资模式。

### （二）借助政府补贴或购买服务等方式，推动重点公益性文化项目建设

在当前我国社会组织尚不成熟的状态下，由国有文化企业以适当方式继续发挥社会效益具有现实合理性。如何平衡这些体现社会效益的工作业务，较为稳妥的方式是放在企业具体业务方面进行考虑，具体问题具体分析，采取项目扶持、政府购买服务的方式进行

针对性解决。即使在完全市场经济的西方国家，也大都采取补贴的方式对部分带有公益性质的文化项目进行扶持。如欧洲的法国、德国等对国内剧院的财政拨款占剧院总收入的比例高达80%～90%，这一比例甚至高于我国对事业单位国家大剧院的补贴比例①。对于要考虑社会效益的项目如何进行补贴，关键是要确定一定的客观标准或在进行充分论证研讨的基础上合理划分出值得财政投入的项目类别，然后进一步明确给予补贴扶持的比例或额度。

具体来说，对项目补贴扶持力度应重点考虑项目的社会影响力、对其他项目的带动力等因素。如一些对地区发展有重要带动作用并能满足当地文化生活需求的大型公益性文化设施，由于投资规模宏大、经济收益不高，社会资本一般不愿完全按市场化规律进行自主投资建设，在这种情况下，国有文化企业应当仁不让地承担起建设主体责任，相应的，政府应给予大力扶持。进一步来说，国有文化企业先期进行该类设施的投资建设和运营管理后，社会资本自然会跟进，进行商业化文化设施配套建设，从而不断推动地区文化产业实现大发展大繁荣。

总之，对国有文化资产监管既要着力促进企业成为合格的市场竞争主体，扶持企业做大做强，也要充分考虑国有文化企业显著不同于一般社会企业、一般国有企业的差异化特点，并要准确把握改革改制工作所面临的内外部形势和所具备的基础条件。要在保证监管工作依法有据的前提下，提出切实可行的举措办法，大胆鼓励国有文化企业主动创新，适应市场，同时要借助考核和扶持等多种方式，合理引导国有文化企业继续发挥文化导向作用，体现社会公益性价值。

① 《深化文化体制改革，推动文化大发展大繁荣》，《中国经济时报》2013年12月25日。

B.9

# 北京文化创意产业发展规律和政策措施研究

梁昌新*

文化创意产业是文化、科技与产业相互融合发展形成的新兴产业活动集群，其基础是文化，核心要素是创意，核心资产是知识产权，具有高附加值和高成长性，能够为消费者提供新的文化体验。北京作为首都，具有发展文化创意产业得天独厚的文化、科技、人才、资本等优势，但由于对其生产要素、产业特性、产业周期等发展规律的认识还处于探索阶段，对体制机制创新、政策体系完善等发展环境的优化还相对不够，因此，北京文化创意资源优势还远未转化为产业优势，发展潜力有待进一步释放。本文力求通过分析产业发展现状、总结产业发展规律，提出促进产业发展的政策建议。

## 一　北京文化创意产业发展现状

### （一）发展背景

随着北京经济实力的增强和消费结构的不断升级，市民将更加关注精神体验和文化消费。发展文化创意产业是满足市场需求、彰

---

* 梁昌新，北京市西城区区委常委、副区长。

显文化价值的重要举措。现代产业发展的趋势将促进文化创意产业爆发式增长，使之成为支撑首都经济发展的新型资源和重要经济增长点。

经过七年的发展，全市文化创意产业资产、收入双双过万亿元，增加值占全市 GDP 的比重从 2005 年的 9.7% 提高到 2012 年的 12.3%。目前，北京文化创意产业的贡献率仅次于金融业，居第二位，已经成为促进首都经济增长的支柱产业。

## （二）发展特点

一是产业结构多元支撑。北京文化创意产业的四大优势行业分别为软件、网络及计算机服务业，新闻出版业，设计服务业和广播、电视、电影业，是北京文化创意产业发展的主体力量。其中软件、网络及计算机服务业规模最大，占全市文化创意产业增加值的四成以上；广播、电视、电影业增速最快，电视剧出品集数、电影产量占到全国的一半；古玩和艺术品交易总额占到全国的 80% 以上。

二是产业布局更加合理，集聚效应凸显。推动产业集聚发展是北京发展文化创意产业的重要手段，通过优势资源的合理配置，加速了生产要素的集聚，从而延长、拓宽了产业链、供应链和服务链，吸引了一大批具有带动作用的骨干龙头企业，集聚效应开始凸显。

三是支撑产业发展的政策环境逐步改善。政府出台了《北京市促进文化创意产业发展的若干政策》，促进产业发展的政策体系不断完善，为文化创意产业的加速发展提供了良好的政策环境。

## （三）主要问题

产业规模、发展速度和发展质量有待提高。从占比看，北京文化创意产业的增加值约占北京地区生产总值的 10% ~13%，同伦敦、纽约相比差距较大；从发展速度看，美国的文化创意产业增加值年均增速是全美经济发展年均增速的 5 倍左右，而 2004 年以来北京文化创意产业增加值年均增速虽有所提高，但也不到 15%；从产业利润看，北京文化创意产业应缴税金占全市应缴税金总额的比例仅为 7.8% 左右，而伦敦文化创意产业的行业利税占总利税的比例在 25% 以上，行业平均利润率在 30% 以上；从产业空间布局看，产业集聚程度还不够，品牌影响力有待提升。

融资渠道不畅，筹措资金困难。融资难是影响产业做大做强的最大障碍，而文化创意产业融资难的主要原因有：一是“制作出品”这一创意理念物化和价值化的重要环节尚未得到市场认可，不确定性大；二是文化创意企业以中小型民营企业居多，有形资产少，财务管理体系不规范，缺乏金融人才，企业抗风险能力较弱；三是文化创意产业价值评估体系不完善，文化创意产品缺乏规范的市场交易平台。

产业融合度和就业带动力有待提高。北京文化创意产业的渗透性、增值性和融合度还有待提高，目前为终端消费者提供文化产品或服务的比例较大，占 70% 以上，而为房地产、金融、制造业等产业提供的产品和服务还相对不足。2007 年北京文化创意产业从业人员占城市就业人口的比例为 5.4%，同 2001 年伦敦的文化创意产业从业人员占其城市就业人口比例的 10% 相比，对就业的带动力相对不强。

知识产权保护有待加强。文化创意产品创造成本高、投入大，但是复制成本却较低，而且网络传播技术发展非常快，因此知识产权保护对于产业的存续和发展意义非凡。然而，当前文化创意产业相关企业的知识产权保护意识还不够强，社会信用体系还不完善，创意主体的积极性和产业的健康发展受到严重影响。

## 二　北京文化创意产业发展规律研究

### （一）文化创意产业发展的理论基础

产业发展所遵从的“微笑曲线”理论表明，在原创、制造和营销这一产业链中，附加值更多体现在原创和营销环节，而处于链条中间的制造环节附加值最低。文化创意是人的创造性思维活动和结果，具有较高的附加值，主要处于“微笑曲线”的两端，即原创研发和品牌营销，因此要发挥北京的资源优势，更新观念，引导文化创意产业不断往附加值高的两端移动与定位，才能持续发展并永续经营。

由“长尾理论”可知，在网络时代，商业和文化的未来是代表“冷门商品”且经常被人遗忘的“长尾”，而不是传统需求曲线上代表“畅销商品”的“头部”。只要产品销售渠道足够大，处于非主流的、需求量小的产品即“长尾”产品的销量也能和需求量大的主流产品的销量相匹敌。文化创意产业关注个性的产业特性决定了其在各个产业之间穿梭，在各种产品之间游离，因此在各类产品的“长尾”中，随时可能爆发灵感和创意使非主流的、需求量小的产品有跃居成为主流产品的可能，此外，能够运用创意的力量将“长尾”拉得更长，提供更大的产业发展空间。

### （二）文化创意产业的生产要素

文化创意产业的生产要素主要包括文化资本、人力资本、技术资本和产业资本。文化资本是文化创意产业发展的基础与归属，只有深入理解、吸收北京悠久的文化资源要素并与产业相结合，才能做出具有北京特色的、排他性的文化创意产业。创意人才是发展文化创意产业的主体与核心，发展文化创意产业不仅需要创意人才，还需要懂创意、懂经营、懂管理、懂技术的综合型人才来进行创意的实现和市场推广。技术是将创意产品化、将文化资源优势转化为产业优势的催化剂，加速文化与科技的融合就是要发挥技术对产业发展的支撑作用。产业化是文化创意产业发展的手段，文化创意产业形成并发展的最根本动力是人类对精神文明的无止境需求。除此之外，产业化的过程将在推力、拉力、压力和支撑力“四力一体”的基础上完成。

综上，我们对北京文化创意产业的构成要素总结为：“文化是土壤，创意是种子，技术是催化剂，产业是果实。”其结构关系见图 1。

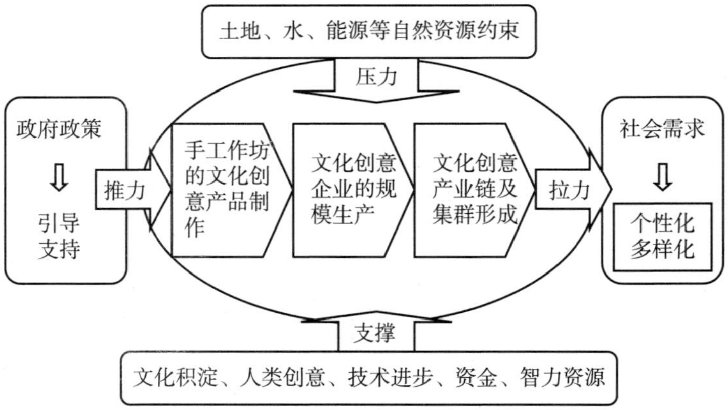


**图 1　北京文化创意产业发展的要素及其结构关系**

## 三　促进北京文化创意产业发展的政策措施

作为首都功能核心区，西城区历史文化积淀深厚，现代高品质文化资源丰富。近年来，西城区立足自身产业优势，大力推动设计服务、新闻出版和艺术品交易等五大产业的发展，设立了产业发展专项资金，采取增加财政资金投入、创业投资引导、项目补助、后期奖励、贷款贴息、担保服务等各种举措。此外，西城区还在文化金融体系建设上不断探索，与北京市国有文化资产监督管理办公室合作，签订了《关于共同推动文化金融创新发展合作备忘录》，以位于西城区车公庄大街4号的“新华1949园区”为载体，以理念创新、形式创新、服务创新和政策创新为基点，努力争取国家相关先行先试政策，建设面向全国的文化金融创新中心。经过一系列有益的探索，西城区积累了丰富的政策经验，对于促进北京文化创意产业发展具有较大的借鉴意义。

### （一）促进文化与科技的结合

文化创意产业作为内容产业、体验产业，与物质商品不同，能够借助现代技术提供给大众享受并可以反复多次消费，文化内容通过科技手段获得更加多样化的表现手法和形式，互动性和体验感大大增强，文化与科技结合得越紧密，能够传播的范围就越大，产业就越强，占领的市场就越大；第四代移动通信技术、云计算、下一代互联网等先进技术已经在北京开始示范应用，急需新的文化内容载体；具有深厚底蕴的中国传统文化如宣南文化、老字号等，也急需科技的进入来提升其附加值和竞争力；设立专项扶持资金，通过鼓励传统文化企业与现代科技企业并购重组等举措，彰显传统文化的现代价值和时尚魅力，增强信息服务业的市场竞争力。

### （二）推进文化与资本的对接

融资难是制约北京文化创意产业发展的瓶颈问题，应根据其所处的产业发展生命周期的形成、成长、成熟等不同阶段，研究制定有针对性的投融资政策。探索采取初期扶持、中期引导、后期退出的投融资政策。在产业形成阶段，通过设立风险投资基金、创业投资引导基金等举措，培育和扶持具有良好发展潜力的行业或企业；在产业成长阶段，通过设立文化创意产业投资基金、中小企业集合发行债券等举措，促进企业加速成长壮大；在产业成熟阶段，通过加强标准化建设、建立无形资产评估认定制度、辅导企业上市融资等举措，促进企业做大做强，提高企业的综合竞争力。

### （三）完善知识产权保护体系

不断完善知识产权保护的相关法律法规，进一步加大执法监督力度，完善侵权行为的举报途径并加大对举报者的奖励力度，提高侵权违法成本；引导和支持文化创意企业成立知识产权保护产业联盟，开展法律法规的宣传普及、知识产权运用培训，增强企业知识产权保护意识；支持成立第三方知识产权评估机构，建立健全知识产权信用保证机制，鼓励知识产权的登记申请，促进政府主导的知识产权数据库的建立，探索搭建知识产权交易中心；鼓励文化创意产业自主创新形成的成果及时申请、注册相关权利，文化创意企业申请专利的费用，可从市专利申请资助资金中给予支持。

### （四）支持产业价值链高端环节

研究设立文化创意奖，对做出突出贡献的集体或个人给予表彰和奖励；设立专项资金，对原创的文化创意作品，通过资金补助、后期奖励等方式给予支持，营造鼓励原创的产业环境。对文化创意企业实施收购国际、国内营销渠道的投资项目，给予资金配套或贴息补助，培育辐射国内外的文化创意产业营销网络体系：对企业在文化创意产品和服务出口过程中所发生的境外市场推广费用，使用国际市场开拓资金给予支持，鼓励和支持文化创意产品和服务出口业务。

## （五）培养和引进文化创意产业人才

支持高等院校、职业学校与文化创意企业联合建设文化创意产业人才培养基地，通过实施定制式培养、模块式教学等方式，培养大批文化创意产业各类人才；制定文化创意产业人才培养中长期规划，有计划、分层次地培养一批懂策划、善管理、会经营的复合型人才；制定高端领军人才标准和扶持政策，积极引进海内外文化创意产业高端人才；研究搭建文化创意产业人才交流中心，构建人才服务引导、有序流动的长效机制。

## B.10

# 首都文化与科技融合的理论与路径探讨

郭万超*

近代以来，文化与科技的不断融合成为世界文明演化的一个重要方式。如今，文化与科技的互动、协同创新关系愈加紧密。随着科技与文化在人才、产业和市场等领域融合的加快，文化产业和科技产业的边界变得更加模糊，形成了“你中有我、我中有你”的局面。一些技术融合的产业化，比如“三网合一”，生发出的新业态不仅有文化产业的特点，还具有科技产业的属性。所以，文化与科技的快速融合，要求打破原有的产业分类的思维定式，从更高的智慧经济的形态理解产业发展趋势，推进文化科技融合发展。2011 年北京市政府发布的《中共北京市委关于发挥文化中心作用　加快建设中国特色社会主义先进文化之都的意见》（以下简称《意见》），专门阐述了“实施文化科技融合工程，让科技助力文化的大发展”[①]，因此，顺应全球文化科技融合的新趋向，进行路径创新是推进北京市文化大发展大繁荣必须认真研究的重大课题。

---

* 郭万超，北京市社会科学院传媒研究所所长，北京文化创意产业研究中心主任。

① 《中共北京市委关于发挥文化中心作用　加快建设中国特色社会主义先进文化之都的意见》。

## 一 文化与科技融合发展的重要意义

### （一）适应全球产业发展新趋势，打造发展转型新引擎的迫切要求

当前，在全球范围内文化与科技融合的新兴产业发展十分迅猛，正在逐步成为引领经济发展的核心产业。美国、英国、韩国（韩国专门制定了《产业融合促进法》）等发达国家大力发展高科技文化产业，已取得了明显的领先优势。面对严峻的形势，我们必须保持清醒头脑，抢占新一轮产业升级的先机，占领未来国际竞争的制高点。文化科技融合对我国经济转型、文化大发展大繁荣具有重大作用。文化与科技的融合将在我国从“制造大国”走向“制造强国”的过程中发挥强有力的支撑作用。科技创新对提升文化创新能力和传播能力、催生新兴文化业态发挥着重要的引领作用；科技与文化融合发展，能够推动文化产业发展水平的提高，促进公共文化服务水平的提升，满足人民群众多层次的精神文化需求。因此，文化与科技融合是推动文化发展的新引擎。

### （二）落实北京市文化创新与科技创新“双轮驱动”战略的迫切要求

北京是全国的文化中心和科技中心，具有文化和科技的双重优势。文化创新与科技创新“双轮驱动”战略的提出是探索首都科学发展机制和模式的重大飞跃，而推动文化与科技融合发展是落实这一战略的重要内容，也是建设“全国文化改革示范区”的重要组成部分，对首都建设全国文化中心具有不可替代的关键作用。

### （三）深化中关村国家自主创新示范区体制机制创新的迫切需要

《意见》提出："借鉴中关村国家自主创新示范区发展模式，为文化与科技融合提供政策支撑。"中关村国家自主创新示范区作为国家自主创新示范高地，担负着先行先试的重要使命，自身需要不断对接国际最新趋势，不断深化发展体制机制，文化与科技融合趋势就提出了路径创新的迫切要求。

## 二 文化与科技融合的主要理论与现实表现

### （一）文化与科技融合的主要观点

科技和文化作为人类智慧的结晶，从起源到现代，一直都表现为一种相互适应、相互依赖、相互促进的关系。文化与科技的关系及融合也一直是国内外学术界研究的一个重点问题。

从国际上来看，为了提倡文化与科技融合研究，美国技术史学会出版了《科技与文化》。日本学者则提出了"科技文化"的概念，并取得了很多研究成果。国外的主要观点大致有以下两种。第一种观点认为科技本身就是一种文化。例如，在《科学与文化》一书中，美国学者约瑟夫·阿加西就明确指出："科学是文化的一个内在组成部分。"日本一些学者把科技看成一种文化技术，并认为文化包括科技；英国社会学家马林若夫斯基把科技看作一种文化因素；怀特指出，科技是文化系统中的一部分，也是文化发展的动力；德国学者伍德利亚·伍德则认为，科技在本质上是一种精神活动；法国学者路易·多洛指出，应该把科技归于文化之列。第二种观点强调科技与文化的互动机制。塔尔科特·帕森斯认为，“科技只有在特定的文化环境中才会兴旺发达，反之则反。同时，文化的发展也受到科技的制约，它们只有相互支持，才能更好地发展”。

国内不少学者也考察了科技与文化之间的关联。东南大学吕乃基在《文化对科学的制约与引导》等一系列文章中，从历史的视角探讨了文化与技术的互动机制，从一个侧面解答了李约瑟难题；杨怀中的《科技文化与当代中国和谐社会建构》等著作和文章则从科技与文化的内在关系入手，提出“科学技术进步是当代中国先进文化建设的第一推动力”；张明国所著的《解析技术：“技术－社会－文化”的互动》一书论述了“科技进步与文化发展的互动关系，并运用系统科学的思想方法，阐述了科技与文化之间的非线性相互作用机制”；马来平著的《科技与社会引论》阐释了“科技和文化的其他部分乃至文化整体都存在和发生着多种多样的相互作用、相互影响的关系”；孟建伟在《技术的人文维度》一书中指出，“科技与文化的融合，不仅有助于推动科技进步和经济的蓬勃发展，还有助于把握科技发展及其应用的正确方向”；中国人民大学刘大椿在《科技与文化整合的两个问题》一文中认为，传统文化是影响我国文化与科技融合的最重要因素。

除了理论层面的探讨，国内学者也在实践和案例层面对科技与文化的互动机制做了不少研究，如《科技发展与文化进步互动机制的案例研究》《技术进步视阈下我国文化产业发展研究》《分立与汇合——对科技与文化互动基本形式的理性审视》等博士和硕士论文，以及《推进文化科技创新　加强文化与科技融合》《高新技术与文化软实力的双向拉动分析》《科技创新与科技园区文化创意产业发展研究》《科技支撑文化创意产业发展》《文化科技融合推动首都文化创意产业发展》等一系列研究性文章等共计百余篇。以上研究成果代表了新形势下对科技与文化融合机制的新探索。

## （二）文化与科技融合的表现形式

科技创新发展支撑文化创新发展。近代以来，科技创新给社会生产方式、人们的思维方式和生活方式、全球竞争格局带来了重大变革和深刻影响，并从文化的内容、形式、传播等不同方面，不断引领文化的发展，成为文化发展的重要动力。主要表现在以下三个方面。其一，高新技术融入文化领域，创造新的文化生产方式。音响、广播、电影、电视等能够生成，主要得益于留声机、摄影、电子、光纤通信、无线通信等技术与产品的出现。其二，催生文化新业态，以动漫、网游、移动媒体等为代表的新兴文化产业业态，正在成为未来最具前景的产业之一。其三，科技进步尤其是数字技术的换代升级，促进传统文化产业不断更新，带动传统文化产业向高端创意产业转型，向高科技化、高集约化演进。高新技术在文化产业中的广泛应用，使传统文化产业的发展活力大大增强。例如，声光多媒体、数字影像、LED 技术、三维虚拟展示等，明显提升了传统演艺、会展和大型文化传播活动的表现力和感染力。20 世纪以来，科学技术的扩散和应用一直以加速度发展，科技增长周期由 50 年以上缩短到 5 年以下。在这种情况下，文化产业的演进周期也相应加快了。

文化创新发展助推科技创新发展。文化对科技发展的影响，主要表现在思想观念、制度、方法等诸多方面。研究表明，文化创新能力每提高 1%，科技创新绩效就会提高 0.987%。在近八年的时间里，美国苹果公司的市值翻了 50 多倍，其中一个秘诀就是，该公司的企业文化奉行“别样思考”（Think Different）。该公司前董事长乔布斯曾说，在苹果公司，创新想法可能来自员工在走廊上不期而遇的随意交谈，也可能来自员工夜里 10 点半互相打电话讨论出的好创意，还可能来自某个人因为产生了前所未有的好主意而临时召集的6人会议。此外，文化产业发展创造的巨大需求，为科技创新提出了许多新的命题，从而不断推动科技进步，促进科技成果转化。在一定意义上说，文化发展的方向、速度影响着科技发展的速度，并影响着科技创新的过程和结果。

## 三 努力创新北京文化与科技融合的路径

推动文化与科技融合，就要遵循文化发展规律，以实施首都文化与科技融合工程为抓手，将北京的科技优势与文化优势紧密结合，不断创新文化与科技融合的路径，使文化与科技融合成为21世纪推动首都发展的重要驱动力。

### （一）不断强化文化产业发展的科技引领功能

加快科技创新成果在文化领域的转化，积极利用高新技术改造传统文化产业，提高文化企业的装备水平和科技含量，积极发展新兴文化产业，为文化创新提供新载体、新空间。聚焦文艺演出、新闻出版、广播影视、艺术品交易、文化旅游、动漫游戏、设计服务等主要文化业态，整体布局产业链，加大科技研发投入，着力突破文化创意、生产、运营、展示等各环节的关键技术和集成应用技术，提高文化制作与展示行业软件系统的国产化率。培育一批文化与科技融合型的骨干企业和项目。加快科技服务模式创新，并推动其在文化服务领域的应用示范。

### （二）大力提升公共文化事业的科技服务能力

针对民俗、文物、宗教等各类物质与非物质文化遗产保护需求，力求突破关键技术，推动陶瓷、漆器、织造、雕刻等中国传统工艺与高新技术的结合，运用数字化技术保护和开发利用中华优秀传统文化资源。加快建设博物馆、图书馆等网络文化公共服务平台，使全体市民共享全社会公共文化资源。加快建设“数字北京”，率先在全国建成无线城市，为城乡居民的文化生活提供便捷服务。

## （三）以示范区为依托、以项目为载体，推进文化与科技融合

依托中关村国家自主创新示范区，促进文化与科技创新资源与要素互动衔接、协同创新，在海淀区建设文化与科技融合发展示范区，推进“文化中关村”建设，实现政策创新、管理创新、服务创新。大力发展数字文化产业，加快实施文化与科技融合型的重大项目，力争用5～10年的时间，将中关村建成引领全国、影响世界的文化与科技融合发展示范区。支持建设产学研战略联盟、市级文化科技创新工程实验室，提高文化与科技融合创新能力。形成以企业为主体、市场为导向、产金学研用紧密结合的文化与科技融合体系和覆盖广泛、技术先进的文化传播体系。

## （四）推进文化与科技融合体制机制与政策创新

文化与科技融合将对现有的体制机制带来新的挑战，这就要求及时地调整现行的方针政策，以适应新的发展趋势。一是要破除文化与科技融合的重大障碍，在不同部门间、不同产业链环节间、不同机构和个人间建立起顺畅的沟通与融合机制。积极推进首都文化资源创新中心平台建设，集成政策资源，建立“一站式”行政审批综合服务集中办公大厅，创建公开透明、公正廉洁、公平有序、依法高效的行政服务环境，为企业提供优质服务。二是要坚持先行先试，积极鼓励和大力扶持科技与文化融合发展相关的基础科研和应用研究投入，加强政策创新、管理创新和服务创新的先行先试，

特别要使海淀区成为全国科技与文化融合发展的试验之地。三是要大力发展文化科技中介服务。积极培育从事知识产权评估、文化科技咨询、技术转移转化的中介服务，鼓励在京企事业单位和各类社会团体开展文化科技成果转化推广服务，降低文化科技融合创新的风险和成本。四是要进一步放宽市场准入。进一步降低融合发展门槛，鼓励中央企业、民营资本和外资投资文化与科技融合类项目。社会投资的融合项目，在规划建设、土地使用、信贷、税收、综合配套保障等方面享有与国有经济投资同等的待遇。

### （五）培养引进文化科技创新人才

一是利用中关村人才特区的优惠政策，鼓励文化企业采取多种方式培养文化与科技融合型人才，支持文化企业高薪选聘国内外高层次科技人才。形成一支掌握现代科技知识、善于运用科技手段推动文化发展的文化科技人才队伍，特别是造就一批在国内外有影响的文化科技创新拔尖人才和领军人物。二是制订本市“高层次文化科技创新创业人才引进计划”，优先推荐文化与科技融合型人才申报“千人计划”“北京海外人才聚集工程”“新世纪百千万人才工程”等项目。三是大力表彰奖励有突出贡献的文化与科技融合型人才，对管理层和技术骨干推行年薪制和试行期权等激励机制，允许和鼓励有自主知识产权的人才以知识产权入股，并参与公司收益分配。

# B.11

# 文化与科技融合程度评价模型

朱 超　李金林*

## 一　构建文化与科技融合指标体系

### （一）构建指标体系的目的和意义

指标构建的主要目的是评价一个文化创意企业文化与科技融合的程度和水平。概括来讲，通过设置文化与科技融合指标体系，可以对照比较各企业文化与科技融合的实现情况，以期总结经验教训，完善政策措施，把握正确的融合方向，加快文化与科技的融合进程。

文化创意企业对自身的发展日益重视，对文化与科技融合的重要性和迫切性的认识也日益提高。企业通过文化与科技的融合可以提高技术水平，有利于开发新技术、树立新理念甚至研发新的文化产品，在企业经营中，也能有效降低企业成本、提高运营效率、增强商业运作能力，是增强文化创意企业可持续发展的重要手段。

目前，文化创意企业在文化与科技融合方面仍然存在很多问题，一般研究都停留在政策研究和案例研究层面，在融合标准和评价体系方面，目前尚无规范统一的标准和方法。

* 朱超，北京理工大学管理与经济学院博士生；李金林，北京理工大学管理与经济学院书记，教授、博士生导师。

首先，融合标准缺乏。对于一个文化创意企业来说，怎样才算文化与科技的深度融合？文化与科技融合发展到哪个阶段才算是成熟阶段？目前国际国内并没有统一的标准。

其次，缺乏实际可操作的文化与科技融合评价体系，无法衡量企业文化与科技融合的实施情况。

目前，一个文化创意企业文化与科技融合的情况，只能通过管理者的感受或者一些实际产生的效益来进行判断，但是哪些效益是由科技投入带来的，是很难衡量的，而这些判断则又影响了企业下一步投入的决策。因此，没有一套统一的标准，不能客观地反映企业文化与科技融合产生的真正变化，困扰着许多企业。构建一套文化与科技融合指标体系十分必要。

### （二）指标体系的构建原则

指标体系的设计是文化与科技融合效果评价的一个关键步骤，为了公正、完整、客观地评价二者的融合效果，必须设计一套科学地反映文化与科技融合效果的评价指标体系。为了达到以上效果，总结起来，在设计文化与科技融合效果的综合评价指标体系时，应当遵循以下原则①。

（1）科学性原则。评价指标的选取必须科学并且实用。指标能够科学地反映文化与科技融合的实际效果，不但具有理论依据，而且要有实际意义，以期增强整个评价的效果。因此，在选取评价指标时，要根据具体情况，简明扼要地选取，并且各级指标的名称要通俗易懂以便理解，每项指标要尽可能规范并实用。

（2）系统性原则。在指标的选取过程中，要用系统的观点，

① 修广利：《区域高新技术产业与传统装备制造业融合机制研究》，哈尔滨理工大学硕士学位论文，2010。

从系统的角度出发，在系统的相互关联、相互制约中描述系统的特征。并且，选取的指标要力求全面系统，避免以偏概全。同时，由于综合评价指标体系的整体性，要防止指标之间的重叠。

（3）普遍性与典型性相结合的原则。文化与科技融合的趋势不论是在国内还是在国际上都是一种普遍的现象，所以评价指标的选取应该体现一致性，即普遍性。但不同地区的融合情况又各不相同，因而应根据所在区域融合对象的具体特点，建立相应的标准来选取相应的指标，将普遍性与典型性很好地结合起来。

（4）可操作性原则。评价指标的设计必须具有可操作性。可操作性主要关注两点：一是评价指标的设计必须考虑其指标值的测量和数据采集工作的可行性；二是要使选取的评价指标具有可靠性和灵敏性。评价指标要能及时反映文化与科技各方面要素的变动方向并且具有较高的可信度，这样才能明显地表现出这种变化的征兆和特征，否则评价就失去了意义。

（5）定性指标与定量指标相结合的原则。文化与科技融合涉及的领域与环节众多，只通过部分可量化的工作来评价，既片面也不科学，需要通过定性指标对难以量化的工作进行评价，定量与定性相结合，形成完整的评价指标体系。

（6）独立性与互补性相结合的原则。构成指标体系的各个指标既相互独立又具有密切联系。独立性原则要求指标间相互独立，在涵盖内容上不重叠。但是实际上，针对某些工作，会从不同的角度设置一些指标，起到互相弥补与检验的作用。这些指标在分配权重时，要考虑减少重复信息，使最终评价结果更客观。

## （三）影响文化与科技融合发展程度的因素分析

为了对文化与科技融合程度进行准确度量，需要详细分析影响文化与科技融合的主要因素，从中选取实用性强、可测量的元素，构建测度文化与科技融合程度的指标体系。综合上文的分析研究，我们主要从三个方面进行分析。

**1. 企业因素**

文化与科技的融合是通过企业的产品和业务来实现的，文化创意企业是文化与科技融合的主体。文化创意企业对文化与科技融合的影响表现在两个方面。首先是企业对文化与科技融合的推动能力，企业是否愿意使用新技术、开发新产品。一般来说，一项新技术的产生需要大量的人力、财力投入，还需要很长的时间，保守企业一般容易维持原来的传统技术，而小型企业则没有这样的实力，有能力无意愿和有意愿无能力是企业文化与科技融合进程中的两大阻力。其次是企业的学习、吸收能力。这种学习、吸收不仅是指吸收先进技术进行产品改造，而且包括先进的管理能力和市场能力、组织结构和管理机制。文化企业只有通过不断的学习和创新吸收，才能加快文化与科技的深度融合。

**2. 人才因素**

文化创意产业需要的不仅是文化，更需要大量的科技人才，复合型和创意型人才才是实现文化与科技融合的关键。文化与科技的技术融合是通过人才的操作实现的，对产业复合型人才产生了强大的需求。以网络游戏公司为例，网络游戏需要文案人员设计游戏思路，需要绘图人员绘制人物形象、动画场景，还需要一大批的技术人员将这些创意通过技术来实现，用新技术改造传统技术，并且最终在网络上运行，通过技术的融合得以顺利实现。正是因为有了这些具备各种创意能力和技术能力的人才，才使得文化与科技两大产业能够顺利融合，产生的文化产品才能够符合消费需求并且具有竞争优势。

**3. 政策因素**

政策是影响文化与科技融合的最活跃因素。政府可以通过以下政策对文化创意产业进行扶持：政府每年对文化与科技融合安排的专项资金，加大了文化创意企业对新产品和新技术的研发力度，加快了技术融合和文化融合的顺利实现；政府通过对人才的吸引政策，可以留住大量复合型人才在文化创意企业工作，这些人才可以在文化与科技融合过程中起到先锋的作用。此外，政府在各类科研院所设置研究专业和研究机构，同样是培养大量具有复合型知识和创造性思维人才的重要方法。

## （四）指标体系的构建

为了从量化的角度来研究文化与科技融合的实际效果，使理论分析能够应用到实践中，并为实践服务，根据上述对文化与科技融合的分析，依据指标选取的原则，构建指标体系如下，包含一级指标 4 个、二级指标 12 个，具体见表 1。

**表 1　文化与科技融合效果综合评价指标体系**

| 指标体系 | 一级指标 | 二级指标 |
|---|---|---|
| 文化与科技融合效果 $Z$ | 文化企业高新技术投入状况 $Z_1$ | $Z_{11}$：技术开发投入经费（万元） |
| | | $Z_{12}$：技术引进消化所投入经费（万元） |
| | | $Z_{13}$：技术人员的比重（%） |
| | 高新技术对文化企业的渗透水平 $Z_2$ | $Z_{21}$：高新技术成果利用率（%） |
| | | $Z_{22}$：高新技术对企业利润的贡献率（%） |
| | | $Z_{23}$：高新技术商品化率（%） |
| | 文化企业技术创新的效益水平 $Z_3$ | $Z_{31}$：高新技术产品销售收入（万元） |
| | | $Z_{32}$：高新技术产品的劳动生产率（件/小时） |
| | | $Z_{33}$：高新技术产品的利润率（%） |
| | 融合的环境因素 $Z_4$ | $Z_{41}$：技术中介机构数量（个） |
| | | $Z_{42}$：高科技风险投资数量（万元） |
| | | $Z_{43}$：政府资金支持数量（万元） |

### （五）指标的含义

文化企业高新技术投入状况这一指标主要以文化创意企业为主体来分析二者的融合水平，可以用技术开发投入经费、技术引进消化所投入经费和技术人员的比重来衡量。其中，技术开发投入经费是指文化创意企业对于新技术研发的资金投入情况；技术引进消化所投入经费是指文化创意企业对于技术的引进和消化的投入程度；技术人员的比重可以说明文化创意企业的创新能力和技术水平，创新水平的提高也可促进对文化产业研发的投入量。高新技术对文化企业的渗透水平，可以用高新技术成果利用率、高新技术对企业利润的贡献率和高新技术商品化率来衡量。高新技术的渗透性越强，文化企业越容易吸收高新技术的因素，文化创意企业高新技术的投入，本身就是高新技术与文化相互渗透和融合的过程。文化企业技术创新的效益水平主要从产出的角度衡量文化与科技的融合程度，可以用高新技术产品销售收入、高新技术产品的劳动生产率和高新技术产品的利润率来衡量。在融合的环境因素方面，选取了技术中介机构数量、高科技风险投资数量和政府资金支持数量来衡量，环境因素对于文化与科技的融合也起了重要的作用。

## 二　文化与科技融合程度的分析方法及模型建立

### （一）建立文化与科技融合程度测度模型的目的和意义

目前文化与科技融合发展已经是一项战略任务，从政府层面讲，建立科学的评价体系，可以把握企业文化与科技融合发展水平的客观情况，有利于政府相关职能部门制定政策，指导行业发展，发挥宏观调控作用。从企业层面讲，企业通过对相关数据的定量分析，可以提取赢利点，提高投入产出比，有利于企业优化经营，提升实力，增强竞争力和可持续发展能力。

### （二）分析方法与建模方法

构建文化与科技融合水平的评价模型，不仅要有合理科学的评价指标体系，还应该进一步分析各个指标的合理权重，以便得到科学可信的结果。现实决策问题具有复杂性，因而指标的设计既要有主观指标又要有客观指标，采用相应的数学方法可计算综合权重，将客观权重与主观权重进行有效组合。在文化与科技融合程度的定量评价中，我们的分析思路是：各指标的主观权重采用层次分析法确定，而用灰关联分析方法确定各指标的客观权重。这种方法的优点是：通过主观权重决策者可以发挥已有经验的作用，弥补客观权重不够灵活的缺点；而客观权重增加了相应的数据支持。最后在此基础上，基于 TOPSIS 法建立了研究文化与科技融合程度测度的模型。

## 三　实例分析

### （一）调研总体状况

从总体上看，文化与科技融合已经成为政产学研各方的共识，并在实践中得到了不断的发展。中关村国家级文化和科技融合示范基地内的企业获得难得的发展机遇，中关村被认为正在迎来新一轮的创业高峰期。活跃在动漫游戏、影视传播、数字出版、新媒体服务、演艺装备、数字展览、文化旅游等领域的多个新兴文化行业和产业，展开了多种形式的业务创新和技术创新，取得了大量成果，显示出了极强的企业活力和创新能力，也表现出了较强的文化产品供给能力。例如，海淀区内的视频网站数量占全国的 80%；广播、电视、电影业企业数量在北京各区县位居第一，占全市的 70%、全国的10%；设计业企业数量占全国的33%。总体来讲，在赢利模式上，90%的企业样本都处于赢利状态，产业发展整体上比较好。目前，赢利较好且前途看好的有6家，有赢利但同比速度有所减慢的有3家，尚处于不赢利状态的有1家。其他调研的情况分别为：获得过国家、北京市、区级文化创意产业扶持资金资助的企业有6家，想获得政策性资金扶持但是觉得比较麻烦的企业有2家，由于种种原因以前没有申请或没有获得政策性扶持资金但目前很积极的企业有1家（凤凰网）；强烈期望得到政府相应的资金补助的企业有7家，对政府相应的资金补助表现一般的企业有2家，对解决企业人才的北京市户口问题更期待的企业有1家；认为目前政策好的企业有1家，认为现有扶持政策力度不够或者没有达到预期效果的企业有6家，认为目前相关政策“太多”与政府不应管得“太多”的企业有1家；由于办公场地等原因，在海淀区注册并在朝阳区“异地办公”的企业有5家（完美世界、顽石、凤凰网、乐视网、随手互动）；已经将编程、网络监控等部分业务迁至北京以外的企业有3家，有外迁离开北京计划的或者对外迁（部分）业务较感兴趣的企业有2家。

## （二）北京市文化企业的文化与科技融合程度评价

通过调研，获取了10位专家对我们建立的指标体系中各指标的评分，从而得到各指标的主观权重，又从所调查企业中选取了3家文化创意企业（这里记为A公司、B公司和C公司）对各指标进行评价，据此得到各指标的客观权重，从而计算出各指标的综合权重，进一步得到各企业文化与科技融合程度的评价结果。

首先，我们根据各位专家的评分数据，采取能够确定各个级别元素之间相互关系的层次分析法①确定各指标的主观权重。而通过

① 刘豹：《层次分析法》，科学出版社，1986。

不同专家对不同元素的两两比较，对各元素的重要程度进行排序，再运用数学方法确定每一个元素对上一级的相对重要性，从而确定权值。依据各元素的排序结果，可以进行决策。大体上可按下面四个步骤进行：

（1）构造层次分析结构；

（2）构建各层次中的判断矩阵；

（3）进行层次单排序及一致性检验；

（4）进行层次总排序及一致性检验。

按照上述步骤，经过 MATLAB 软件计算，利用层次分析法计算得到各指标的主观权重见表 2。

**表 2　各指标的主观权重**

| 指标体系 | 一级指标（权重） | 二级指标（权重） | 权重 |
|---|---|---|---|
| 文化与科技融合效果 Z | 文化企业高新技术投入状况 $Z_1$（0.2315） | $Z_{11}$：技术开发投入经费（0.3802） | 0.0880 |
| | | $Z_{12}$：技术引进消化所投入经费（0.3802） | 0.0880 |
| | | $Z_{13}$：技术人员的比重（0.2396） | 0.0555 |
| | 高新技术对文化企业的渗透水平 $Z_2$（0.2372） | $Z_{21}$：高新技术成果利用率（0.4750） | 0.1277 |
| | | $Z_{22}$：高新技术对企业利润的贡献率（0.2389） | 0.0567 |
| | | $Z_{23}$：高新技术商品化率（0.2861） | 0.0678 |
| | 文化企业技术创新的效益水平 $Z_3$（0.1975） | $Z_{31}$：高新技术产品销售收入（0.2696） | 0.0532 |
| | | $Z_{32}$：高新技术产品的劳动生产率（0.3290） | 0.0650 |
| | | $Z_{33}$：高新技术产品的利润率（0.4014） | 0.0793 |
| | 融合的环境因素 $Z_4$（0.3338） | $Z_{41}$：技术中介机构数量（0.1246） | 0.0416 |
| | | $Z_{42}$：高科技风险投资数量（0.3383） | 0.1129 |
| | | $Z_{43}$：政府资金支持数量（0.5371） | 0.1793 |

其次，根据 3 家文化创意企业对各指标的评价情况，利用灰关联法[①]得到指标的客观权重。经过计算，各指标的客观权重依次为

① 邓聚龙：《灰预测与灰决策》，华中科技大学出版社，2002。

$\omega$ = ( 0.0740， 0.0632， 0.0863， 0.0863， 0.0863， 0.0863， 0.0863，0.0863，0.0616，0.1109，0.0616，0.1109）。

再次，利用公式 $w_j = \frac{\omega_j \cdot \lambda_j}{\sum_{j=1}^{n} \omega_j \cdot \lambda_j}$ 得到综合权重为 $w$ = （0.0776，0.0663， 0.0571， 0.1159， 0.0583， 0.0698， 0.0547， 0.0669，0.0583，0.0550，0.0829，0.2372）。通过观察，我们发现权重排在前两位的指标为政府资金支持数量（0.2372）和高新技术成果利用率（0.1159），而权重排在后两位的指标为高新技术产品销售收入（0.0547）和技术中介机构数量（0.0550）。也就是说，政府给予企业资金支持的数量对于企业实现文化与科技融合有至关重要的作用，而高新技术产品的销售收入和技术中介机构的数量对于实现融合的作用较小。

最后，在求得各指标综合权重的基础上，利用 TOPSIS 法建立文化与科技融合程度的评价模型，对 3 家文化创意企业的融合程度进行排序。TOPSIS 法的步骤如下。

**1. 测度数据的规范化处理**

（1）精确数据的规范化处理方法

$$b_{ij} = \frac{y_{ij}}{\sqrt{\sum_{i=1}^{m} y_{ij}^2}} \qquad j \in I_1$$

$$b_{ij} = \frac{1/y_{ij}}{\sqrt{\sum_{j=1}^{m} (1/y_{ij})^2}} \qquad j \in I_2$$

（2）区间数型的规范化处理方法

设 $y_{ij}$ 的区间数型为 $[r_{ij}^{(1)}, r_{ij}^{(2)}]$，$y_{ij}$ 经过规范化处理后得到 $b_{ij}$，$b_{ij}$ 的区间数表示形式为 $[b_{ij}^{(1)}, b_{ij}^{(2)}]$。其中，规范化处理方法为：

$$\begin{cases} b_{ij}^{(1)} = \dfrac{r_{ij}^{(1)}}{\sqrt{\sum\limits_{i=1}^{m}\{[r_{ij}^{(1)}]^2 + [r_{ij}^{(2)}]^2\}}} \\ b_{ij}^{(2)} = \dfrac{r_{ij}^{(2)}}{\sqrt{\sum\limits_{i=1}^{m}\{[r_{ij}^{(1)}]^2 + [r_{ij}^{(2)}]^2\}}} \end{cases} \quad j \in I_1$$

$$\begin{cases} b_{ij}^{(1)} = \dfrac{1/r_{ij}^{(2)}}{\sqrt{\sum\limits_{i=1}^{m}\{[1/r_{ij}^{(1)}]^2 + [1/r_{ij}^{(2)}]^2\}}} \\ b_{ij}^{(2)} = \dfrac{1/r_{ij}^{(1)}}{\sqrt{\sum\limits_{i=1}^{m}\{[1/r_{ij}^{(1)}]^2 + [1/r_{ij}^{(2)}]^2\}}} \end{cases} \quad j \in I_2$$

**2. 指标权重的计算**

采用上述组合权重的方法计算。

**3. 不同数据类型距离的计算方法**

（1）实数型数据之间距离的计算方法

设 $a_1$，$a_2$ 均为实数，则 $a_1$，$a_2$ 间距离的计算公式为：$d(a_1, a_2) = |a_1 - a_2|$。

（2）区间数型数据之间距离的计算方法

设 $a\,[a^{(1)}, a^{(2)}]$ 和 $b\,[b^{(1)}, b^{(2)}]$ 是两个区间数，则 $a$，$b$ 之间距离的计算公式为：

$$d(a,b) = \frac{\sqrt{2}}{2}\sqrt{[a^{(1)} - b^{(1)}]^2 + [a^{(2)} - b^{(2)}]^2}$$

**4. 理想解与负理想解的计算方法**

设理想解为 $g^+ = (g_1^+, g_2^+, \cdots, g_n^+)$、负理想解为 $g^- = (g_1^-, g_2^-, \cdots, g_n^-)$，则理想解、负理想解的计算公式如下。

（1）如果指标 $j$ 为实数，则理想解和负理想解的计算公式为：

$$\begin{cases} g_j^+ = \max\limits_i (b_{ij}) \\ g_j^- = \min\limits_i (b_{ij}) \end{cases}$$

（2）如果指标 $j$ 为区间数，则理想解和负理想解的计算公式为：

$$\begin{cases} g_j^+ = [g_j^{+(1)}, g_j^{+(3)}] = [\max\limits_i b_{ij}^{(1)}, \max\limits_i b_{ij}^{(3)}] \\ g_j^- = [g_j^{-(1)}, g_j^{-(3)}] = [\min\limits_i b_{ij}^{(1)}, \min\limits_i b_{ij}^{(3)}] \end{cases}$$

**5. 方案 $a_i$ 和理想方案 $v^+$、负理想方案 $v^-$ 间广义加权距离的计算公式**

$$\begin{cases} d^+(r_i, g^+) = \sum\limits_{j=1}^{n} [w_j d(g_j^+, b_{ij})] \\ d^-(r_i, g^-) = \sum\limits_{j=1}^{n} [w_j d(g_j^-, b_{ij})] \end{cases}$$

**6. 各方案相对贴近度的计算公式**

$$C(r_i) = \frac{d^+(r_i, g^+)}{d^+(r_i, g^+) + d^-(r_i, g^-)}$$

**7. 方案排序结果**

根据相对贴近度 $C(r_i)$ 值的大小，对方案排序。$C(r_i)$ 越小，则方案越优。

按照上述步骤，经过计算，得到 A、B 和 C 的相对贴近度为 $C(r_i) = (0.1224, 0.0991, 0.9071)$。根据相对贴近度越小，则方案越优原则，3 家文化创意企业文化与科技融合程度测度值排序为：A > C > B。通过评价模型得到的排序结果与实际情况一致，所以该评价方法具有一定的借鉴意义，可以为政府评定各企业文化与科技融合程度提供比较依据，进一步督促政府积极修改政策，更好地指导企业行为。

## （三）首都文化与科技融合实践中存在的问题

经过调研，虽然目前北京市文化创意产业的总体发展态势良好，但是文化与科技的融合还做得有些欠缺，没有达到 1 +1 >2 的效果，具体表现在以下三个方面。

一是“文化科技”标准“乱”。目前，在中关村“国家文化科技融合示范基地”内，面临的很大的困惑就是关于文化科技产业的标准是什么以及应该怎样进行认定，我们设想将园区内装备制造业中的文化类企业进行科技提升，逐步提高国产化率并改变目前文化装备大量进口的现状。在文化科技产业的统计方面尤其需要国家以及省市层面的相关认定。同样，在对企业的调研中也遇到类似的问题，优酷等企业提出了目前与“文化科技”相关的技术研发并不一定是“高精端”，因而扶持高新技术企业的政策往往不能适用于优酷，而优酷也不能享受北京等关于扶持“广告类企业”的政策。金山也面临同样的问题，互联网时代产品大都免费，收入多在广告等方面，而产品没有收入就等于“高新”没有收入，很难拿到科技补助。因此，制定“文化科技产业”相关标准，做好相关统计工作并出台扶持政策，成为目前行业管理与发展面临的迫切需要解决的问题。

二是扶持与资助“不解渴”，人才落户等问题堪忧。企业对扶持政策的需求并非只是获得扶持资金。调研中，有的企业反映政府的文化创意产业扶持资金是“小企业不敢想，大企业拿了意义也不大”。认为申请文化创意产业扶持资金比较烦琐不如将精力放到市场上的企业有 2 家，非常乐于获得资助的企业有 2 家，对于资助感觉意义不大的企业有 1 家，对于资助兴趣表现一般的企业有 2 家，对解决企业人才的北京市户口问题特别期待的企业有 1 家。这家企业认为每年只要能给 1 ~2 个北京户口指标，就能保持企业 10% 以上的发展指标，领军人物很重要。户籍引入成为困扰企业的普遍问题。金山对高端人才等的引进数额也很少，一年也就 1 ~2 个名额。金山原有的企业理念是：让金山的软件运行到每一台电脑上。而现在变为：脚踏实地、志存高远。金山希望企业文化的改变能留住人才，而事实上金山的确在同行中收入不算高的前提下保证了比较好的员工稳定性，这与企业文化“以人为本”的转变不无关系。人才对于文化科技类企业来说非常重要。几乎所有的被调研企业都为员工安排了休息室，大的公司还配有专门的健身房并配有专业的跑步机等器械，有的还配备了专门的食堂并聘请了专业的厨师。

三是“文化科技产业”发展有“虚火”，生态环境以及保障体系相对堪忧。由国家新闻出版广电总局指导的“2013 中国国际数码互动娱乐产业高峰论坛”公布的最新数据表明，2013 年 1～6 月，中国游戏市场实际销售收入 338.9 亿元，同比增长 36.4%。其中，客服端、网页游戏、移动游戏的销售收入分别为 232.9 亿元、53.4 亿元、25.3 亿元，同比分别增长 18%、39.8%、100.8%；“手游”增长翻番。对于“最大的风险是政策风险吗”这个问题，半数以上的企业回答“不是”，有的受访企业甚至认为相对于文化扶持与资助政策，腾讯等平台性公司对行业的影响力甚至更大，如果腾讯改变上下游产业链的分成方式，整个行业都会被更新。企业普遍认为信用体系保障、版权保护、税收优惠以及投资过热、炒作与北京人力、房租等成本过高是目前发展最担心的问题。文化创意产业最大的问题是知识产权保护，单机游戏容易被盗版，受访企业担心如果这个问题不解决，它们将没有太多的文化创意产品“走出去”。法律与人文环境等都不“谴责”盗版，“成王败寇”，大公司也在拷贝，而且小公司被侵权与盗版后很难胜诉，即使胜诉了也是付出大、收获小。随手互动 CEO 张平在感叹“热钱”涌入“手游”使得这个行业在当下变得浮躁不已，当问及需要什么样的政策时，他最担心的不是增加扶持资金等政策，而是担心政府对“过热”的“手游”等行业重新发牌照进行限制，张平在痛苦的脸上写满坚定：“市场”的东西只能靠“市场”解决。

B.12

# 北京文化创意产业知识产权保护现状与对策研究

孙玉荣*

文化创意产业，是指以创作、创造、创新为根本手段，以文化内容和创意成果为核心价值，以知识产权实现或消费为交易特征，为社会公众提供文化体验的具有内在联系的行业集群①，具体包含文化产品、文化服务与智能产权三项内容。“创意产业之父”霍金斯在《创意经济》一书中将创意产业界定为，“其产品都在知识产权法保护范围内的经济部门”。知识产权保护作为文化创意产业的基础和发展前提，不但是文化创意产业的核心竞争力，决定着文化创意产业的发展前景和未来走势，更被视为文化创意产业的命脉，是文化创意产业生存的生命线。文化创意产业如果没有知识产权制度对其进行保护，政府即便出台再多的鼓励投资的政策措施，也很难调动企业的积极性，文化创意产业发展水平也很难与其他发达国家抗衡。无论是从国内文化创意产业的发展趋势还是从国际文化创意产业的发展经验来看，任何一个城市要发展和壮大文化创意产业，都必须对从业者的劳动成果进行很好的保护。目前，文化创意产业知识产权的保护研究是北京市文化创意产业研究的核心问题之一，也是营造北京市文化创意产业发展环境的关键，迫切需要引起政府及相关部门的高度重视。

---

* 孙玉荣，北京工业大学首都社会建设与社会管理协同创新中心教授，美国密歇根州立大学访问学者。

① 《北京市文化创意产业分类标准》，北京文化创意网，2007 年 6 月 26 日。

## 一　北京文化创意产业知识产权保护现状

北京市文化创意产业知识产权保护立法现状包括国家立法和北京市地方立法两个层面。从国家立法来看，我国知识产权制度虽然起步较晚，但卓有成效，早在十年前就已建立起比较完整的知识产权法律体系[①]。1983 年 3 月 1 日起施行的《中华人民共和国商标法》于 1993 年、2001 年、2013 年进行过三次修正。1984 年 3 月 12 日通过的《中华人民共和国专利法》于 1992 年、2000 年、2008 年分别进行过三次修正。1990 年 9 月 7 日通过的《中华人民共和国著作权法》于 2001 年、2010 年进行过两次修正，第三次修订工作于 2011 年 7 月开始，修改草案第三稿已于 2012 年底上报国务院，出台日期指日可待。1993 年出台的《反不正当竞争法》和《消费者权益保护法》（2013 年修正），明文规定保护商业秘密与商业标识。1986 年通过的《民法通则》在“民事权利”一章专门设一节规定“知识产权”。1994 年颁布的《中华人民共和国对外贸易法》（2004 年修订）专门设一章规定“与对外贸易有关的知识产权保护”。1997 年修订后的《刑法》专门设一节规定“侵犯知识产权罪”。2010 年颁布的《中华人民共和国涉外民事关系法律适用法》专门设一章规定“知识产权”。除了以上法律外，还有国务院 1991 年颁布的《计算机软件保护条例》（2001 年、2013 年进行两次修正）、1995 年颁布的《知识产权海关保护条例》（2003 年修正）、1997 年颁布的《植物新品种保护条例》、2001 年颁布的《集成电路布图设计保护条例》、2001 年颁布的《专利法实施细则》（2002 年、2010 年进行两次修订）、2002 年颁布的《著作权法实施

① 吴汉东：《知识产权法学》，北京大学出版社，2000。

条例》（2011 年、2013 年进行两次修订）、2004 年颁布的《著作权集体管理条例》、2006 年颁布的《信息网络传播权保护条例》（2013 年修正）等，以及最高人民法院和最高人民检察院《关于办理侵犯知识产权刑事案件具体应用法律若干问题的解释》（法释〔2004〕19 号）、《关于办理侵犯知识产权刑事案件具体应用法律若干问题的解释（二）》（法释〔2007〕6 号）等相关司法解释。可见，我国国内已经建立起基本的关于知识产权保护的法律框架。此外，我国还加入了关于知识产权保护的国际条约，如《建立世界知识产权组织公约》《保护工业产权巴黎公约》《保护文学艺术作品伯尔尼公约》《世界知识产权组织版权条约》《世界知识产权组织表演和录音制品公约》《世界版权公约》《保护录音制品制作者防止未经许可复制其录音制品公约》《商标国际注册马德里协定》《商标国际注册马德里协定有关议定书》《商标注册用商品和服务分类协定》《专利合作条约》《国际承认用于专利程序的微生物保存条约》《工业品外观设计国际分类协定》《专利国际分类协定》《集成电路知识产权条约》《保护植物新品种国际公约》《与贸易有关的知识产权协议》等。在立法角度我国知识产权的保护水准已经基本达到了世贸组织中与贸易有关的知识产权协议的基本要求，但关于文化创意产业知识产权保护的专门立法几乎处于空白状态。

北京市对文化创意产业非常重视，早在 2005 年就明确要将文化创意产业打造成为首都经济的支柱产业，并陆续出台了《北京市促进文化创意产业发展的若干政策》《北京市展会知识产权保护办法》《北京市奥林匹克知识产权保护规定》《关于实施首都知识产权战略的意见》等政策法规，提出要“创新知识产权保护和服务体系，研究制定文化创意产业知识产权保护和促进办法”。在《北京市文化创意产业分类标准》中对“文化创意产业”的概念界定特别突出了“以知识产权实现或消费为交易特征”。《北京市文化创意产业提升规划（2014～2020年）》也明确提出要“加强知识产权保护，鼓励原创作品创作、开发、制作与传播”。此外，北京市率先建成数字作品版权登记平台，鼓励文化创意企业进行著作权登记。为了发挥知识产权审判在促进北京市文化创意产业繁荣发展中的职能作用，北京高级法院还专门制定了《北京法院服务首都文化创意产业发展的指导意见》（京高法发〔2013〕25号）。在2014年“4·26”世界知识产权日前夕，北京高级法院又发布了北京法院“2013年度十大知识产权典型案例”，其中包括“窦骁演艺合同”纠纷案、“谷歌数字图书馆”著作权案等一批被社会广泛关注的案件，涉及演艺合同、书信作品著作权等一系列知识产权热点领域。北京法院2013年度受理的知识产权案件仍然保持较高增长势头，共受理一审知识产权纠纷案件12464件，较2012年同期增长10.3%，共审结一审案件12238件，比2012年同期增长9.2%。在知识产权庭受理的各类案件中，与网络新媒体传播、品牌保护等有关的案件仍然占据主要位置，并且呈现案情复杂、类型新颖和社会影响大等特点[①]。2014年8月31日，第十二届全国人民代表大会常务委员会第十次会议通过了《关于在北京、上海、广州设立知识产权法院的决定》，明确规定对于不服国务院行政部门裁定或者决定而提起的第一审知识产权授权确权行政案件，由北京市知识产权法院管辖。

## 二　北京文化创意产业知识产权保护存在的问题

作为21世纪的“朝阳产业”，文化创意产业因其高附加值、

① 《北京高院发布2013年度知识产权十大典型案例》，北京法院网，2014年4月28日。

可持续发展性、大容量的就业机会和高于国民经济的增速等受到越来越多国家和地区的重视。近年来，全球创意产业发展势头强劲，我国文化创意产业市场规模也不断扩大，已成为推动经济发展的新增长点。北京市文化创意产业企业和从业人数逐年增多，发展迅速。但在高速发展的同时，北京文化创意产业也存在诸多问题，其中最需要及时解决的关键问题就是文化创意产业知识产权保护存在的问题，这些问题已经成为阻碍产业发展的瓶颈。目前北京市文化创意产业知识产权保护问题中，以下两大方面最为突出。

### （一）亟须加强文化创意产业的知识产权保护意识

知识产权保护意识淡薄是当前北京市文化创意产业知识产权保护面临的主要问题之一，也是我国文化创意产业发展亟须解决的首要问题。尊重他人知识产权的意识和加强知识产权的自我保护意识是知识产权保护意识的两个组成部分，只有在全社会范围内形成尊重知识产权的文化氛围，创新精神被社会普遍尊崇，北京市文化创意产业知识产权的保护意识才能够切实得到加强①。

**1. 亟须加强文化创意产业知识产权的自我保护意识**

北京市文化创意企业中小规模企业占大部分，这种现状决定了这些企业缺乏一定的人力、物力和精力去关注知识产权保护问题，也没有自己的知识产权战略，更谈不上设立专门的知识产权管理部门，制定知识产权管理制度，企业对知识产权保护的认知度普遍较低，因此整个北京文化创意产业知识产权的自我保护意识不强，许多创意企业只侧重对创意产品的设计和开发，轻视对设计和开发成

---

① 王海燕：《创意产业发展的知识产权保护》，《特区经济》2007 年第 11 期。

果的知识产权保护，认为只要做好创意成果本身的开发创新即可，对知识产权保护不够重视。部分企业的知识产权被他人侵犯时，却羞于提起诉讼，部分权利人甚至认为诉讼是不光彩的事，这就在一定程度上助长了文化创意产业知识产权侵权行为的发生，特别是在音乐、设计、广告、电视、广播等文化创意产业领域中，抄袭克隆现象比较严重。

**2. 缺乏尊重他人知识产权的意识**

北京市文化创意企业自主研发能力不强，许多小企业并不具备进行自主研发的实力，而且其自身的创意产品竞争力低下也导致抄袭现象严重，创意企业或员工在创意素材索取和作品创作、传播过程中缺乏尊重和保护他人知识产权的意识，能“合理使用他人作品并指明作者姓名、作品名称”等保护他人知识产权的行为很少，擅自复制、擅自使用及非法下载他人知识产权成果的行为则大量存在，在建筑设计、音乐、时尚设计、出版以及计算机软件行业剽窃、抄袭等侵权行为较为多见。互联网影视发行链中，盗版现象严重侵蚀创意产业链，导致我国文化创意产业缺乏尊重他人知识产权的意识这一现象较为普遍。

## （二）文化创意产业知识产权保护路径选择缺乏科学性

北京部分文化创意企业缺乏对知识产权基本法律法规的了解和掌握，许多文化创意企业成立时间较短，企业规模较小，企业知识产权管理工作整体水平不高，尤其缺乏专门的知识产权管理人员，更未建立专门的知识产权管理部门，因而不能对企业的商标、专利等智力资产进行有效的管理和运用，不清楚如何选择合适途径对创意成果进行更为恰当的保护。无救济则无权利，如果文化创意企业不清楚知识产权的侵权救济途径，不能对救济途径做出正确的选择，就不可能真正保护好自己的知识产权。

## 三　关于北京市文化创意产业知识产权保护的路径选择

对于文化创意产业知识产权保护的路径，学者从不同角度提出了自己的观点[①]。北京对文化创意产业知识产权进行保护的最佳途径是运用法律途径，具备其他保护途径所不能比拟的优点。文化创意企业应当根据自身的实际情况，综合运用著作权、专利权、商标权、商业秘密权、《反不正当竞争法》、《合同法》等多种保护手段所提供的全方位综合保护，选择最合适的知识产权保护路径。

### （一）著作权保护模式

《著作权法》对文化创意产业知识产权进行保护具有以下几个优点。第一，著作权保护模式的手续简便，无须申请、审批，“自动”生效，只需要进行注册登记。既省时，又省钱。第二，著作权保护模式对其保护对象的标准要求低，受保护的权利客体范围广泛。第三，便于其他开发者以已获著作权保护的产品去开发、优化和创造新的作品。第四，节约立法成本。世界很多国家和地区都参加了《世界版权公约》和《伯尔尼公约》，各国已普遍建立了版权制度，因此便于利用已有的法律体系对文化创意产业进行保护，而一旦取得国内保护，国际保护也很容易实现。

当然，著作权保护也有它自身的局限性。以计算机软件为例。第一，著作权保护局限于文字作品的表面形式，对计算机软件的功能使用权等作品没有进行妥善的保护。作为一种新型的技术、技能和知识实体，计算机软件的功能使用权才是其知识产权的核心所

① 颜士鹏、张丽艳：《创意产业知识产权保护研究综述》，《科技与法律》2011 年第 2 期。

在。故用《著作权法》保护计算机软件并不完善，也不全面。第二，我国《计算机软件保护条例》和《著作权法》仅限于对他人在未经权利人允许的情况下复制或抄袭权利人运用某种特定语言写成的计算机源程序进行禁止。其他人如果在现有源程序的基础上稍加改动或者使用不同的源程序语言就有可能脱离其保护范围从而成为一种新的软件。第三，计算机软件中的源程序思想、概念及表观形式并不容易区分开，导致侵权与合理使用很难区分，易于引起争议。

### （二）专利权保护模式

在所有的法律保护形式中，《专利法》的保护力度是最强的。与《著作权法》限于对表观形式的保护不同，《专利法》对产品的保护是内在的、实质的。它保护的是发明人的发明思想和该思想所蕴含的实质内容。

当然，专利权保护模式也有其自身的局限性。第一，发明创造必须满足以下实质性条件才能获得专利权，即新颖性、创造性、实用性，这会导致许多发明创造无法满足这些要求，受到《专利法》保护的发明创造并不是很多。第二，《专利法》不保护抽象的数学公式、算法和逻辑推理等智力活动的规则和方法，就计算机程序本身而言，不论它以何种形式出现，都不能受到《专利法》的保护。只有运行于计算机之上，并取得技术效果的计算机程序才能受到《专利法》的保护①。第三，申请专利的手续相对于其他法律保护的形式而言是最为复杂的，并且专利的维护还需要一定的费用。

① 原《中国专利局审查指南（1993）》第100页（含有计算机程序的发明专利申请的审查）第16～19行，以举例的形式给出了可以作为受专利保护客体的计算机软件的正面解释："将一个计算机程序输入到一个公知的计算机来控制计算机的内部操作，从而实现计算机内部性能的改进；或者使用一个计算机程序来控制某一自动化技术处理过程、测量或者测试过程等"都不应被排除在可授予专利保护的范围之外。

### （三）商标权保护模式

商标是文化创意企业占领市场、吸引顾客、扩大影响、寻求产品利润和开展市场竞争的一种工具，所以商标保护的重点是产品研制者所开拓的市场。商标的主要作用是防止其他企业生产假冒产品以侵害商标权人的利益。创意企业的商标战略通常是指企业运用商标法律制度，对其生产和经营的项目创制、使用、维护、管理商标而设计的总体性规划，借以实现树立和扩大企业形象、获取并保持市场竞争优势的目标。专利与商标相结合可以更好地实现创意成果的市场化。具体做法包括以下几方面。①专利与商标搭配，即通过许可他人实施自己的专利，并要求对方同时使用自己的商标和专利产品，通过被许可人的使用，增加自己专利产品和企业的知名度和品牌效应。②专利与商标交换，即许可他人实施自己的专利，并要求使用对方具有一定声誉的商标，以便专利产品投放市场后更有吸引力。③利用商标延长专利的实际效力（生命力），专利权的时间性，可能导致企业因专利而形成的市场优势的丧失。利用商标能够续展的特点，可以使企业在专利权届满后仍旧凭借商标的影响而保持和延续其市场占有率[①]。因此，在一定意义上讲，商标保护模式是对专利保护模式的一种延伸：其一是延长了保护期限；其二是扩展了保护范围，从而使得不具备专利条件或者丧失了专利权的产品也能够受到法律的保护。

### （四）商业秘密权和《反不正当竞争法》保护模式

对于那些在产品的开发过程中凝聚了大量创造性智力的成果，如计算机软件程序的逻辑与算法及技术秘诀等，由于得不到《专利

① 孙玉荣：《科技法学》，北京工业大学出版社，2013。

法》保护，可以考虑采用或借助于《商业秘密法》来保护，但其本身属于秘密是受《商业秘密法》保护的前提。因为一项商业秘密一旦公开，也就不再能够得到法律保护，所以《商业秘密法》保护模式的缺点是对文化创意产业的发展会带来阻碍，不利于公共利益。

《反不正当竞争法》中的知识产权条款由于运用了含义宽泛的术语，被认为是对各种具体知识产权难以周延之处提供了兜底保护或者附加保护，因而在商业实践中得到了广泛的运用[①]。《反不正当竞争法》把规制对象限定于商业领域内的“经营者”，正好契合了文化创意企业制止竞争对手不正当竞争的需要[②]。

### （五）《合同法》保护模式

按我国现行《著作权法》的规定，创意无法直接得到《著作权法》的保护，因为《著作权法》不保护思想观念本身，创意需要经过一定形式的转化，才能受到《著作权法》的保护。当然，对尚处于秘密状态的创意，企业可以与其职工、交易方签订含有保守商业秘密条款的劳动合同或者各种交易合同，一旦后者违反合同约定，就有权要求其承担违约责任。除此之外，还可以在合同中明确约定，交易方使用他人创意如何支付报酬等。

## 四 结语

北京市高级法院发布2013年度知识产权十大典型案例的同时还发布了2013年度十大创新性案例，“春晚”网络实时转播著作权案、百度告360不正当竞争案、《后宫甄嬛传》信息网络传播权案、《可

① 郑成思：《反不正当竞争——知识产权的附加保护》，《知识产权》2003年第5期。

② 杨德桥、韩弘力：《论文化创意产业知识产权保护体系的构建》，《北京化工大学学报》（社会科学版）2013年第2期。

耻的幸灾乐祸》网页快照著作权案等涉及知识产权前沿问题案件的审理，对网络实时传播作品的定性、深层链接的举证责任等进行了有益的探索。这些案件的审理不但注意平衡维护知识产权权利人的合法权益、保障互联网用户获得和利用信息的权利，同时也将促进互联网技术中立的发展作为考量因素，对涉及网络知识产权案件的审理思路、审判标准提供了新经验，具有创新性价值。

大数据时代北京文化创意产业必须立足全球化传播的新理念、新方法、新模式，充分运用新思维、新观念、新模式彻底解决北京文化创意产业发展过程中存在的知识产权保护瓶颈问题，科学地选择适合北京市文化创意产业知识产权保护发展的最佳途径。

首先，建立健全专门针对北京文化创意产业发展的知识产权保护法律体系，加大知识产权执法监督力度，将知识产权违法行为控制在萌芽阶段，是文化创意产业知识产权保护中的重要一环。在很大程度上，文化创意产业知识产权的保护需要依靠司法机关的裁判。

其次，政府除了为创意产业知识产权保护营造良好的法律政策环境以外，还应当加大对保护和利用知识产权公共平台建设的投入，完善知识产权交易体系，促进文化创意产业信息传播，专门制定针对文化创意产业发展的知识产权保护战略，引导文化创意企业建设知识产权管理制度，编制文化创意企业知识产权管理指南，对知识产权交易市场进行有力监管，为文化创意企业提供正确的引导和帮助。

最后，也是最为关键的一点，就是要增强文化创意产业知识产权保护意识，上升到战略高度①，通过不断增强文化创意产业的知

① 2008 年 6 月 5 日，国务院发布《国家知识产权战略纲要》。2013 年 3 月，国家知识产权局、教育部、文化部等七部委联合印发《关于加强知识产权文化建设的若干意见的通知》，明确了加强知识产权文化建设的工作目标：到 2020 年，知识产权文化核心观念成为公民普遍认同的时代精神的重要内容，全社会投身创新创造的精神动力显著增强，公平竞争、诚信经营、创新发展的市场环境基本形成，科学化发展的知识产权文化建设体系更加完备，知识产权文化建设有效支撑国家知识产权战略实施和创新型国家建设。

识产权保护意识，使公众认识到侵犯他人知识产权给自己和社会带来的危害，在全社会营造尊重和保护知识产权的良好氛围。知识产权文化建设必须与社会整体文明素质的提高协调发展。文化创意企业必须努力提高企业自身的知识产权保护意识，政府和其他相关部门要大力加强文化创意产业知识产权保护的宣传，通过各种渠道尽快普及社会公众的知识产权法律常识，让创新精神在全社会受到普遍尊崇，打造文化创意产业知识产权保护的基础工程。

# 行业发展篇

Industries Development

## B.13

## 北京非物质文化遗产的保护、传承与推广现状研究

庄政宪　龚鹏程 *

### 一　中国非物质文化遗产的保护、传承与推广现状

#### （一）中国的非物质文化遗产

非物质文化遗产（以下简称“非遗”）的保护、传承与推广是近十几年的事，但发展至今已形成了国家、省、市、县四级完整非遗名录的

* 庄政宪，北京大学文化资源研究中心研究员；龚鹏程，北京大学人文学院特聘教授、博士生导师，北京大学文化资源研究中心主任。

申报、论证、评审、公示和公布制度。现今中国已成为世界非遗大国。

在联合国教科文组织公布的246项“人类口述和非物质遗产代表作”名录中，中国有30项入列，占了近1/8（见表1）；在27项“急需保护的非物质文化遗产”名录中，中国有7项入选（见表2）。都是全球最多的。

国内部分，目前已公布了1219项“国家级非物质文化遗产”名录、1986名“国家级非物质文化遗产项目代表性传承人”名单（四批）（见表3、表4）、41个“国家级非物质文化遗产生产性保护示范基地”。2011年2月，全国人大常委会正式通过了《中华人民共和国非物质文化遗产法》。“十二五”期间国家整体的非遗保护政策，秉持“保护为主、抢救第一、合理利用、传承发展”的指导思想，持续科学性地推进非遗的保护与发展。

**表1　联合国《人类口述和非物质遗产代表作名录》——中国项目**

| 年度 | 全世界项目数（项） | 中国项目数（项） | 中国项目名称 |
|---|---|---|---|
| 2001 | 19 | 1 | 昆曲 |
| 2003 | 28 | 1 | 古琴艺术 |
| 2005 | 43 | 2 | 新疆维吾尔木卡姆艺术、蒙古族长调民歌 |
| 2009 | 76 | 22 | 中国传统蚕桑丝织技艺、福建南音、南京云锦织造技艺、安徽宣纸传统制作技艺、贵州侗族大歌、广东粤剧、《格萨尔》史诗、浙江龙泉青瓷传统炼制技艺、青海热贡艺术、藏戏、新疆《玛纳斯》史诗表演、甘肃花儿、西安鼓乐、中国朝鲜族农乐舞、中国书法、中国篆刻、中国剪纸、中国传统木结构营造技艺、端午节、妈祖信仰习俗、中国雕版印刷技艺、蒙古族呼麦 |
| 2010 | 47 | 2 | 中国针灸、京剧 |
| 2011 | 19 | 1 | 中国皮影戏 |
| 2013 | 14 | 1 | 中国珠算 |
| 总计 | 246 | 30 | |

资料来源：根据相关资料整理。

**表2　联合国《急需保护的非物质文化遗产名录》——中国项目**

| 年度 | 全世界项目数 | 中国项目数 | 中国项目名称 |
|---|---|---|---|
| 2009 | 12 | 3 | 羌年(羌族农历新年)庆祝习俗、编梁木拱桥传统营造技艺和海南黎族传统纺染织绣技艺 |
| 2010 | 4 | 3 | 水密隔舱福船制造技艺、活字印刷术、新疆维吾尔族麦西热甫 |
| 2011 | 11 | 1 | 赫哲族伊玛堪说唱 |
| 总计 | 27 | 7 | |

资料来源：根据相关资料整理。

**表3　中国《国家级非物质文化遗产名录》统计**

单位：项

| 类　别 | 第一批 | 第二批 | 第三批 | 总计 |
|---|---|---|---|---|
| 1. 民间文学 | 31 | 53 | 41 | 125 |
| 2. 传统音乐(民间音乐) | 72 | 67 | 16 | 155 |
| 3. 传统舞蹈(民间舞蹈) | 41 | 55 | 15 | 111 |
| 4. 传统戏剧 | 92 | 46 | 20 | 158 |
| 5. 曲艺 | 46 | 50 | 18 | 114 |
| 6. 传统体育、游艺与杂技(杂技与竞技) | 17 | 38 | 15 | 70 |
| 7. 传统美术(民间美术) | 51 | 45 | 13 | 109 |
| 8. 传统技艺(传统手工技艺) | 89 | 97 | 26 | 212 |
| 9. 传统医药 | 9 | 8 | 4 | 21 |
| 10. 民俗 | 70 | 51 | 23 | 144 |
| 总　计 | 518 | 510 | 191 | 1219 |

资料来源：根据相关资料整理。

**表4　中国《国家级非物质文化遗产项目代表性传承人名单》统计**

单位：人

| 类　别 | 第一批 | 第二批 | 第三批 | 第四批 | 总计 |
|---|---|---|---|---|---|
| 1. 民间文学 | 32 | 0 | 25 | 20 | 77 |
| 2. 传统音乐(民间音乐) | 0 | 104 | 96 | 31 | 231 |
| 3. 传统舞蹈(民间舞蹈) | 0 | 72 | 56 | 49 | 177 |

续表

| 类　别 | 第一批 | 第二批 | 第三批 | 第四批 | 总计 |
|---|---|---|---|---|---|
| 4. 传统戏剧 | 0 | 304 | 196 | 111 | 611 |
| 5. 曲艺 | 0 | 66 | 51 | 34 | 151 |
| 6. 传统体育、游艺与杂技(杂技与竞技) | 15 | 0 | 19 | 13 | 47 |
| 7. 传统美术(民间美术) | 72 | 0 | 83 | 76 | 231 |
| 8. 传统技艺(传统手工技艺) | 78 | 0 | 136 | 112 | 326 |
| 9. 传统医药 | 29 | 0 | 24 | 21 | 74 |
| 10. 民俗 | 0 | 5 | 25 | 31 | 61 |
| 总　计 | 226 | 551 | 711 | 498 | 1986 |

资料来源：根据相关资料整理。

## （二）中国非遗相关法规①

为有效推进非遗的保护工作，中国近年来积极进行非遗的立法，通过并制定许多重要的相关法规。

在国际法规方面，1985 年 11 月 22 日，第六届全国人民代表大会常务委员会第十三次会议决定，批准联合国教科文组织大会第十七届会议于 1972 年 11 月 16 日在巴黎通过的《保护世界文化和自然遗产公约》。

2004 年 8 月 28 日，第十届全国人民代表大会常务委员会第十一次会议决定，批准联合国教科文组织《保护非物质文化遗产公约》。2004 年 12 月 2 日，中国向联合国教科文组织递交了《保护非物质文化遗产公约》的批准书，正式成为世界上第 6 个递交批准书的国家。

① 中华人民共和国文化部网站，http：//www. mcprc. gov. cn/sjzz/fwzwhycs_ sjzz/fwzwhycs_ flfg/；中国非物质文化遗产网，http：//www. ihchina. cn/inc/faguiwenjian. jsp? submenu = 13_ 01_ 01。

在国内立法方面，1997 年国务院首先颁布了《传统工艺美术保护条例》，在此基础上，于 2003 年 11 月形成了《中华人民共和国民族民间传统文化保护法（草案）》。为体现《保护非物质文化遗产公约》的基本精神，于 2004 年 8 月将其更改为《中华人民共和国非物质文化遗产保护法》。

文化部于 2006 年 10 月 25 日通过了《国家级非物质文化遗产保护与管理暂行办法》，并于 2008 年 5 月 14 日通过《国家级非物质文化遗产项目代表性传承人认定与管理暂行办法》。2011 年 2 月 25 日，第十一届全国人民代表大会常务委员会第十九次会议正式通过《中华人民共和国非物质文化遗产法》。2012 年 5 月 4 日，财政部与文化部联合发布《国家非物质文化遗产保护专项资金管理办法》。

### （三）中国非遗保护与发展问题

当前，中国非遗的保护与发展，可谓“起步慢、速度快、成效大、问题多”（起步慢，是指我国落后于日本 50 年）。虽有国家政策推动，但仍存在诸多难题尚待解决。

**1. 重申报、轻保护**

一些地方政府一旦申遗成功，便流于形式、疏于管理，未能落实保护初衷，致使保护工作出现诸多问题，主要包括人员素质问题、人才断层问题、时代断层问题、社会认识不足问题等。

**2. 项目传承人传习困难**

许多非遗项目传承人年岁过高，甚至已经过世，相关技艺急需抢救、传习和保护。故需扩大演示规模，加强青年传习研训，使之认识其文化、历史和科学价值，珍视我国非遗宝藏。

**3. 社会公众认识不足**

一般民众对非遗项目及传承人仍感陌生，故应扩大国内展示与演出活动范围，使民众对各项非遗有更多认识，提高保护非遗的文化自觉和文化自信。

**4. 国际展演交流不够**

非遗乃国家文化软实力之重要表征和文化精华。对于非遗赴外国巡演展示之力度宜不断加大，尤其是美、英、法等国以及中国港澳台地区和东南亚地区更应优先强化办理和推动，促进世人对中国非遗在世界文化遗产中的独特价值以及中国非遗保护成果的了解，从而认识和尊重伟大的中国文化，推动中国非遗文化走出去。

**5. 时代需求适应不彰**

随着社会的变迁，一些非遗技艺如何适应新的时代，以利传承和发展，乃是一大关键课题。仅靠政府和某些社会组织开展单纯的保护工作尚且不足，必须调动全社会的资源和积极性，尤其是大专院校的学术资源。运用现代新的理念和方法，整合民众的、学术的、市场的以及企业捐助建立基金会等多种力量和方式，探索保护的新路径，提升传统文化内涵和品味，按照今天的社会需要进行合规律的利用和发展。对生产性保护项目则需要加强形象包装，打造成品牌，进行有效的市场营销，以使生产性非遗项目得到保护和推广。

**6. 市场化保护机制缺乏**

虽然有的具有生产性保护的非遗项目已成功实现市场化运作，但多数项目因传承人对市场并不熟悉，使产品难以流通，造成有需求但又欲购无门。目前文化部推动生产性非遗项目的保护计划，立意良善，但政府只能在立法、政策制定、行政运作上予以推动，具体协助相关项目如何进入市场、开展产品推广等方面，迫切需要专业化的中介组织来担当。

### （四）中国非遗保护与传承发展方向

为进一步做好非遗的保护与传承工作，各省市文化相关部门已专门制定《关于加强非物质文化遗产保护传承的扶持办法》（以下简称《办法》)[①]。

《办法》大致分成四个层面：首先，谈工作原则；其次，谈资金来源；再次，谈政策扶持和资金使用；最后，为附录，说明解释权和实行日期。

《办法》强调，要以科学发展观为最高指导原则。贯彻保护为主、抢救第一、合理利用、传承发展方针[②]，积极发挥政府主导、非遗项目单位为主体、社会广泛参与的工作体制。

《办法》的实施，加大了对非遗保护的扶持力度，促进了非遗保护和利用工作的实施。借由政府相关部门对非遗项目采取奖励的方式，扶持一批具有示范作用的重点项目；并对传承人每年提供一定金额补助，以开展展演、展示、带徒、授艺、教学、资料整理、学术交流等非遗传承活动。同时，整合社会资源，设立相关基金，共同参与非遗保护和利用工作。

《办法》要求制定相关考核标准，考核项目单位在开展传习活动、项目研讨、设立传习所和非遗展厅等方面的工作成效；奖励表现突出的传承人和项目单位，颁发"优秀代表性传承人"和"非遗保护传承贡献奖"。

## 二　北京市非物质文化遗产的保护、传承与推广现状

### （一）北京市的非遗

为配合国家非遗的保护、传承与发展政策，北京市建立了市、

① 北京市文化局：《关于印发加强非物质文化遗产保护传承扶持办法的通知》，2012 年 6 月 12 日。

② 国务院：《关于加强文化遗产保护工作的通知》。

区（县）两级非遗名录体系，配合国家级非遗名录，共形成了国家、市、区（县）三级完整的非遗名录申报体系及审核公布制度。截至2012年，北京市已普查了1.2万余项非遗项目，其中联合国“人类口述和非物质遗产代表作”名录9项、国家级非遗名录108项、市级非遗名录235项、区（县）级非遗名录586项；国家级非遗项目代表性传承人57人、市级非遗项目代表性传承人206人；国家级非遗生产性保护示范基地3个；等等[①]。

### （二）北京市级别的非遗组织与相关法规

自2006年起，北京市成立了由14个委办局共同组成的北京市非遗保护工作联席会议，并在各区（县）建立相应的非遗保护工作领导小组和非遗保护中心。2009年，北京市非遗保护中心正式成立；2010年，市文化局设立非遗处，并颁布《北京市非物质文化遗产保护专项资金管理暂行办法》，规范非遗专项资金使用情况。

为贯彻《中华人民共和国非物质文化遗产法》的精神，北京市制定了《北京市非物质文化遗产保护条例》，并颁布了《关于加强非物质文化遗产保护传承的扶持奖励办法》[②]。

### （三）北京市非遗保护与传承问题

近年来，北京市非遗保护工作虽已取得一定的成效，但仍有许多问题尚待解决，主要包括：传承工作不够扎实，文献工程比较难以展开，基础理论与实践研究不够深入，缺乏非遗保护方面的大师

① 李文蕊：《北京：已普查“非遗”项目12000项　9个入选联合国名录》，中国民俗学网，2012年6月12日，http://www.chinesefolklore.org.cn/web/index.php?NewsID=10294。

② 丁杨、王维波：《北京市非物质文化遗产保护喜收硕果》，《中国文化报》2012年6月18日。

级人才[①]；社会关注度不够，行政保护措施落实不到位，缺乏专职管理机构协调保障项目传承，缺乏固定传习场所，缺乏传承人才在经济、职称、荣誉等方面的待遇，缺乏传承人才认证标准和规范，缺乏传承人才遴选的指导性意见[②]。

### （四）北京市非遗保护、传承与推广工作的重要举措

**1. 在图书汇编方面**

自2005年起，北京市组织近万人进行全市非遗项目的普查工作。截至2007年底，共计普查项目达12623项，其中3223项已编入《北京市非物质文化遗产普查项目汇编》，出版20卷本。此外，组织编辑出版了《北京市非物质文化遗产保护资源汇编》系列丛书12册、《北京市非物质文化遗产名录项目图典》中英文版、“北京市非物质文化遗产丛书”第一辑（共8册），并启动了《北京志·非物质文化遗产志》的编纂工作[③]。

**2. 在宣传片、纪录片拍摄方面**

自2005年起，北京市文化局组织国家级非遗项目“智化寺京音乐”及市级非遗项目“五音大鼓”等宣传片的拍摄制作，进一步于2007年完成“天桥中幡”“聚元号弓箭制作技艺”“雕漆技艺”“景泰蓝制作技艺”“象牙雕刻”等国家级非遗项目的拍摄工作[④]。自2010年起，联合北京电视台推出非遗大型纪录片《守望》，通过北京公共新闻频道和北京卫视播出。截至2012年，已完

---

① 李秀梅：《北京市近年来文化遗产保护情况的观察与思考》，《北京行政学院学报》2010年第6期。

② 王凤兰、罗琼、顾漫：《北京地区中医非物质文化遗产代表性传承人现状调查》，《中国中医药信息杂志》2009年第3期。

③ 李文蕊：《北京：已普查“非遗”项目12000项　9个入选联合国名录》，中国民俗学网，2012年6月12日，http：//www. chinesefolklore. org. cn/web/index. php？NewsID＝10294。

④ 李秀梅：《北京市近年来文化遗产保护情况的观察与思考》，《北京行政学院学报》2010年第6期。

成了 63 项国家级和市级非遗项目的拍摄制作工作。

**3. 在传承人实物作品征集方面**

北京市为深入开展市级非遗项目的研究和保护工作，自 2010 年起，开展传承人实物作品征集活动。现已征集到北京宫廷补锈作品《尊胜佛母像》和金漆镶嵌髹饰技艺作品精工矫嵌屏风《花香凝翠》等多件作品，非遗保护中心肩负的保护、传承、展示、收藏和研究职能得到有效体现①。

**4. 在研究计划方面**

自 2010 年 5 月起，北京市联合政府文化部门、项目保护单位和高校的管理资源、传承资源及研究资源，共同开展“北京市非物质文化遗产保护调研计划”，清华大学美术学院、中国人民大学文学院等多所高校和院系参与，39 个课题已初步选定实施。研究主要以深度访谈、专题访问、田野调查、资料搜集等方式进行②。

**5. 在人才保护与培养方面**

非遗传承与发展的关键，首先在于人才的保护与培养。为此，北京市在非遗项目代表性传承人才、高校非遗传承人才以及中小学非遗传承人才的建设上，均已做出了相当大的努力，并收获了一定成果。

首先，在代表性传承人才队伍的保护与培养方面。北京市文化局和非遗保护中心为提升传承人的社会知名度，在全市进行了广泛的宣传报道。自 2006 年起，市文化局组织开展春节庙会 · 灯会 · 文化活动评选，至今已逐步发展成为北京市重要的传统文化节日品牌。自 2007 年以来，全市各区（县）文化馆已着手建设非遗展厅

① 丁杨、王维波：《北京市非物质文化遗产保护喜收硕果》，《中国文化报》2012 年 6 月 18 日。

② 李文蕊：《北京：已普查“非遗”项目 12000 项　9 个入选联合国名录》，中国民俗学网，2012 年 6 月 12 日，http：//www. chinesefolklore. org. cn/web/index. php？NewsID = 10294。

（室），打造常态化的宣传展示平台。目前已建成的非遗主题馆、民俗馆和传习所共70多个，其中23个已成为中小学生校外实践基地。全市共有15个文化馆建立非遗展厅[①]。此外，还将传承人的培训列入日常工作计划中，有针对性地解决传承人才队伍建设中遇到的各种问题，主要包括传承方式、常态管理和资金补助等方面的问题。同时，市文化局和区（县）文化单位亦充分利用文化遗产日、春节、清明节、端午节、中秋节等重要节日的庆祝活动进行非遗项目的推介和宣传，借以为传承人提供更丰富的展示平台，以使社会各界对传承人进行广泛的接触和了解[②]。

其次，在高校非遗传承人才队伍的培养方面。北京市高校对于非遗传承人才的培养工作起步较早，不论是教学工作还是科研工作都有扩大趋势。就教学工作而言，北京市目前共有10多所高校设置了非遗相关院系，开设了30多个培养非遗人才的专业或专业方向，并在校内外设置了相关实验室和实践基地。这些专业或专业方向培养出的学生，主要偏重于非遗项目教育、研究、创作、管理和服务人才，少数成为传承人才。平常课程的设置，除开设大量专业课程之外，亦开设非遗素质教育类的课程和讲座。讲座内容多涉及非遗的概念和特征、象征符号、传统节日、节日文化、京剧艺术、原生态艺术、老北京曲艺知识、民间剪纸、中国毛笔与书法、非遗保护与旅游开发、外国遗产旅游等。另外，有些高校亦设置与非遗相关的学生社团，并对相关行业人员进行非遗方面的培训。就科研工作而言，北京市各高校非遗相关研究机构积极开展科研项目，但没有明确设置专门研究非遗传承人才培养的机构，而这类研究工作

① 丁杨、王维波：《北京市非物质文化遗产保护喜收硕果》，《中国文化报》2012年6月18日。

② 何昕：《北京市对非物质文化遗产人才的保护和培养》，北京市哲学社会科学规划办公室，2010年9月3日。

大多附属于相关专业的教研室。在立项的科研项目中，研究非遗传承人才保护与培养的科研立项极少，研究非遗的科研立项相对较多。而项目的来源，主要是政府资助的项目，项目级别普遍较高，但项目经费额度相对不高。至于科研成果的表现形式，主要是专著、论文、数据库、艺术作品和策划方案等①。

最后，在中小学非遗传承人才队伍培养方面。近年来，北京市各区（县）开始选择少量中小学作为非遗传承基地，进行正式挂牌，并将非遗项目纳入校本课程，将传统艺术、传统体育项目、民间艺术品制作技艺等作为课程内容搬到学校，与学校的素质教育、体育和手工课程相结合。然而，中小学非遗传承人才的培养目标是以传播知识、培养兴趣和爱好为主的，是一项扎根的长期工作和任务，需要多年经营才能看到成效。学校方面对非遗传承活动的意义与作用认识不足，政府方面有关政策和资金支持力度不够，致使中小学非遗传承人才的培养工作并非那么理想，积极性和配合度都有待加强②。

**6. 在利用与推广方面**

北京市在非遗的利用与推广方面，亦表现出许多突破性的尝试，主要包括推出非遗形象大使、举办非遗进校园活动、挖掘历史名园中的非遗、举办非遗展销与拍卖活动、开发非遗旅游等。

（1）推出非遗形象大使

北京市于2010年中秋推出“兔儿爷”作为北京中秋形象大使，并制作大型彩灯公开展示于龙潭湖公园、月坛和前门大街，成为中秋佳节的一大亮点和标志性的文化形象③。

---

① 张宝秀：《北京市非物质文化遗产传承人才保护与培养的科研和教学工作调研报告》，北京市哲学社会科学规划办公室，2010年10月9日。

② 张宝秀：《北京市非物质文化遗产传承人才保护与培养的科研和教学工作调研报告》，北京市哲学社会科学规划办公室，2010年10月9日。

③ 丁杨、王维波：《北京市非物质文化遗产保护喜收硕果》，《中国文化报》2012年6月18日。

（2）举办非遗进校园活动

近年来，北京市开展非遗进校园演出，截至2012年已演出超过3000场次。观看过河北梆子、评剧、京剧、昆曲等非遗表演的在校学生累计多达100多万人次。在部分中小学中探索将非遗列入校本课程，与非遗传承人共建、开设非遗传承课程等。5所学校于2010年被命名并授牌为首批“北京市非物质文化遗产传承示范校”①。

（3）挖掘历史名园中的非遗

为贯彻落实《中华人民共和国非物质文化遗产法》的精神，北京市历史名园管理者针对现有非遗资源进行挖掘和上报，目前已被列入北京市级非遗项目的有天坛神乐署中和韶乐、颐和园传说、圆明园传说、香山传说、曹雪芹传说、天坛传说等。2010年，曹雪芹传说和天坛传说被选入第三批国家级非遗名录。

北京历史名园以其自身的存在构建一定的空间范围，这种范围和所包含的文物遗产是非遗的载体，失去了这个文化空间，就失去了非遗的原生和继承的场所以及人们唤醒这种文化记忆的情境。因此，若无天坛祭天建筑所形成的文化空间，人们就无法理解中国古代的宫廷音乐、明清祭祀、朝会及宴飨活动时所使用的天坛神乐署中和韶乐。

北京市通过对历史名园中非遗研究的深入挖掘、传承和延续，坚持有效保护与合理利用并重，使北京历史名园中的非遗传承与创新更具发展前景②。

（4）建立生产性保护机制，举办非遗展销与拍卖活动

北京市在文化部大力倡导非遗的生产性保护理念下，积极响应

---

① 丁杨、王维波：《北京市非物质文化遗产保护喜收硕果》，《中国文化报》2012年6月18日。

② 高大伟、李妍：《北京历史名园与非物质文化遗产的挖掘和传承：从概念到实践》，2012北京文化论坛——首都非物质文化遗产保护文集，2013。

并探索建立生产性保护机制，开发非遗市场。2010 年春节，北京市文化局组织 38 个非遗项目及传承人举办“北京市非物质文化遗产传统技艺展”，进行展示展销活动，销售总额超过 100 万元[①]。北京市文化局和荣宝斋在 2011 年 6 月 9 日文化遗产日期间，共同举办了“首届北京非物质文化遗产代表性传承人作品拍卖会暨传统技艺展”，共计 48 项国家级、市级非遗项目，70 位传承人的 86 件作品在荣宝斋进行拍卖。这是北京市首次举办的非遗展示和非遗拍卖相结合、非遗项目生产技艺和文化内涵相结合的展示活动[②]。

（5）开发非遗旅游，体验活态非遗

非遗旅游的研究已逐渐形成热点。学者甚至指出，旅游开发可促进非遗的保护与传承；旅游是抢救和保护非遗的重要渠道[③]。

研究显示，北京市在非遗的资源方面，传统戏剧、曲艺、杂技与竞技、民间音乐、民间舞蹈、民间美术以及传统手工技艺作品等项目较为丰富。而在非遗旅游的利用方面，则是以表演艺术类的项目为主。至于消费大众对非遗产品的需求方面，则是传统手工技艺、传统戏剧、民俗活动、民间美术、民间舞蹈和民间音乐等项目最受欢迎，并关注非遗旅游产品的历史价值、审美价值、教育价值和文化价值，其中又以历史价值为最。在非遗旅游产品形式中，消费大众最喜欢参加的是重大节日的民俗庙会，其次是手工制作的旅游商品和动手参与的手工技艺等；相较过去以非遗为主题的大型舞台剧、博物馆或陈列室，因民众的参与度和体验性较弱，人们的偏好相对较低[④]。

① 丁杨、王维波：《北京市非物质文化遗产保护喜收硕果》，《中国文化报》2012 年 6 月 18 日。

② 郭佳：《86 项“非遗”精品荣宝斋预展》，北青网，2011 年 6 月 8 日，http：//bjyouth.ynet. com/article. jsp？ oid =78762839。

③ 崔凤军、罗春培：《旅游与非物质文化遗产的保护》，《法制与社会》2006 年第 10 期。

④ 石美玉、孙梦阳：《非物质遗产旅游利用中的三大环节探论——以北京为节点的实证研究》，《旅游学刊》2010 年第 6 期。

非遗的保护必须讲究“活态”保护，因此，文化遗产旅游便成了有效传承和保护非遗的主要途径。“体验非遗”已成为一项时尚的旅游活动。

**7. 经典案例分析——北京荣宝斋**

北京荣宝斋迄今已有300多年的历史。其前身为“松竹斋”，始建于1672年（清康熙十一年），1894年（光绪二十年）更名为“荣宝斋”。1950年“荣宝斋新记”成立，采公私合营。1952年荣宝斋转为国营。目前隶属于中国出版集团公司。荣宝斋是我国著名的中华老字号，具有木版水印和装裱修复两项国家级非遗项目①。

自2006年北京荣宝斋的木版水印入选第一批国家级非遗以来，荣宝斋在非遗的利用与推广方面已取得相当成就，是集书画经营、文房用品、木版水印、装帧装裱、出版印刷、展览展销、收藏、典当拍卖、教育培训等于一体的综合性文化企业集团。

目前，北京荣宝斋共有16家下属企业，其中纳入财务合并范围的公司有15家，包括书画艺术品经营分店7家、艺术品拍卖公司2家、典当公司2家、美术教育培训画院1家、制版印刷公司1家、电子出版公司1家等，所有企业围绕主营业务形成一条完整产业链②。

研究发现，荣宝斋能在短短七八年时间就取得快速发展，主要归因于以下几点。

（1）坚持以品牌价值为经营核心

荣宝斋以品牌价值为经营核心，坚持在合作中实现品牌价值收益。其品牌拓展的基本模式为与当地合作方共同出资，荣宝斋绝对控股，占股51%，场地由合作方无偿提供使用。为实现对投资企业的绝对控制，荣宝斋坚持派驻企业经理人和财务负责人，实行统

---

① http：//www. rongbaozhai. cn/bencandy. php？fid－42－id－886－page－1. htm.

② 马五一：《“改革创新经验大家谈”之荣宝斋：品牌产生价值　价值提升品牌》，http：//www. cnpubg. com/news/2013/0711/17179. shtml。

一管理和统一财政系统。

荣宝斋以其强大的品牌影响力和丰富的资源优势做后盾，在扩张的同时实现品牌受益，并带动品牌价值的提升。

（2）具备清晰的战略发展目标

荣宝斋在阶段性发展过程中，具备清晰的战略发展目标。在“十一五”时期，确定了四大坚持——坚持以品牌价值为经营核心、坚持挺拔主业扩展外延产业、坚持产品经营与资本经营并举、坚持整合资源优化资源，并提出“一店（荣宝斋总店）、一网（在重点城市开设分店，打造以资本为纽带的紧密型全国营销网络）、一园区（一个产业园区）”的发展策略。“十二五”期间，将战略目标细化为“五年十店”工程、“荣宝拍卖三跨”工程、“文化艺术产业投资基金”工程等众多实施工程①。

（3）通过跨界整合开创发展新局

首先，荣宝斋与宜兴紫砂陶生产及制作技艺的战略合作。宜兴紫砂艺苑将非遗传承人作品、工艺师以上职称的紫砂艺人作品，寄放在北京荣宝斋设置的宜兴紫砂寄售空间。北京荣宝斋作为销售主体，出售的作品配备荣宝斋信誉证书、方位标识供购买者查阅、验证。宜兴紫砂陶生产及制作技艺乃闻名遐迩的国家级非遗项目，通过双方依托各自领域中的资源优势和品牌效应，达成战略合作项目，不仅为北京荣宝斋和宜兴紫砂精品规范化市场运作开创了新的模式，也为将来我国在其他非遗保护项目上的成功树立了典范②。

其次，荣宝斋与云南普洱茶传统制茶技艺的战略合作。荣宝斋茶文化（北京）有限责任公司于2014年10月29日正式开业。荣宝斋茶

① 马五一：《“改革创新经验大家谈”之荣宝斋：品牌产生价值　价值提升品牌》，http：//www. cnpubg. com/news/2013/0711/17179. shtml。

② 秦晶、乐意：《宜兴紫砂在北京荣宝斋开设寄售窗口　创运作新模式》，无锡新传媒网，2013年9月2日，http：//wuxi. people. com. cn/n/2013/0902/c131315－22774226. html。

文化公司以国家非物质文化遗产——云南普洱茶传统制作技艺为基础，通过手工方式，融合传统工艺与现代技术，进行茶饼和茶砖制作。坚持融画于茶、以茶入画，将传承千年的普洱制茶工艺与著名书画经典作品相结合，使古老的茶文化与传统艺术相得益彰，交融出不同凡响的全新产品。既能应用于日常生活，成为能喝的艺术品，又兼具投资与收藏价值①。

## （五）对北京市非遗保护与传承工作的几点建议

北京，作为一个古老而又现代的城市代表，在走向全球化的进程中，如何保有自身文化的丰富性和独特性，并给全国乃至全世界非遗保护工作提供相应的经验和示范作用，以使作为世界大城市的非遗保护工作和作为文明古国首都的非遗保护工作能智慧地对接起来？在此，笔者提出以下几点建议。

### 1. 突出“文化生态”视野来进行非遗保护与传承工作

任何一种非遗项目的生发、传承都与其特定的生态环境相关，从“文化生态”视角来思考北京非遗的保护与传承工作是相当重要的。非遗的保护与传承必须与其赖以生存的自然、人文和社会的文化生态相结合②。借助当地民众的生产、生活，使民俗、庙会、传说等特定的文化形式能存活于现实生活之中，进而彰显其文化价值和艺术魅力。因此，唯有尽可能地保护与其相关地域的文化生态环境，才能真正做好非遗的保护与传承工作。

---

① 谭雪莉：《荣宝斋茶文化（北京）有限责任公司正式开业》，新华网，2014 年 10 月 30 日，http：//news. xinhuanet. com/shuhua/2014 - 10/30/c_ 127158073. htm。

② 苑焕乔：《文化生态视野的北京非物质文化遗产的传承与保护——主要以京西非物质文化遗产为例》，《西华大学学报》2010 年第 5 期。这里所谓的“文化生态”，是指文化赖以存在的自然、人文和社会相互影响、相互作用的状态。而“文化生态环境”，则是民众生产生活的组成部分，它以一定民族、特定社区的民众为主体，集自然与人文环境、社会经济与历史文化、传统习俗与现代生活于一体，形成自足互动的文化生态系统，这就构成了非物质文化赖以生存和传承的文化土壤。

### 2. 建立“首都非遗生态保护街区”和“首都全国非遗保护、传承、推广示范中心”

虽然文化部和有关省区的文化部门对非遗的保护工作业已规划并组织了一系列非遗生态保护区的论证和建设工作，但在大城市建立相应的非遗生态保护区并未实际开展起来。由于北京拥有建设“国家级非物质文化遗产中心”的资源优势（联合国教科文组织“人类口述和非物质遗产代表作”名录 9 项、国家级非遗项目 108 项、国家级非遗项目代表性传承人 57 人、国家级非遗生产性保护示范基地 3 个）、区位优势（北京位于我国政治、文化、交通中心，也是世界屈指可数的文明古都）、政府官员和专家学者优势（容易得到政策法律指导和保障）、教育资源优势（拥有优秀的中小学和重点高校的教育资源，利于非遗的传承和推广）等①，因此，在北京建立“首都非遗生态保护街区”和“首都全国非遗保护、传承、推广示范中心”，应可在现代城市探索和推进非遗的生态性保护方面做出北京应有的贡献②。

“首都非遗生态保护街区”融合“首都全国非遗保护、传承、推广示范中心”，其规划概念可参考吴文科所提出的“北片”和“南片”两个区域的设计构想。吴文科指出，“北片”重点是表演艺术类非遗项目的坐地展演，辅以集中展销和专营餐饮类非遗项目；“南片”则重点展示和展销手工技艺类非遗项目，辅以专题博览民间知识和民俗节日等，形成各有侧重而又南北呼应的非遗生态性保护格局③。

---

① 余涛：《首都应该建设全国非物质文化遗产传承、保护和发展中心》，2012 北京文化论坛——首都非物质文化遗产保护文集，2013。

② 吴文科：《北京应建“首都非物质文化遗产生态保护街区”》，《北京观察》2010 年第 6 期。

③ 吴文科提出的具体规划建议为：以地安门为中心，以平安大街东西延展至二环为横线，以地安门大街向北至钟鼓楼地区、向南至景山外围为竖线，作为“北片”；以前门大栅栏地区南延至天桥为纵轴，以广安大道西起琉璃厂、东至崇文门为横轴，作为“南片”，共同构建“首都非遗生态保护街区”。

将北京的非遗业态和特色文化空间进行有机整合，集中展览展示，并引入全国和世界不同的非遗项目，进行定期和不定期的展演。如此，在保护北京非遗的同时，亦为全国乃至世界提供非遗交流的平台和空间，借以体现北京作为古老京城和现代城市在非遗保护和传承工作上的气度和担当，并起到相应的典范作用。

**3. 提炼非遗中的国学内涵，活化北京孔庙，体验活态非遗**

许多非遗事项其实是国学精神的民间化和民俗化。长期以来形成的将国学束之高阁为知识阶层的经典现象，已脱离了国学在世世代代民俗活动中的传承和发展实况，使之在许多人的认识中变为“国学是阳春白雪，非遗是下里巴人”。中国非遗尤其是汉族非遗，其内在的精神内涵或者说精神血脉，主要就是国学。当下中国民间存在的大部分非遗事项，就是活在人民中间的国学精神的外化。

由于非遗的保护与传承一直停留在技艺层面，未能“技进于道”，此乃它的致命所在。须知这些技术都是为了体现中国人的价值观、人生观而被创造出来的，是中国文化的一些具体表现方式。方式、技术是形式，而观念、价值才是内涵。一旦丢失或不理解其内涵，这些形式将毫无意义，再也不为人所珍视。因此，非遗保护应与现今国学热、传统文化教育相结合，“道器合一”，才不至于光讲技艺而不明所以，甚至将这些技艺沦为西式服装及生活方式的“元素”。

另外，孔庙（文庙），在古代是把学习儒家经典的学校与祭祀孔子的礼制性“庙”宇相结合的国家行政教育场所和祭孔场所。祭祀和教育是孔庙的两大功能。目前大部分的孔庙只停留在静态的展示功能，并无祭典仪式和儒学教育活动，已失去孔庙的基本功能，仅保留孔庙的部分建筑形制而已。孔庙是中华文化的体现场域，其祭礼、音乐、舞蹈、礼器、乐器、碑刻、建筑等都是弥足珍贵的文化遗产，在越发重视传统文化的现代社会，孔庙将承担文化传承与教化的双重功能①。因此，恢复传统孔庙的祭祀和教育功能，传承、弘扬中国传统文化，是孔庙未来的发展趋势。

若能将此概念运用到首都孔庙里，使北京孔庙升华、改建成国学教育体验基地，活化孔庙、体验非遗，并提炼非遗中的国学内涵，如此的孔庙，不仅能起到引领作用，而且能创造“非遗的保护、传承、推广”与“国学”相结合之新的典范②。

## 三　结语

### （一）当前国际上对非遗保护与应用的通行做法

当前各国对非遗的保护与应用，虽因自然条件、人文条件和施行方法上有所区别，但其基本理念和实践原则皆有一定共性，并已形成国际上普遍认可的保护制度和政策，可供我国借鉴和参考。其包括登录制度、传承人保护、公众参与及对承载主体的认识与尊重等③。

登录制度是联合国教科文组织和世界各国广泛采用的、行之有效的保护方式，大致可以分为普查、申报和认定三个阶段。其中，法国是非遗普查工作中的典范，而日本则是当前非遗普查工作做得最好的国家之一。20 世纪 90 年代以来，世界各国开始从事非遗资源数字化工作，并将其作为发展互联网文化信息资源数量的主要策略。

---

① 刘续兵：《文庙祭祀里的“家事”“国事”“国之要典”体现儒家学术风向》，《祖国》2013 年第 4 期。

② 成功案例可参考都江堰文庙暨国学教育实验基地网站，http：//djywm. com/。

③ 郭蓓：《国际非物质文化遗产法律保护概况及启示》，新疆平安网，2014 年 4 月 13 日，http：//www. mzb. com. cn/html/Home/report/14045043 – 1. htm。

在对传承人保护方面，日本首创的“人间国宝”制度表现最为突出。在日本，一经认定为“人间国宝”，政府就会拨付专项资金，对作品进行保存，对传习、培养工作给予资助，对生活条件进行改善，并给予税收上的优惠。并且，在其享有崇高社会地位的同时，亦需肩负一定程度的社会责任。这种制度，不仅提高了传承人的社会地位，而且促成了一种奖励文化和有效发展的机制，使非遗保护工作取得相当显著的成效。现已被联合国教科文组织大力推广，并纳入非遗保护工作的整体框架中。目前在韩国、菲律宾、泰国和法国均已得到广泛的推广和建立。

在公众参与方面，虽然非遗的保护工作是政府的重要职能，但公众的参与是政府和社会合作共赢与非遗保护工作顺利推行的基础。民众才是非遗保护的真正主人，政府、企业、社团或是专家、学者的过度参与，都会对非遗的自主传承造成不必要的伤害。

### （二）联合国教科文组织代表对非遗保护与应用的建议

2013 年，联合国教科文组织驻华代表处代表辛格先生在接受国内媒体专访时提出他对非遗保护与传承工作的意见[①]，简要梳理如下，可作为国内非遗保护工作的参考。

**1. 在对待文化遗产的问题上，应少些功利心**

对非遗的关注不能只停留在“申遗”层面上，应减少功利心。“申遗”本身属于公益性质，不该变成一项政绩指标。若把“申遗”当作吸金手段，当成买卖，那就是在糟蹋这些遗产。

**2. 发自内心的尊重和切实的保护，比获得“非遗”称号更重要**

申报“非遗”最重要的应该是思考如何运用这份文化资产，

① 陈俊珺、张先琳：《少些功利心，别让遗产成遗憾》，《解放日报》2013 年 12 月 13 日。

为人类的生活添增价值，绝不仅仅是一个称号。因此，要有发自内心的尊重和切实的保护，否则，申报的项目再多、级别再高，若无法珍视这些遗产，那就失去了申报的意义。

**3. 非遗的保护是一种文化认同感**

非遗的保护是一种文化认同感。对自身民族文化认同，为这种文化而自豪，这才是当代非遗生存发展的空气和土壤。年青一代应增强对自身民族文化的自豪感，在时间、资源等条件允许下，开展文化的复兴和推广活动。增强非遗传承人的自豪感，使其意识到所从事的非遗工作是极具价值的。

**4. 非遗是“活着”的文化，是一种生活方式**

非遗是“活着”的文化，是一种生活方式，是具有生命力的文化传统。促进传承和发展、让非遗“活”起来是非遗保护的最终目的。

**5. 对非遗的保护和关注，是全社会的事情**

对非遗的保护和关注，是全社会都可参与其中的事情。绝不仅仅是联合国、政府或是传承人的事，每一个人都可以发挥其积极作用，参与非遗的保护与传承工作。

### （三）今后对非遗的保护与传承工作应有的态度和指标

非遗的保护、传承与推广工作，是一份任重而道远的事业。原文化部非遗司司长马文辉在一次联合国教科文组织批准中国非遗项目的新闻发布会上，曾具体谈论到中国落实和进一步推动非遗保护工作的九方面措施：①开展深入调查，建立完善的档案和数据库；②分类指导，科学保护；③加强对代表性传承人的保护，建立有效的传承机制；④加大投入力度，提供资金保障；⑤加强基础设施建设，鼓励兴建展示传习场所；⑥合理利用非遗资源，促进传承发展；⑦开展科研教育，加强人才培训；⑧推进立法进程，制定相应保护政策；⑨广泛开展宣传展示活动，促进非遗的传播和弘扬[1]。

近年来，我国非遗保护工作已取得相当成效，上述论及的重要举措业已逐步到位，或者在落实之中，但这些内容，至今看来仍不失为我国今后贯彻非遗保护与传承工作时应有的态度和指标。

① 马文辉：《中国将采取九方面措施落实非遗保护》，中国新闻网，2009 年 10 月 13 日，http：//www. chinanews. com/cul/news/2009/10 – 13/1908500. shtml。

B.14

# 2013年北京艺术品市场发展研究

刘永孜*

## 一　全球视野下的中国艺术品市场

《2014 TEFAF全球艺术品市场报告——聚焦美国与中国》① 研究显示，2013年全球艺术品市场的总交易额为474亿欧元，比上年增长8%。在几年的低潮后，再次接近2007年创造的历史最高位480亿欧元。全球主要的艺术品交易市场，美国以及英、法等欧洲国家在2009年经济危机之后都出现不同程度地回暖，新兴市场金砖国家的表现依然值得期待。

作为新兴市场的代表，中国艺术品交易自2007年以来不断赶超美、英、法等艺术品交易大国，交易额曾一度跃升至世界第一的位置。2013年美国再一次证实了其作为全球艺术品市场中心的地位，占全球市场总额的38%，销售增长高达23%。美国艺术品销售在战后和当代艺术板块中的表现尤为突出，并且，全球大部分高价艺术品的成交也多出现在美国。从中我们可以看出，全球艺术品市场曾经发生过的格局转变，即第二次世界大战之后，世界财富和艺术中心由欧洲的伦敦和巴黎转移到新大陆的纽约。欧洲市场销售在2013年减少2%，英国依然是欧洲大陆上艺术品交易最为活跃的地方，占

---

* 刘永孜，北京工业大学文化创意产业研究所。

① *TEFAF Art Market Report 2014: The Global Art Market, with a Focus on the US and China*，欧洲艺术基金会委托艺术经济学家Clare McAndrew博士撰写。

欧洲市场的63%。2013年中国市场的销售份额比上年略有提高，达到24%。图1为2013年各国在全球艺术品市场销售总值中的份额。

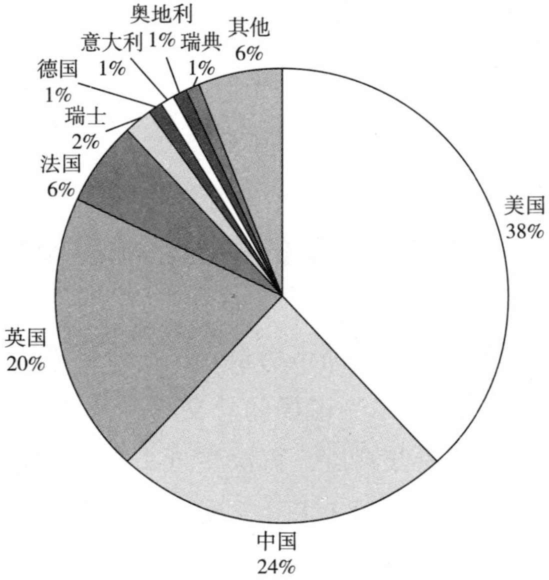


**图1 2013年全球艺术品市场销售总值份额**

资料来源：《2014 TEFAF 全球艺术品市场报告》。

《2014 TEFAF 全球艺术品市场报告》显示，2013年全球市场纯艺术品和艺术装饰品的拍卖额比上年增长5%，占整个艺术品市场的47%，成交主要集中在中国、美国和英国。近几年全球拍卖交易额的起伏也主要是由中国和美国两个市场的波动导致的。2013年，无论从拍品的数量还是成交总额看，美国都处于领先位置。在纯艺术品拍卖中，美国市场的成交额接近全球的34%，中国继续保持33%的份额，英国为17%，法国为6%。除传统拍卖业务不断扩大和增长以外，全球最大、最重要的拍卖公司都开始深入私人洽购业务。2013年佳士得和苏富比的总营业额占全球拍卖市场的36%，它们在私人洽购业务方面的销售分别增长了30%和18%。

2013 年，保利国际和中国嘉德的销售额分别为 9.42 亿欧元和 7.81 亿欧元，都比上年提高 25%。从全球市场来看，中国买家占全球的 20%，数据显示，中国和其他亚洲买家对美国市场最为青睐，构成美国市场的 21%。

2013 年，纯艺术品交易仍主导全球艺术品市场的销售，美国和中国的纯艺术品销售总值分别占全球的 44.1% 和 26.3%。美国一直是这一板块中最重要的市场，这与我们上文提到的“二战”后全球艺术的地理转移也密切相关。自 2009 年市场低潮后，战后和当代艺术板块（1910 年以后）无论从销售总额还是数量而言，所占份额都越来越高。2013 年这一板块增长了 11%，在拍卖市场上创造了历史新高，达到 49 亿欧元。在现代艺术作品中，以张大千等艺术家为代表的中国现代艺术家的作品以更高的成交价继续提升中国市场在全球该板块中的份额，接近 36%，列第一位。印象派和后印象派板块（1821～1874 年）在 20 世纪 80 年代曾非常活跃，见证了日本在经济腾飞时期的收藏发展，如今该板块的市场份额在不断减少。中国市场在这个板块中的数量份额虽低于美国，但销售额却与美国持平。主要原因是，这一时期的中国画家及其作品得到了本土收藏者坚定和热切的支持。齐白石作品就是典型例证，2013 年其作品的销售总额占全球该板块的 67%。在世界范围内，经典绘画大师板块（1250～1820 年）也在萎缩，而中国市场却增长了 6%，这一时期的中国书法和绘画作品依然最受中国买家的追捧。从不同板块的销售趋势也可以看出，以美国为基地的战后和当代艺术确实具有全球影响力，而中国艺术品市场仍带有很强的地方特色，并且中国藏家有明显的“厚古薄今”的偏好。

《2014 TEFAF 全球艺术品市场报告》指出，延续近两年的趋势，线上销售在 2013 年超过 25 亿欧元，虽然占全球销售总额的比例并不高，但增长迅猛。无论是拍卖公司还是画廊都在尝试建立自己的网络平台，或依赖第三方的电子商务平台为客户提供竞拍和销售服务。艺术家个体和收藏家之间也通过艺术家网站或 C2C 模式的平台进行交易。以往借助官方网站和网络媒体进行公关和广告宣传早已是惯常的艺术品营销手段。

中国虽然在过去几年不断挑战全球艺术品市场的排名，中国市场与中国收藏群体也日益国际化，构成对全球市场的影响，但从艺术品的国际影响力和跨文化的沟通能力、市场的成熟度、交易门类、专业化水平、艺术消费的规模、全民艺术素养和参与度以及政府在文化、金融、贸易、税收方面的政策等综合因素来看，中国欲成为真正的艺术品交易大国还需更长时间的实践和积累。北京和香港两地正在形成亚洲和中国艺术品交易的全球中心，但是与美国纽约和英国伦敦相比，无论是在创造和满足本地艺术品市场需求方面，还是在作为全球艺术品的交易中心方面，都仍有巨大的发展空间。

## 二　北京文物艺术品市场的特点与优势

作为中国的历史文化名城，丰富深厚的文化资源构成北京文物艺术品交易中心的坚实基础。早在三千年前北京就成为燕文化的发祥地，有着八百余年的建都史，也是世界上拥有文化遗产项目数最多的城市。因此，在北京地域内，历代文物富足，高度集中。自元代起，北京就集中了大量的古文物收藏活动和店铺。改革开放以来，北京的文物市场快速复兴，一个多层次的文物流通和传播平台在此发展起来并产生了集聚效应，全国主要的文物艺术品拍卖企业、文物商店、古玩市场在此落地，并扩展到全国。20 世纪 90 年代以来，北京的博物馆、美术馆、高等院校、研究机构和各地艺术人才在此云集，为全国提供了最高层次和最高水平的展览、学术交流活动及艺术教育。同时，在频繁的对外文化交往中，北京成为全国文化艺术思想的潮头，由于与国外艺术品市场更多接轨，北京的艺术品交易活动也最为活跃和国际化。随着全国优秀的文化艺术资源逐渐在北京汇聚，北京也构成了全国收藏家群体、艺术品投资、艺术品拍卖、艺术家、画廊、文物艺术品鉴定，以及与艺术品产业相关的展览设计、出版、印刷、媒体、艺术保险、物流等关联领域的向心力。北京牵动着全国整个文物和艺术品生产、传播、消费的产业网络，构成了国内最大的文物艺术品经营交流体系。

北京地区的艺术品产业涵盖很广，主要由传统的工艺品交易市场、文物商店、文物拍卖，以及 20 世纪 90 年代在北京新发展起来的画廊业组成。画廊业不同于文物商店和传统交易市场的经营方式，是通过签约艺术家和系统化的展览，推动艺术作品的销售，构成了艺术品市场的一级市场，为拍卖市场不断输送合格的艺术品。中国画廊业以北京当代艺术的发展为契机，逐渐形成 798、大山子、草场地、环铁、观音堂、酒厂等多个艺术集聚区。2011 年我国画廊总数大约为 1649 家，主要分布于北京、上海、深圳等大中型城市。北京因其在中国当代艺术发展中的特殊地位，成为外资画廊进入中国市场的重要目的地。截至 2007 年底，北京具有专业意义的外资画廊已有 67 家，其中 42 家是 2005 年后入驻的。一些外资画廊以北京为基础，继续向上海等地拓展，开设分支机构。但是，近几年，拥有画廊资源最多的北京却见证了画廊业的滑坡。

当然，以理性和乐观的眼光看，这正是市场机制正常运行、优胜劣汰的过程。那些对艺术品和艺术市场缺乏热情和专业认知，以投机心态盲目进入画廊业的投资者，在震荡下必然会选择退出。而对那些通过长期酝酿和深耕，在行业内逐渐确立自身专业声誉的画廊而言，经济低迷仅仅是暂时性的，或成为新的机会。激烈的市场竞争会刺激真正意义上的画廊向着更加专业化的方向发展，并在战略和经营上不断创新和完善。同时，我们必须承认，经济低迷和资本运作确实在相当程度上左右着中小型画廊的生存；一些资本雄厚、大型连锁式的画廊有机会形成市场垄断，缺乏资金的小型画廊如何求生存和发展确实更富挑战性。

针对画廊业的低迷境况，2012 年北京画廊协会联合国家和北京地方政府的力量，组织了北京画廊周活动，号召更多人“走近艺术，走进画廊”，希望借助北京几大艺术区的力量，让大众认知画廊业，培养和扩大中国的艺术欣赏和消费群体，倡导人们在闲暇之余走进画廊，推动一级市场健康发展。

艺术博览会是伴随画廊业发展起来的重要销售渠道，是画廊、经纪人和经销商获得更多销售机会、建立客户关系和自我展示的平台。连续两年的 TEFAF 全球艺术品市场报告都显示，博览会销售是画廊的新增长点。2013 年“艺术北京博览会”参展艺术机构达 150 余家，展出作品类别涵盖广泛，涉及油画、版画、素描、雕塑、装置、影像、中国书画、当代水墨、瓷器、家具、珠宝等。“2013 北京 · 中国文物国际博览会”于 2013 年 11 月举行。展会由北京市文物局和北京古玩城联合承办，活动主题是“文化引领城市发展、典藏促进世界交流”。展会期间会集了来自美国、日本、瑞典、澳大利亚、蒙古以及中国内地、中国香港、中国台湾地区的众多海内外参展商，以及文物收藏领域中的高端精品。

## 三　北京在全国艺术品拍卖市场中的地位

由雅昌艺术监测中心（AMMA）发布的《中国艺术品拍卖市场调查报告（2013）》显示，中国艺术品拍卖市场 2013 年总成交额为 643. 24 亿元。其他报告指出，北京的总成交额为 271. 63 亿元，京津地区的成交量和成交额占比分别为 46. 44% 和 48. 41%。港澳台地区位列第二，市场规模不断扩大，拍卖份额提升，其中香港全年成交额为 147.33 亿元。在全国范围内，北京和香港两个城市显示了各自在艺术品市场中非常突出的优势与地位，年成交额突破百亿元。上海位列第三，只有 48.77 亿元，成交额突破 10 亿元的其他城市包括广州、杭州和南京。从中我们可以清晰地看出中国艺术品拍卖市场的格局，以及交易最活跃的地区。

2012 年，全国具备文物拍卖经营资质的企业有 355 家，主要集中在北京和上海两地。北京共有 119 家，其中有 41 家企业具备一类文物资质；相较于 2008 年，北京的文物拍卖企业增长了一倍。中国嘉德和北京保利都是成立于北京的综合性拍卖公司，经过多年的发展已经成为国内外的拍卖翘楚。中国嘉德成立于 1993 年，是内地最早的股份制艺术品拍卖公司，如今已发展为全能型的公司。北京保利成立于 2005 年，依靠保利集团强大的品牌优势和资本实力，尤其是拓展海外市场的野心与行动力，而成为国内外最有实力的拍卖企业。其他内地艺术品拍卖公司，如北京匡时、北京诚轩、北京荣宝斋、北京华辰、中贸圣佳、上海朵云轩、西泠印社等也都重视规模化发展，成为综合性拍品品类全面的企业。

中国书画板块是中国艺术品拍卖市场最核心的内容，2013 年成交总额为 354 亿元，占总市场的 54.92%，瓷器杂项成交额为 163.31 亿元，油画及当代艺术品成交额为 63.94 亿元。另外，2013 年度举办拍卖会的公司数量、总拍卖会数、专场数、拍卖作品数量、成交数量和成交总额比 2012 年均有所增加，其中上拍量、成交量和成交总额分别同比增长 14.94%、9.04% 和 1.88%，但成交率仍是中国拍卖市场的隐忧，仅为 46%。

拍卖业中巨头公司的市场份额进一步扩大，拍卖公司分层趋势明显，拍卖行业的经营日益朝向专业化和更准确的市场定位发展。2013 年，香港苏富比、香港佳士得、北京保利和中国嘉德作为中国拍卖市场中的第一梯队，拍卖总额为 234.63 亿元，市场份额由

2012 年的 29. 93% 提升至 2013 年的 36. 51%。表 1 和表 2 中的数据显示，在不同板块中，各拍卖公司显示出各自的经营重点与优势。依托国际市场的香港佳士得、香港苏富比侧重于亚洲当代艺术，并不断向市场提供精品瓷杂的拍卖；依托国内市场的拍卖公司侧重传统门类，尤其是在中国书画市场上的优势较明显。

**表 1　2013 年拍卖公司中国书画板块成交总额排名**

| 排名 | 拍卖公司 | 成交额(元) | 同比 2012 年增长(%) |
|---|---|---|---|
| 1 | 中国嘉德 | 4420953286 | 75. 23 |
| 2 | 北京保利 | 3780052800 | 13. 94 |
| 3 | 北京匡时 | 2601743050 | 94. 41 |
| 4 | 香港佳士得 | 1560400736 | 46. 37 |
| 5 | 上海朵云轩 | 952787995 | -5. 30 |
| 6 | 香港苏富比 | 906196188 | 16. 32 |
| 7 | 上海嘉禾 | 875585115 | — |
| 8 | 北京翰海 | 841568275 | 6. 00 |
| 9 | 西泠印社 | 781203280 | 2. 60 |
| 10 | 保利香港 | 766499943 | — |

资料来源：雅昌艺术市场监测中心（AMMA）。

**表 2　2013 年拍卖公司中国油画及当代艺术板块成交总额排名**

| 排名 | 拍卖公司 | 成交额(元) | 同比 2012 年增长(%) |
|---|---|---|---|
| 1 | 香港佳士得 | 153798. 76 | 50. 25 |
| 2 | 香港苏富比 | 153319. 82 | 80. 76 |
| 3 | 北京保利 | 75449. 72 | 12. 78 |
| 4 | 中国嘉德 | 50127. 61 | 53. 04 |
| 5 | 保利香港 | 25388. 55 | 131. 75 |
| 6 | 罗芙奥(Ravenel) | 25155. 17 | -26. 50 |
| 7 | 苏富比(北京) | 21927. 94 | — |
| 8 | 北京匡时 | 21663. 85 | 39. 68 |
| 9 | 西泠印社 | 11157. 76 | -8. 89 |
| 10 | 上海佳士得 | 9934. 2 | — |

资料来源：雅昌艺术市场监测中心（AMMA）。

国内拍卖市场逐渐形成多中心的格局。以北京为中心的京津唐地区以中国书画为主，品类日益多样丰富，经历几十年的积淀，北京在拍品的数量和质量、拍卖公司和拍卖活动的规模等多方面构成强势的市场力量，虽然在 2012 年的市场份额有所下滑，但其艺术品交易的中心位置很难在短期内改变。近几年，南方逐渐形成以上海和杭州为中心的长三角地区，以及以广东为中心的珠三角地区拍卖市场。在这两个区域，除了中国书画外，更多的是推出文玩杂赏类专场。

由于中国艺术品市场的高税率和外资公司不能在国内拍卖文物艺术品的法律条文，外国拍卖公司无法进入内地。近两年，中国市场开始谨慎地向外资企业打开，进一步加剧了国内拍卖市场的竞争。2013 年 11 月，歌华集团和苏富比集团在北京联合主办了艺术周，通过一系列活动吸引了众多藏家、业界从业者以及艺术爱好者。2013 年，佳士得获得上海市批准，成立外商独资企业，并在上海开展多场拍卖和私人洽购活动。两家拍卖公司不仅为市场提供中国现当代名家作品，还有西方大师，如伦勃朗、毕加索等艺术家的作品，无论是在资源调配上还是在组织的专业水平上都显示出国际水准和对中国市场的信心。它们在中国市场中的运营必然会全面地推动中国市场和中国收藏者朝向国际化的发展。与此同时，2012 年中国嘉德和北京保利也进军香港拍卖市场，并成功举办拍卖会。香港依托优越的地理位置，成熟完善的艺术品一、二级市场，艺术品免税政策，国际化和规范化的运营与管理标准，成为大陆拍卖企业国际化发展的前沿。2013 年港澳台地区的市场规模大幅增加，构成对北京的进一步竞争。

中国拍卖市场竞争日趋激烈，也体现在拍卖公司间的合并。2013 年以近现代书画拍卖见长的上海恒利加盟北京匡时，进一步增强了北京匡时的专业实力和竞争力。正如中国艺术品市场研究者西沐分析的，“拍卖市场的结构会变得更加分散、更加分化、更加区域化。从中小企业层面来说，区域的一些中小企业可能会不断地发展，一些中小企业可能会走更加专业化的道路；从大型企业层面来说，将主要进行区域和国际市场资源的整合，走整合的发展道路”。

## 四　博物馆和美术馆的影响力

博物馆通常不会出现在艺术品产业的价值链上，因而往往被艺术品市场研究所忽略。而实际上，它却是艺术生态中不可或缺的重要参与者。自西方艺术的现代主义出现以来，“为艺术而艺术”的规则，将博物馆与追求商业目的的市场隔离开来。但一件作品之所以被称为艺术品，首先要在这个独立的领域中获得确认，而后才可能被纳入艺术品市场的交易中。事实是，那些享有较高声誉的博物馆收藏，或在其中展出的艺术家的作品往往更能获得艺术品市场的认可。博物馆以其文化权威和信誉给予作品艺术价值的肯定，而后才可能在市场交易中取得经济价值。另外，博物馆一直被看作公众审美和艺术教育的重要公共空间，也就是说，它培养了艺术参与、消费和收藏的习惯、趣味和判断力。

近几年，中国当代水墨成为艺术收藏的新热点，这与国内外博物馆不断增加的当代水墨展览密不可分。2013 年底，美国大都会博物馆举办了题为“水墨艺术：当代中国的过去与现在”的展览，展出了 35 名中国艺术家的作品，作品门类涉及绘画、书法、摄影、木刻版画、影像、雕塑等 70 多种。国内有批评说，这个展览是西方人以学术为名，实则以资本继续炒作中国当代艺术，并不是真正的关于“水墨”作品的展览。无论真相如何，事实是，当代的博物馆通过定义艺术的权利，主动或被动地、更加深入地参与艺术品市场的活动。同时，我们也观察到，北京的艺术圈是这一轮新水墨艺术观念重要的提供者和推动者，北京的美术馆和画廊中关于当代水墨的展览此起彼伏。

近年来，中国大陆民营美术馆建设成为风潮，它们在收藏、展览、出版等方面也开始发出自己的声音，参与什么是艺术的竞争，也成为大众休闲和审美教育的新空间，令中国博物馆行业更加多元活跃。中国民营美术馆在 1998 年迎来了第一波开办高潮。2002 年前后，第二波民营美术馆开始启动，这一批建立的民营美术馆大多与商业地产的经营战略和品牌营销有关。因此，其中不乏资本雄厚者，他们在展馆建设、收藏和展览方面的投资都显示出勃勃雄心。位于北京苹果社区的今日美术馆，最初是基于企业家个人对艺术的喜好而建立的，同时房地产企业透过美术馆提升苹果社区的地产价值，之后是企业进军文化产业的战略转移。在十多年的发展后，今日美术馆已经在北京乃至全国的艺术圈中形成了自身的特色与号召力。国内另一个房地产商投资艺术的案例是万达集团，2012 年成立的北京万达文化产业集团，涉足电影、主题公园、美术馆等诸多领域。2013 年，万达集团在美国纽约的佳士得拍卖夜场以 2816.5 万美元的价格拍下了毕加索的油画《两个小孩》，并准备在北京的万达国际艺术美术馆展出。从中我们可以看到民营资本在文化领域的蓬勃野心和行动力，北京乃至全国的艺术生态必将发生日益复杂和微妙的变化，尤其是当新的参与者及其经济资本在艺术品市场中的作用越来越凸显时，原先的格局和惯例必定被打破和重新制定。

另外，无论是公立还是民营的博物馆和美术馆，对公众的艺术教育和普及的工作都刚刚开始。虽然国家给予公立博物馆免费的优惠政策确实有利于提高参观者的数量，但是其效果和影响如何需要长期观察。北京画廊协会会长程昕东曾表示，应该走进社区的是公立美术馆，进行普及公共教育，但现在画廊作为私立的机构却扮演了这种角色。而近年来兴建的民办美术馆，就目前来看，对建筑本身的投入和对土地占有的热情仍大于博物馆内在的积累，如藏品、学术、定位、管理、人才等，同时也缺乏长期发展和影响社会的愿景。

在全球范围内，拍卖公司也开始建立自己的艺术空间，它们是介于商业画廊和公益美术馆之间的一种新部门，与私人洽购业务密切合作。这种做法曾遭到批评，认为拍卖公司进一步侵入一级市场，剥夺了画廊的生存空间。2012 年，苏富比开设了艺术空间。保利艺术博物馆建立于 1998 年，隶属于保利集团，一直采取拍卖与博物馆双轨配合的业务形式。随着保利拍卖业务的增长和海外市场的扩展，保利艺术博物馆的功能必然与拍卖业务联系得更加紧密，而失去成立之初的较为纯粹的公共属性。

在艺术生态中，博物馆的价值在于作为独立第三方发挥定义、评价、传播、研究、教育和收藏艺术品的功能，它在文化上的公共属性使之区别于画廊和拍卖公司这些市场上的私人组织。也就是说，博物馆越独立，文化属性越突出，就越具有公共的说服力。在当代文化经济中，博物馆的文化属性得以转换为经济价值，也会导致部分巨头博物馆的市场力量不断膨胀。新兴的民营博物馆如何在艺术生态中与观众、收藏者、画廊和拍卖公司等不同利益方建立起有序和健康的关系，值得研究者关注。

## 五　艺术品收藏与投资

《2014 TEFAF 全球艺术品市场报告》显示，尽管发展中国家的经济实现了快速增长，但世界财富仍主要集中在美国等发达国家。在全球 320 亿百万（美元）富翁人口中，美国占 42%，居首位；日本居第二位，只占 8%；中国居第七位，仅占 4%。在总资产超 10 亿美元的超富裕人群中，美国占总人数的 24%。在这个百万（美元）富翁人群中，有 60 多万人为中等水平到高水平的艺术收藏者，其中 20 多万超富裕人群会将 10% 的资产投资于自己的兴趣爱好，艺术占这一投资的 17%。中国的艺术品收藏群体在近年不断壮大，他们也不断打破艺术品拍卖的价格纪录，但中国藏家的审美趣味因过多功利和炫耀而一直受到批评。目前，艺术品保值和增值的特性为越来越多的中国企业、收藏家和投资者所认知，中国的艺术品市场正在由礼品市场逐步向资产市场或者投资市场过渡。艺术金融，如基金、信托，正在成为资产配置的有效方式。

美国市场相比其他新兴市场还有一大优势就是，中产阶层艺术品消费的参与度也非常高。在中国，新兴的中产阶层呈现对奢侈品的炫耀性消费和以自我满足寻找乐趣和舒适的消费导向。朱迪有关城镇居民消费行为的研究显示，年收入在 6 万元及以上的人群会使用大量艺术品装饰家庭，而年收入为 3 万 ~6 万元的人群有时或偶尔使用艺术品装饰家庭。可以预计，随着中国人口中财富的不断累积，人们对居住环境的要求会不断提升，奢侈、享受和追求自我愉悦的消费欲望有机会蔓延到艺术品市场，审美教育的普及也会影响人们的趣味偏好，推动艺术品消费。

与中国历史过往的收藏热不同，新的收藏热呈现全民式的参与，除了拥有较高文化资本的知识分子，还有新兴企业家等高收入群体，也有普通工薪阶层。随着近年来经济政策向国内消费的倾斜，文化消费也成为政府推动的重要内容。2013 年，北京市文物局主办了北京金秋艺术品拍卖月活动，在北京文化消费季中，参与这一活动的企业超过 20 家，有古籍善本、陶瓷、玉器、杂项、家具五大项 2 万余件拍品亮相各拍卖现场，拍卖的内容主要是针对公众收藏。通过政府搭建的平台，艺术收藏与消费日益社会化。

## 六　北京艺术品市场发展建议

北京的艺术品市场若要取得健康长久的发展，需仰赖整个艺术生态的均衡与活力。

第一，完善和稳定的一级市场是不可缺少的筛选、培育优秀艺术家和艺术作品的重要基础环节，要建立起一、二级市场更合乎规律与规则的产业关系。

第二，尊重和鼓励多样化的艺术家、艺术风格和不同规模与定位的画廊的存在，尊重艺术的本质，追求艺术性和专业性共同发展，这是艺术市场真正繁荣的基础。大型画廊和大型拍卖公司应成为艺术市场组织的领导者，而不是独大的垄断者。

第三，艺术教育是培养公民文化意识、艺术素养、艺术消费的起始点，学校和博物馆应成为教育活动的核心推动力，政府艺术基金和补贴的设立与分配应与教育项目相联系，同时，学校教育和博物馆之间也应建立更加积极的合作与互动机制。我们应由市场结果上溯至投资决策，再追根到创造力的培养和发挥，那么，我们对艺术品市场的投资和组织管理将更富于成效。

第四，鼓励消费者购买本国艺术家尤其是年轻艺术家的作品。英格兰艺术委员会以贷款政策替代直接补贴的方式值得借鉴。委员会与部分有资质的画廊建立合作，英国消费者在这些画廊购买本国艺术家作品时可以享受无息贷款。在这一政策的指导下，本国的消费者、画廊和艺术家同时得到补贴和支持。这种系统化的视角，可以最大化地发挥资金的作用，激活各个参与者，并鼓励他们建立更密切的合作关系。

第五，知识经济时代，文化和教育政策应鼓励全民的终身学习意识和美的意识，在日常生活、收藏和消费行为中，积累对艺术和美的深度理解，受众素质的不断提高亦会刺激创作者、生产者和分配者对质量、完善与可持续性的追求。对艺术和美的学习与思考对推动整个社会的创造性和开放性也具有积极意义。

第六，画廊、艺术集聚区、博物馆、博览会、拍卖公司已经在空间和实践上共同构筑了北京新的城市文化生态。一方面，艺术商品具有文化和商业的双重属性，在艺术作品的展览和交易过程中，自然而然地完成了文化推广与交流的功能，尤其是在国际性的展览、拍卖、博览会中，优秀艺术作品积极地展现了地方审美特色和国家的文化软实力。另一方面，这些空间和实践已经构成新的城市景观，提高了对居民文化消费、观光旅游、投资定居的吸引力。因此，我们应将艺术市场的健康发展与整个文化创意产业和整个城市的全面发展联系起来，全面评价艺术生态圈的价值，通过资金增强艺术价值的溢出效应。

# 附　录

Appendix

## B.15
## 2013 年北京文化创意产业节庆与会展

**1. 北京国际创意礼品及工艺品展览会**

北京国际创意礼品及工艺品展览会是全国最大的一个以创意为主的礼品展会，一年分春、秋两届在北京举办。第七届北京国际创意礼品及工艺品展览会于2013 年3 月20 日 ~3 月23 日在北京展览馆举行。

第七届北京国际创意礼品及工艺品展览会进行了全面升级，吸引了来自中国台湾、中国香港、韩国等国内外礼品企业的参与，参展商专业性强，参展品种新颖奇特，代表了创意礼品市场的最高水平和最新趋势。展品涉及创意礼品、文化衍生品、运动及休闲旅游用品、特许授权礼品、数码及电器、陶瓷、水晶、琉璃及玻璃制品、有机保健食品、茶文化礼品、箱包皮具、节庆馈赠礼品、家居、家纺、厨房用品等。

第七届北京国际创意礼品及工艺品展览会首次由中国国际贸易中心迁至北京展览馆举办，展览会期间每天观众如潮，参展商应接不暇，无论是订单还是拿样，在开展2天后的交易额就已超出参展商的预期。据统计，展览会期间贸易成交额为1530万元，意向成交额超过8000万元，展会取得了巨大的成功。

第八届北京国际创意礼品及工艺品展览会于2013年8月8日~8月11日在北京展览馆举行。本届展会以“打造创意生活、推荐中秋好礼”为主题，展品涉及创意礼品、文化衍生品、工艺礼品等，近500家展商携万种创意礼品及工艺品参展。

**2. 中国国际时装周**

中国国际时装周（2013/2014秋冬系列）于2013年3月24日~3月30日在北京举行，共有来自国内外的36家品牌和机构、22位中外设计师、近110位设计及模特新秀参加，分别在751D·PARK和北京饭店等场地举办了23场专场发布、4项专业大赛总决赛以及12场新闻发布和论坛讲座，共计近40项活动。

36家参加发布的品牌和机构中，来自北京、福建、广东、上海、浙江、江苏、湖南、香港8个省市和地区的国内品牌和机构有24家；来自意大利、韩国和日本的国外品牌和机构有12家。15位中国设计师和7位外国设计师参与了举办的男装、女装、防寒服、休闲装、婚纱礼服以及箱包、彩妆造型、时尚女鞋等发布活动。

“汉帛奖”第21届中国国际青年设计师时装作品大赛、“威丝曼”2013中国针织时装设计大赛、“圣得西杯”2013中国时尚商务男装设计大赛和“黄金搭档”第八届中国超级模特大赛共4项赛事总决赛在本次时装周期间举行。

中国国际时装周（2014春夏系列）于2013年10月25日~11月2日在北京举行。来自国内外的56家时尚品牌和机构、51位设计师和500多位时装模特在时装周期间举行了48场新作发布会，涵盖女装、男装、婚纱礼服、运动装、牛仔装、居家服、童装、女鞋以及发型设计等多元品类；109位设计新秀在运动装备、时尚色纺、休闲装、内衣等5项专业设计大赛中展示了他们新鲜的设计才华；累计观众人次逾4.5万人。

多样的活动形态和专业分类是本季时装周的一大亮点。除48场专场发布和5项专业大赛外，同期还举办了多场新闻发布会和论坛沙龙，交流思想、启迪灵感，邀请了巴黎权威流行趋势工作室娜丽罗获举办2014/2015秋冬国际成衣流行趋势讲座，广邀行业各方意见领袖参与北京时尚论坛，讨论中国服装设计话语权构建。

中国国际时装周始创于1997年，每年3月和10月分秋冬、春夏两季在北京举办。迄今已有来自中国（含港澳台）、日本、韩国、新加坡、法国、意大利、美国、俄罗斯、英国、瑞士、德国、荷兰、瑞典等10余个国家和地区的320余位设计师、近350个品牌和机构举办了768场发布会，有2600余位设计和模特新秀参加了100场专项大赛总决赛。作为全面展示中国时尚产业发展与进步的主流时尚发布平台，中国国际时装周的国内外影响力与日俱增，已成为国内顶级的时装、成衣、饰品、箱包、化妆造型等新产品、新设计、新技术的专业发布平台，成为中外知名品牌和设计师推广形象、展示创意、传播流行的国际化服务平台。

**3. 中国国际服装服饰博览会**

2013年3月26日~3月29日，第二十一届中国国际服装服饰博览会（CHIC 2013）在北京·中国国际展览中心举行，其间共接待包括服装企业、设计师、经销商、代理商、时尚买手等专业观众超过10.5万人。

从当前产业发展现状出发，CHIC 2013提出了“力炼”这一主题，旨在倡导全新的产业价值观和理性发展的思维方式。“力炼”

是近三年来 CHIC 主题的一种延续，也是中国服装行业在转型升级过渡期要不断遵循的轨迹。CHIC 2013 通过增强自身发展的内生动力及创新优势来提升展会自身的核心价值，继续在产业服务方面下足功夫，使其成为符合服装强国要求的公共服务展会品牌。

本届展会，海外参展品牌的数量是历年来最多的一次，超过了 400 家。从德国的实用、法国的浪漫、土耳其的奢华，再到意大利的风情，海外展团就像在演绎一部世界时装纪录片。

作为亚洲最具影响力的服装商贸专业展会，CHIC 正以自身的资源汇聚能力推动中国服装行业不断向前发展。与此同时，CHIC 还是中国服装产业发展的见证者，CHIC 发展的 20 多年不仅见证了中国服装产业的转型升级，更重要的是 CHIC 的不断成长也在助推中国服装业从粗放经营走向集约经营、从产品竞争走向品牌竞争。这种本质上的转变其实正是中国服装产业从服装大国向服装强国的蜕变过程。

#### 4. 国际时尚文化节

2013 年 4 月 4 日 ~6 月 23 日，第七届国际时尚文化节在北京欢乐谷举办。本届国际时尚文化节活动围绕四大主题展开，分别是“四溢春天 · 动漫游艺炫时尚”“五乐奇迹 · 街舞嘻哈耍时尚”“六合欢笑 · 极限温情爱时尚”“全民惊喜 · 盛惠集结玩时尚”。活动全程历时 81 天，包含 10 多个创新表演、50 余场音乐专场演出。来自 6 个国家的近百名中外演员参加演出，演出场次累计达 6700 场，日均演出场次高达 80 场之多。

2013 年是北京欢乐谷落户京城的第七年，北京欢乐谷在第七届国际时尚文化节提出全新的“欢乐 6 + 1”品牌精神（“欢乐精神”与“创新的、文化的、泛京的、多元的、阳光的、负责的”6 个关键词），“欢乐 6 + 1”体现了北京欢乐谷经营追求的社会价值目标、本质的差异和品牌的高度。本届国际时尚文化节的所有活动，都是以“欢乐6+1”为指导精神而设计的，在所有的活动和服务中，游客们都会感受到“欢乐6+1”的精神并被其感染。

2013年4月，主打动漫游艺主题，全明星COSPLAY展演如期上演，500多名COSER身着盛装悉数登场，此外还有动漫花车大巡游、动漫创意集市、炫彩动漫集结号、潮流漫音综艺秀等活动。2013年5月，两大巅峰赛事、三大国际顶尖明星舞者、20多所高校街舞社团、百余名高校街舞精英、300名顶尖街舞高手斗舞比艺，更有吉尼斯花样跳绳、《嘻哈音乐盛典》、《爱猜大分贝》等演艺活动全面呈现。2013年6月，结合儿童节、端午节、父亲节三节推出相应的节庆主题活动。首届北京欢乐谷杯少儿街舞大赛、“童心童绘欢乐世界”少儿涂鸦大赛、第三届欢乐扭蛋节、梦幻卡通书发布会等活动带孩子们融入欢乐的海洋。

**5. 北京大学生电影节**

第二十届北京大学生电影节于2013年4月11日~5月13日举办，吸引了200多位电影明星和国内40多所高校近千名大学生观众参加。电影节在全国各高校举行了形式多样的活动，包括30余部入围国产影片展映与剧组见面会、百所华语电影高校巡展、全国大学生原创影片大赛、系列电影学术研讨会等。

本届电影节恰逢20周年，首次亮出90后青春牌，电影节评奖评委包括10位青年学者和30位来自全国各高校的大学生，大学生的审美眼光得到专业影评人的认可。

王宝强和徐峥分别获“最受大学生欢迎男演员奖”和“最受大学生欢迎导演奖”，张雨绮获“最受大学生欢迎女演员奖”。黄渤和管虎分别获“最佳男演员奖”和“最佳导演奖”，颜丙燕获“最佳女演员奖”，程耳获“最佳编剧奖”。电影《告诉他们，我乘白鹤去了》和《画皮2》分别获“艺术探索奖”和“最佳观赏效果奖”。冯小刚执导的《一九四二》获“最佳影片奖”。《飞越老人院》中的全体老年演员获“表演艺术特别奖”，“评委会大奖”归属于《神探亨特张》和《万箭穿心》。“最佳新人奖”由《美姐》里一人分饰母女三角的叶兰和青春片《甜蜜十八岁》中的周文奕分享。

**6. 北京国际电影节**

2013 年 4 月 16 日 ~4 月 23 日，第三届北京国际电影节举办。电影节由开幕式、北京展映、电影论坛、北京电影市场、电影嘉年华、闭幕式暨颁奖典礼等部分组成。在走过三年后，北京电影节基本搭建起了一个在全面性方面达到国际标准的平台，当前的挑战更多体现在活动的专业性与针对性等“内功”层面。

北京展映是北京国际电影节重要的主体活动之一，在 26 家影院展映 260 部国内外名片佳作，展映影片数量多、题材广、风格多样，为国内外影片搭建集中展映的平台，为公众和媒体了解世界电影文化提供窗口。

电影论坛由“中外电影合作论坛”和“电影与科技论坛”两部分组成，前者由多位中外著名电影人围绕中外电影交流与合作论题进行深入交流；后者由多位中外著名导演、摄影家、视效专家等，围绕数字化、3D 技术等议题进行研讨。

原电影洽商活动在本届北京国际电影节上正式更名为北京电影市场，活动包括市场展示交易、项目创投及洽谈、产业项目路演、市场放映、签约仪式、研讨会和行业沙龙等。

第三届北京国际电影节首次增加了主竞赛单元“天坛奖”评奖活动，吸引了世界各地的 531 部电影报名。《一九四二》斩获最佳影片奖、最佳视觉效果奖，凯特·休特兰（德国影片《少女洛荷》导演）获最佳导演奖，特伦斯·斯坦普（英国影片《献给爱妻的歌》男演员）获最佳男主角奖，颜丙燕（《万箭穿心》女演员）获最佳女主角奖，瓦哈格·西蒙恩（亚美尼亚影片《父辈足迹》男演员）获最佳男配角奖，海伦娜·伯翰·卡特（英国《远大前程》女演员）获最佳女配角奖，保罗·安德鲁·威廉姆斯（《献给爱妻的歌》编剧）获最佳编剧奖，亚当·阿卡波（《少女洛荷》摄影）获最佳摄影奖，瓦哈格·海拉佩恩（《父辈足迹》作曲）获最佳音乐奖，加拿大、法国合拍片《求主垂怜》获评委会特别奖。

本届电影节在亲民性方面的发展也较好。之前的电影节上，很多影片的放映往往一票难求，本届活动首次开通网上购票平台，观众通过开放的售票渠道可买到多数影片的票，极大地扩展了活动在本地观众中的影响力。

**7. 平谷国际桃花音乐节**

2013 年 4 月 18 日 ~5 月 8 日，第十五届北京平谷国际桃花音乐节开幕。平谷桃花节历经 14 年发展，不断转型升级，2011 年更名为“平谷国际桃花音乐节”，举办首届国际流行音乐季，音乐元素首次融入桃花节。目前，北京平谷国际桃花音乐节已成为集音乐、文化、旅游、体育、经济于一体的年度盛会，成为集传统文化、音乐文化、非遗文化、道教文化、赏石文化、美食文化于一身的品牌活动；成为人们认识文化北京、感受美丽北京、体验文明北京的重要窗口。

本届桃花音乐节开幕式以“桃源琴韵、相约平谷”为主题，本着百姓舞台、群众文化、大众参与的原则，凸显本土元素、本土演员、本土原创，为人们营造亲切难忘、喜庆欢乐的节日氛围。借助国际桃花音乐节这样的平台打造新型中国乐谷，为北京市民和国内外的乐迷朋友们提供一个享受生活和感受音乐的欢乐地。充分体现了平谷打造特色文化大区，推动中国乐谷、幸福平谷建设，文化事业、文化产业呈现一派大发展大繁荣的态势。

本届桃花音乐节推出多个高品位的文化活动，使人们切身感受到了平谷文化的精髓。例如，2013年4月19日~5月7日，第三届赏石文化节在平谷奇石城举办，全国20余个省市的400余家奇石销售商前来参展，金海石、轩辕石、灵璧石、三峡石、太湖石等150余个奇石精品齐聚平谷，为游客与石结缘创造机遇。为弘扬书画文化，2013年4月19日~4月22日，举办了“美丽山水靓桃乡”书画展，50余幅书画作品集中展示展出，内容与平谷桃花相关，不少游客进行现场收藏。

本届桃花音乐节共接待游客216.6万人次，实现旅游收入1.32亿元。首次在平谷举办的“迷笛音乐节”，国内外100支摇滚乐队吸引了来自世界各地的观众10万余人，创下收入1200余万元。

**8. 迷笛音乐节**

中国乐谷·2013北京迷笛音乐节于2013年4月29日~5月1日在中国乐谷草地音乐公园盛大举行。

本次音乐节设有VANS·唐、TIGER·宋、清、MINI及孩子迷笛5个舞台，乐队阵容由来自国内的痛仰、郝云、扭曲机器、木玛& Third Party等100多支华语乐坛当红及新秀摇滚乐队以及来自美国的复古暗潮Cold Cave和丹麦硬摇滚乐队D－A－D领衔的17支国外乐队组成。豪华阵容引爆了万人狂欢音乐盛会。三天时间，现场5个舞台累计演出100场次，演出时间共计150小时。

由于2013年是北京迷笛音乐学校建校20周年，所以迷笛音乐节的全年主题定为“迷笛学校20年”，并在北京、上海、深圳三地分别举办。本次音乐节由北京平谷第十五届国际桃花音乐节组委会和北京迷笛音乐学校共同主办。九宝、A公馆、OOC控制之外等年轻乐队不断为迷笛补充新鲜血液。在音乐节演出日益同质化的今天，迷笛音乐学校通过校园乐队大赛、“我要上迷笛”等选拔活动，不断挖掘年轻声音，如同迷笛音乐学校20年一直致力的目标一样，让中国摇滚乐薪火相传。

**9. 2013“艺术北京”博览会**

2013“艺术北京”博览会于2013年4月30日～5月3日在全国农业展览馆举办。展览期间，同时举办主题展、专题展、拍卖预展、艺术平台、VIP教育论坛、公益慈善项目等。此次博览会参展主体阵容由150家画廊和艺术机构组成，其中有1/3为首次参展“艺术北京”博览会，他们带来的展品涵盖了油画、版画、素描、雕塑、装置、影像、中国书画、当代水墨、瓷器等当代艺术和经典艺术。

此次博览会的总展览面积近2万平方米。在“经典艺术展区”，随处可见传统意味浓厚的水墨画，2012年底刚成立的北大星光艺术中心，首次参展便带来其全部10位签约画家的国画作品；而“当代艺术展区”的最佳位置，则几乎被北京公社、香格纳、蜂巢当代艺术中心、大未来林舍等海内外著名画廊悉数占据；“特别艺术展区”包括两岸三地青年收藏家邀请展、中日韩艺术家推荐展、中国油画作品展、2013当代工笔画邀请展等。本次展览特意增设了“少年儿童艺术展”，全国17个城市的少年儿童创作的150多幅作品，向观众展示了儿童们天真、跳跃、独一无二的创造力。

在本届“艺术北京”上亮相的53幅世界名画，是此次博览会上的最大亮点。这些古典名画由著名的收藏机构巴黎美爵艺术基金引入。在此次展出的这53幅世界名画中，一幅《女性肖像》颇值得一提。这幅作品于1904年诞生于欧洲著名的贵族肖像画家朱丽斯·盖蓉笔下，此后几乎与世隔绝。这次能够在北京公开亮相，本身就是一个奇迹。

本届博览会的一个突出之处，是更加注重国际交流与合作。在特别艺术展区的“艺术突破”主题展，以“Being Asia——中日韩艺术家推荐展”为主题，邀请了来自韩国和日本的 16 家最具影响力的画廊以及中国的艺术家，为京城观众带来了 60 余件最能代表亚洲先锋艺术生态状况的优秀作品。

**10. 全球移动互联网大会**

全球移动互联网大会（Global Mobile Internet Conference，GMIC）由长城会主办，每年举办两次，分别在北京（5 月）和硅谷（10 月）。GMIC 已成长为世界范围内最具影响力的辐射并联结东西半球的移动互联网商务平台。第五届全球移动互联网大会（GMIC）于 2013 年 5 月 7 日 ~5 月 8 日在北京国家会议中心举行，本届 GMIC 的主题为“重新定义移动互联”，意在带领移动互联网突破旧有概念，将移动互联网的真正价值与全社会各行各业以及人们的日常生活相结合，创造全新的发展方向和更广阔的发展想象空间，以追赶移动互联网和传统行业融合的下一波浪潮。

本届 GMIC 大会设置了主会场、开发者星球、创新大赛、移动游戏峰会、移动价值峰会、移动营销峰会和移动人才峰会七大板块。每个板块都将邀请国内外前沿公司分享成功经验，针对移动互联网各个细分领域进行深度讨论。重磅嘉宾云集，腾讯董事局主席兼 CEO 马化腾、金山软件 CEO 张宏江、新浪 CEO 曹国伟、小米科技 CEO 雷军、UC 优视董事长兼 CEO 俞永福、三星电子副总裁 Jungwan Ko、印象笔记 CEO PhillLibind 等近百位国内外嘉宾参会，并做精彩演讲。

此外，本届大会与往届不同的是，参展本届移动互联网大会的个人开发者和小团队明显增多，他们带来的应用更具创新性、趣味性以及五花八门的想法，已经逐渐脱离了往年扎堆的基础性应用。参展的还有 DailyCost 应用的开发者，DailyCost 是一款记账的财务应用，优雅、美观的界面大受用户欢迎，还被苹果公司多次推荐，而这款应用从设计到制作，全是由一个人完成的。

## 11. 北京国际印刷展

第八届北京国际印刷展（CHINA PRINT 2013）于2013年5月14日~5月18日在中国国际展览中心新馆举行。

本届展会以“绿色、高效、数字化、智能化”为主题，全面展示了有关印刷的新理念、新技术及各种各样的先进适用的印刷设备和印刷器材。总展出面积达16万平方米，比上届增长了60%，共开设了19个展馆，除中国国际展览中心新馆的8个正式展馆以外，东西两侧停车场共搭建了11个临时展馆，以满足企业的参展需求。来自全球28个国家和地区的1326家厂商参加了本次展会，来自145个国家和地区的观众达到183809人次，其中海外观众36772人次，占总人次的20%。

展览会期间举办了第三届国际印刷工业发展论坛（Forum－PI 2013），来自中国、美国、德国、英国、意大利、日本等国家的印刷行业协会主席或总裁在论坛上发表精彩演讲，分别介绍本国印刷工业的发展情况，畅谈本人对印刷工业发展前景的看法。此外，还举办了2013中国印刷高峰论坛、第一届中国功能材料印刷技术发展论坛、第二届亚洲G7高峰会－国际印刷标准化、2013中国国际标签印刷工业论坛、第二届数字印刷先锋汇、第四届中国印刷数字化高峰论坛等60多场报告会、研讨会、推介会等。亚洲印刷联盟在此召开了北京会议，全球印刷联盟召开了秘书长会议，中华印制大奖举办了第四届颁奖典礼。展会期间，还举办了“印度日”和“韩国日”活动。

第八届北京国际印刷展还通过官网为广大参展商提供网络展示平台，每周7天、每天24小时不间断地为参展商提供网上展览服务，参展商只需自己上传设备的图片，即可于展前、展中和展后在互联网上展示产品，以此来提高市场渗透率，寻找新的商机，同时还可以加强参展商与观众之间的互动，使参展商能够更有效地推广企业的产品，并及时掌握市场对其产品的反馈信息。另外，还开通了在线商贸配对信息服务平台，商贸配对服务支持企业信息和产品信息发布功能，支持为每个产品页面生成二维码，方便现场观众快速了解产品信息；同时，商贸配对服务系统主页的二维码将出现在所有现场印刷品和公共设施上，方便观众使用移动设备进入，还为付费账号提供精准的供需匹配信息服务。

**12. 第九届中国（北京）国际园林博览会**

2013 年 5 月 18 日，第九届中国（北京）国际园林博览会在丰台区永定河畔的园博园开幕，本届园博会持续至 2013 年 11 月 18 日，为期 6 个月。

中国国际园林博览会是代表我国园林行业最高水平的国际盛会，创办于 1997 年，每两年举办一次，已先后在大连、南京、上海、广州、深圳、厦门、济南和重庆等城市举办。园博会能够有力地刺激举办城市的旅游服务、环境景观的发展，为城市带来显著的经济效益和深远的社会影响。

本届园博会以“园林城市，美丽家园”为口号，园博园总面积为 513 公顷，其中陆地面积为 267 公顷，湖水面积为 246 公顷，空间布局为“一轴、两景区、三地标、五展园”。“一轴”即园博轴，是一条由中国园林博物馆至功能性湿地的南北向景观轴线；“两景区”即园博湖景区和下沉式花园景区锦绣谷；“三地标”即中国园林博物馆、永定塔和主展馆，为园博会的三大标志性建筑；“五展园”即传统展园、现代展园、创意展园、国际展园和湿地公园。园博会期间，游客可以领略中国 69 个城市和五大洲 29 个国家不同的园林风格。

中国园林博物馆是北京园博会最大的“亮点”之一，占地 6. 5 万平方米，总建筑面积为 49950 平方米，是国内第一座以园林为主题的国家级博物馆。园博馆包括室内展陈、室外展区和室内展园三部分，展陈内容和空间布局相互穿插、渗透，既增加了趣味性、参与性、互动性，又突出了具有季相变化和空间艺术特征的体验性，彰显了园博馆的展陈特色。

“永定塔”之名出自永定河，意为鹰山之上建造永定塔，有永定安澜之意。永定塔塔身地上建筑面积约 8000 平方米，塔身高 69.7 米，塔刹高 18.625 米，是北京西南地区最高的辽金风格仿古高塔。塔院为正四边形，塔身为八角九层木塔，寓意“四面八方，和谐永定”。“九”在中国传统文化中是最大的阳数，代表无穷无尽与终极。

主展馆占地 3.2 公顷，建筑面积为 5 万平方米。作为园博园核心区的主建筑，主要用于展示国内外造园艺术以及园林绿化新技术、新材料、新成果，展示各类园林艺术作品及奇石、插花、盆景艺术等。展会期间结合展会主题和行业发展需要，也作为组织高层论坛、学术研讨、技术与商贸交流、特色文化艺术展示展演等系列活动的主场地。

园博会期间，园博园已成为北京假日旅游的新热点和市民休闲旅游的新去处。半年来，北京园博会共接待游客 600 多万人次，日均接待 3.3 万余人次，单日最高游客接待量达 10.6 万人次，均创历届园博会之新高。运行期间，累计向游客提供志愿服务 26 万个班次、140 余万小时，电瓶车累计服务游客 120 余万人次。本届园博会期间，共举办五大类 21 项文化活动，累计演出 1200 余场次，28 个国家、48 个城市派出演出团队参加活动，直接参与表演人员达 4.5 万人次，演出文艺节目 7400 个。

**13. 北京国际旅游博览会**

第十届北京国际旅游博览会（BITE）于 2013 年 6 月 21 日 ~ 6 月 23 日在北京国家会议中心举办。自 2004 年起，由北京市旅游发展委员会主办的北京国际旅游博览会已连续举办了九届，经过九年的发展，北京国际旅游博览会已经发展成为专业性强、参与面广、影响力大、收效明显的一流展会，受到国际、国内旅游业界的广泛赞誉，成为国际、国内旅游业重要的交流交易平台。

本届旅游博览会共有来自 81 个国家和地区、国内 26 个省份的 887 家参展商参展，展览面积达 35000 平方米，比上年增加了 16.7%。展会期间有 15 个国家和地区及国内 23 个省份的参展单位举办了专场推介会。为期三天的展会，国内外买家和展商达成合作意向金额约 48 亿元，比上年增长了 23%。48 亿元的合作意向金额中，房车交易总额为 5.8 亿元。据统计，有 11 万人次公众到展会现场参观采购，参与现场售卖活动的 33 家组团社收单约 2.6 万人，共销售旅游产品 4900 万元，比上年增长了 21%。

2013 年，恰逢北京国际旅游博览会十周年，为丰富博览会的展示内容，BITE 2013 增加了房车露营大会和特色商品展区。房车露营展邀请了国内房车生产、进口房车代理的主流企业参展。特色商品展展示面积为 6000 平方米，有 400 多位特色商品的参展商参展。展品涉及旅游纪念品、工艺品、礼品、旅游时尚用品、旅游服装服饰、科技电子设备、中外文化创意产品、少数民族特色产品、奇石、首饰、珠宝、旅游食品、旅游营养保健品、旅游土特产品以及各省份特色旅游产品等。

**14. 北京国际广告展览会**

第十一届北京国际广告展于 2013 年 8 月 27 日在中国国际展览中心隆重举行。此次北京国际广告展得到了国内外广告界的大力支持，众多广告设备材料行业巨头纷纷参与。诸多国内外厂商亲自率兵参展，其中不乏国内外知名品牌，包括 EPSON、MIMAKI、佳能、香港美宝、武藤、富顺、特里特、今台、方略等知名企业，为海内外广告专业买家提供了全方位、高质量的展品展示。

来自各地的300多家参展商，全面展示广告制作技术设备及材料、户外发光体及城市景观照明、展览展示和商用促销器材、新型广告传播媒体技术和设备等，涵盖了广告业发布以及制作所需的各种广告新技术、新设备和新媒体。

本届展会引起了来自北美、欧洲、中东、亚洲等地的众多业内人士的热切关注。邀请到来自中亚地区、德国、俄罗斯、英国、法国、西班牙、比利时、韩国、美国、泰国、马来西亚、中国香港、中国台湾等国家和地区的专业海外买家前来参观，并进行现场业务洽谈，为中外展商和观众提供了一个良好的交流平台和新产品展示的舞台。

北京国际广告展览会是行业领域的专业盛会，由北京世博联展览服务有限公司创办于2003年，固定在北京召开，每年一届，共吸引了30多个国家和地区的3000多家企业参展。邀请的历届观众及参展商主要来自中国、德国、法国、英国、美国、意大利、澳大利亚、丹麦、西班牙、加拿大、日本、韩国、新加坡、科威特、伊拉克、印度、巴基斯坦、伊朗、越南等国家和地区，包括经销商、代理商、贸易商、生产商、进出口公司、国际贸易公司等买家以及众多工业行业的有关人士。

目前，北京国际广告展览会已成为华北地区参会效果最好、影响力最强的专业盛会，也成为国内外企业开拓海外市场的一个对接平台。为国内外企业开拓国内和国际市场，以及为买方和卖方市场沟通和增进交流起到了积极的推动作用。

**15. 北京国际图书博览会**

2013年8月28日~9月1日，第二十届北京国际图书博览会（以下简称“图博会”）在中国国际展览中心（新馆）举办。

本届图博会书展面积为53600平方米，共设四个展馆，分为国内出版物展区、海外出版物展区、数字出版展区和图书馆采购、海内外期刊展区，来自 76 个国家和地区的 2000 多家中外出版单位共展览展示了 20 万种精品图书，举办了 1000 多场文化交流活动，参展参观人数逾 20 万人次。经初步统计，共达成中外版权贸易协议 3667 项，比上年同期增长 11.2%。其中，达成各类版权输出与合作出版协议 2091 项，比上年同期增长 12%；达成引进协议 1576 项，比上年同期增长 10.1%；引进与输出之比为 1∶1.33。中文图书版权输出成果的进一步扩大，表明图博会作为国际出版业一年一度的交流盛会，已经成为连接中国与世界出版业的重要平台，成为中国出版走出去的重要渠道。

第七届中华图书特殊贡献奖颁奖仪式在图博会期间隆重举办，6 位贡献奖获奖人的精彩感言，充分表现出中华文化的感染力和文化交流的重要意义。2013 北京国际出版论坛、“中图易阅通”数字平台大型启动发布仪式、中英国际出版论坛、中英语言教育出版论坛、中国图书馆馆长与国际出版集团 CEO 高层对话、中欧数字出版论坛、6 场 BIBF“10 + 10”国际出版人会议等一系列专业出版领域的研讨会，务实地促进了国际版权贸易与出版合作，成效明显。此外，图博会还携手山东省作家协会、莫斯科市政府及光明网，特邀杨志军、江南、德米特里·格卢霍夫斯基、帕维尔·巴辛斯基四位中俄著名小说家及文学评论家与读者共同分享了他们的创作及生活故事。来自德国、比利时等国家的作家也参加了本届图博会，在书展现场举办了各种文学活动。

图博会期间，主宾国沙特阿拉伯王国举办了中阿文化关系的历史、沙特文学与中国文学、沙中经济关系及其发展进程、中阿传统医学等方面的研讨会及其他多种形式的文化交流活动；湖北主宾省的主题是“书香荆楚、文化湖北”，现场举行了湖北美术出版社关于中国非物质文化遗产的讲座、长江文艺出版社与韩国金宁社战略合作签约仪式及访谈活动、湖北少儿出版社《杨红樱画本馆》“走出去”座谈会、长江出版社《龙族3》作者见面会、《水生态文明建设》专题讲座等活动；莫斯科特邀友好城市举办了“莫斯科——俄罗斯图书之都”等丰富多彩的专业交流与文化活动。

在海内外出版界的认同、关注和积极参与下，北京国际图书博览会不仅成为国际图书综合交易的平台，成为中外出版业开展互利合作、共谋发展的重要平台，也成为多元民族文化和文明相互交流、促进了解、加深友谊的桥梁。

**16. 北京国际艺术博览会**

2013年8月29日~9月1日，“璀璨艺术2013——第十六届北京国际艺术博览会”在北京全国农业展览馆新馆举办。“璀璨艺术2013”云集了原创艺术、设计、奢侈品、佛学艺术、艺术衍生品、创意产业、古董艺术几大板块，旨在打造中国第一家多领域综合艺术展示交易平台。

北京国际艺术博览会已经成功举办15届，是国内唯一获得文化部、统战部双批文的国际艺术类展览会，成为国家级文化形象工程的国际文化艺术交流平台；云集当代艺术、原创设计、时尚艺术、奢侈品艺术、宗教艺术、艺术衍生品、创意产业、古董艺术、城市公共艺术、灯光艺术、非物质文化遗产艺术、中国青年艺术家扶持计划等众多领域中最具影响力的品牌。

本届艺术博览会共有展商213家（其中艺术机构47家），展出中外艺术作品1300余件。邀约了17个国家的驻华使领馆文化参赞及国内外收藏家、买家近4000人出席本次艺博会。除了常规的画面呈现的艺术表现形式，本届艺术博览会还特别引进欧美最具影响力的视觉艺术，借助声、光、电结合等形式，多方位立体呈现。

本届艺术博览会还特别请出雍和宫、广济寺、少林寺等国内外知名寺庙的镇寺宝物，展现宗教艺术的博大精深，让世人一览中华宗教文化之瑰宝。组委会还邀请到台湾地区知名陶艺技师展示其代表作品，包括李幸龙老师的代表作品编纹彩雕系列蓝浮云、红浮云，郭明庆老师的钛金葫芦及秘色系列雀屏天目、红兔毫天目。浮云悠悠，山岭缭绕，云山缥缈，色相幻化。李老师以柴烧多变的氛围，表现其自然山色之美的意念。郭老师则秉持对台湾山川水色的人文关怀以及釉色、质感与层次感的要求，传递心中所怀的理想意境，体现了艺术服务于生活。

除此之外，新加坡国家级艺术家程亚杰，中国美术家协会会员、北京美术家协会理事、北京画院专业画家及一级画家石齐先生，清华大学美术学院教授、博士生导师杜大凯先生，清华大学美术学院绘画系教授、博士生导师刘巨德先生，清华大学美术学院教授魏小明先生等知名艺术家亦携作品参与支持本次艺术博览会。

由中国内地、中国香港、中国台湾以及新加坡、日本、美国、英国等文化艺术金融机构联合发起的中国文化艺术产业联盟，汇聚了国内众多艺术基金及艺术收藏机构，给予全部艺术作品保增值、保回购的承诺，帮助艺术家打开市场销路，确保艺术回馈生活。

组委会还特别联系了亚洲艺商联盟，现场启动亚洲艺术类展览会联盟巡展，揭晓中国台湾、中国香港、中国澳门以及新加坡、韩国几大展区展览项目，带领更多的艺术家、艺术机构走出国门。北京国际艺术博览会与国际各艺术博览会接轨联动，配合全年的艺术类型活动，打造全新的艺术博览会名片，使之成为“永不落幕的艺博会”。

展会现场气氛热烈，有学术派之间的艺术交流，也有艺术家与收藏家间的交易论价；有纯粹呈现在画面上的静态艺术，也有声、光、电结合的感光体验；有知名艺术名家的臻品亮相，也有青年艺术家的时代思考。精美绝伦的展台搭建、丰富多彩的艺术表现形式、极具学术高度的论坛演讲、实力雄厚的收藏家团队，使本次艺术博览会成为行业内无可比拟的艺术盛宴。

**17. 首届北京惠民文化消费季**

首届北京惠民文化消费季于2013年9月3日启动，北京惠民文化消费季由北京市政府主办、18个委办局和16个区县协办，旨在提升惠民文化活动的知名度和影响力，打造北京惠民文化消费的标志性品牌。该活动包括九大专题活动、九大展销板块、16区县专题活动。惠民文化消费季期间采取的惠民措施有惠民戏剧展演、惠民电影展映、发放百万张文惠卡、惠民折扣等。

九大专题活动包括首届北京惠民文化消费季启动仪式暨2013文化创意产业（北京）研讨会；北京金秋优秀剧目惠民展演，以低价位或优惠价的方式，开展话剧、舞剧、京剧、昆曲等50多场优秀剧目演出；文化惠民月电影展映，组织2000场惠民电影放映；北京家庭阅读季系列活动，如童书名人堂、名家讲座、书香北京等；金秋文物艺术品拍卖；网上文化消费季；“慕尼黑啤酒节”北京之旅；欢乐美食文化嘉年华；互联网时代的文化消费新趋势研讨会。

九大展销板块包括北京艺术博览会、工艺美术与非遗嘉年华、首届北京文化数码产业博览会、动漫游戏嘉年华、2013北京国际设计周设计消费季、中国民族精品博览会、中国电子商务博览会、家居文化嘉年华和798创意消费嘉年华。

16区县专题活动有东城区以戏剧消费为主题开展的戏剧类、图书类、创意类、商圈类活动；西城区以“畅游2013”为主题推出的演艺板块、艺术品板块、博物馆板块、影院板块专题活动；朝阳区以“梦想时尚、溢美朝阳”为主题打造的时尚文化消费季；海淀区举办的中关村金秋演出季活动；丰台区以“文化引领消费、消费创新文化”为主题推出的“惠民安居消费年”系列文化促销活动；石景山区以“惊喜在京西、京西GO惊喜”为主题打造的京西消费节品牌活动；门头沟区以“畅游门头沟、探访永定河”为主题开展的惠民文化消费专题活动；房山区开展的戏剧周末场、戏曲大舞台、戏曲大讲堂等“多彩文化梦、戏剧乡村行”活动；通州区举办的 2013 北京通州运河艺术节；怀柔区开展的流金岁月电影放映季；密云县举办的“美丽密云　我的家”原创作品大赛；等等。

相关统计显示，首届惠民文化消费季 45 天期间，累计文化消费达到 2654.3 万人次，成交金额高达 52.3 亿元。能够取得这样显著的成效，在很大程度上得益于北京市国有文化资产监督管理办公室调动市场力量、节俭办活动的宗旨，对企业和项目进行严格筛选，力求为广大市民提供覆盖各门类、全年龄段、不同消费层级、精准“对味儿”的精神文化大餐。例如，家庭阅读季成功挖掘成年人和儿童两大消费群体，吸引客流量 171 万人次，前来消费的市民累计达 79 万余人次，成为人气最旺的专项活动；金秋文物艺术品拍卖月推出无底价拍卖会，引领大众进入艺术品市场，现场成交金额达 9 亿多元。

网上消费比例高是本次惠民文化消费季的一大亮点，线上交易成交金额高达 28.8 亿元，占交易总量的 55%，互联网已经成为公众文化消费的重要渠道之一。

北京惠民文化消费季将文化消费以一种便捷、开放的方式呈现在市民面前，提升的不仅是经济消费的额度，同时也培养老百姓理性、持续的消费习惯，把消费从短期的、临时的家庭支出变成稳定的、常态化的生活方式。

**18. 书画知识产权艺术周**

2013 第三届书画知识产权艺术周于 2013 年 9 月 14 日 ~9 月 19 日举办。书画知识产权艺术周是目前国内唯一以推动版权保护、发展版权经济为核心理念的持续性的多平台综合性艺术活动，以“树立和深化版权意识、保护艺术品知识产权、呼吁艺术品知识产权监管和立法、促进艺术市场环境建设、推动中华民族文化艺术可持续发展和繁荣，实现自立、创新、开放、求真的艺术中国梦”为宗旨。

第三届“书画知识产权艺术周”分为展览、论坛、品鉴会、拍卖和“艺术衍生品大赛”五大模块，为艺术家、收藏家、艺术经纪人、画廊、拍卖行等搭建了一个交互、交流、交易的平台。

书画艺术展分为以“知识产权”为核心的艺术博览会和“大师展”两个单元。作为本次艺术周展览的重中之重，“大师展”力图向观众呈现顶级的当代书画艺术。“大师展”是当代书画领域内最高级别的大展，它不仅汇聚了首屈一指的名家名作，呈现了当代书画复杂多变的面貌，代表着当代书画艺术的最高成就，还体现了艺术家对艺术品知识产权日益增长的理解和尊重，以及艺术周对艺术创作一流的趣味和见解。

两场高峰论坛——“版权经济论坛”和“投资与收藏论坛”分别于2013年9月15日和2013年9月16日举行。论坛邀请了艺术界、收藏界和法律界的精英人士，针对版权法、版权经济、艺术鉴赏和收藏、艺术品保真等热点问题进行探讨，为我国下一阶段的版权经济发展和艺术领域的投资收藏走向，做出最为权威和专业的评价与判断。

品鉴会上，邀请了国家博物馆艺术品鉴定中心主任岳峰，中国文物学会鉴定委员会委员叶佩兰，北京市文物局鉴定组组长、副研究员张如兰，北京市文物鉴定委员会委员坐镇，为藏家鉴定书画、瓷器、玉器、文玩等藏品的真伪。

此外，本届书画知识产权艺术周的一大亮点是在国内首先创举，为艺术家搭建授权签约平台，并且将艺术大家的代表作通过最先进的印刷技术，经过艺术家本人授权，限量制作成100%仿真的复制品，让艺术佳作走进百姓家中，让每个人都能零距离感受艺术生活。

### 19. 中国国际文化艺术博览会

2013 中国国际文化艺术博览会（Art China）于 2013 年 9 月 18 日 ~9 月 20 日在北京全国农业展览馆（新馆）举办。本届展会的展出面积为 13000 平方米，参展艺术门类不仅涵盖了中国书画、油画、版画、雕塑、装置等，还特别呈现了中国非物质文化遗产中具有代表性的传承艺术。

博览会现场举办了各种极具特色的主题展，带来了具有不同艺术观点和艺术风貌的艺术作品。其中包括世界表现主义大师克林姆特的油画作品，以及 20 世纪最具影响力的现代艺术创始人毕加索的原版版画。国际展区邀请到了英国、法国、奥地利、西班牙、意大利、捷克、摩纳哥、俄罗斯、乌克兰、加拿大、美国、新加坡、尼泊尔、朝鲜等国家的知名艺术机构和画廊，带来了各国极具特色和艺术价值的作品，其中有一部分是首次来到中国与国内藏家见面。画廊展区邀请到了索卡艺术中心、美丽道国际艺术机构、XI 艺术中心、德滋画廊、境艺园画廊、华阳艺术馆、田青画廊、云祥画轩、点形文化、璃墟艺术中心等国内多家知名画廊及艺术机构参展。中国艺术展区展出了以袁熙坤、龙瑞、程大利、范扬、霍春阳、王涛、宋涤等为代表的现当代名家的真品力作，以及以郭泰来、俞祥泉、曹娜、晁谷等为代表的实力派艺术家的国画、书法作品，参展作品数量近千件。同时还展出了 10 位国家级艺术大师的陶艺、漆艺、珐琅、唐卡、锲金、石砚等作品。

传承艺术是历届文化艺术博览会的亮点，引起了众多藏家和艺术爱好者的关注，本届展会更是集结了众多国家级非遗传承人的艺术作品，其中包括陶瓷、红木艺术、雕漆、锲金、珐琅彩、唐卡、辽砚等艺术门类，集中展现了我国非物质文化遗产的独特魅力。

本届文化艺术博览会还安排了 15 场不同主题的活动和讲座，邀请艺术界资深人士进行艺术品鉴、专题演讲、艺术品投资引导等，增加与艺术爱好者的互动。紧密跟踪艺术市场动向，聚焦艺术投资新行情，邀请国内外学术专家、资深专业人士到现场与展商和观众进行交流，为不同阶段的收藏爱好者提供专业的支持与辅助。

同时，文化艺术博览会也非常重视藏家的邀请和培养，通过专业的资源整合把目标客户带到展会现场，为参展机构、艺术家以及艺术投资人、收藏家、艺术爱好者搭建一个专业、开放、国际化的艺术交易平台。

2013 年，文化艺术博览会首次设立“2013 年度中国国际文化艺术博览会”最佳诚信画廊奖、最受关注艺术家奖、最佳展示奖及最佳组织机构奖等。

2013 中国国际文化艺术博览会得到了政府机关各部门的高度重视和支持，同时也得到了社会各界的关注和赞誉，中国传统艺术与当代艺术完美呈现，绽放出缤纷绚烂的光芒。

**20. 北京国际设计周**

2013 北京国际设计周于 2013 年 9 月 26 日 ~10 月 3 日在北京举办。活动由开幕活动、设计大奖、“智慧城市”主题展览、“智慧点亮城市”设计讲堂、主宾城市荷兰阿姆斯特丹、“国庆·北京看设计”设计之旅和设计消费季七个主体板块组成。开幕活动包括“设计大奖颁奖”“设计大奖铭牌镶嵌”“设计之路”“设计周项目推介活动”“展览参观”等形式简约、富有设计特色的内容。

设计大奖是北京国际设计周的延续性奖项，旨在表彰在国家社会进步、文化发展、产业促进和城市建设等方面做出突出贡献的设计机构、人物和作品。2013 年获奖名单是：红旗渠获得经典设计奖；西部农民生土窑洞改造、杭州唐宫海鲜舫室内设计、“中国古典家具”APP 交互设计、水滴壶设计、苏州雅扇手工设计以及楚和听香服装设计获得年度设计奖；中国美术学院获得设计教育奖；腾讯微信获得设计传播奖；北京保利秋拍设计专场拍卖获得设计促进奖。

2013 年，设计周活动的主宾城市是荷兰阿姆斯特丹市，以“设计去荷兰”为主题，本届主宾城市为北京国际设计周带来丰富多彩的活动内容，包括在751 时尚设计广场大罐举办的官方启动仪式及“展望2050——中荷合作城市规划研究”系列研讨等。

**21. 北京国际文化旅游节**

第十五届北京国际文化旅游节于2013 年9 月27 日在丰台区园博园隆重开幕，来自世界各地的30 余支表演团队给游客呈现了精彩的演出。本届旅游节以“让世界了解北京，让北京走向世界”为宗旨，以“多彩盛世、畅游古都”为主题，向世界各地展现建设世界城市北京的风情、风景、风貌，通过体现欢乐互动的主题巡游传递北京的热情。旅游节现场特别设置互动区、体验区、留影区，让游客能更多参与。

2013 年是北京建都860 周年，旅游节结合城市古老传奇的历史演变与时尚现代相交融的风格，设计了盛装巡游表演的主题。表演以“色彩”为核心创意元素，以“红、黄、蓝、绿”四个色块为篇章，互动表演紧扣旅游节主题与北京的历史人文底蕴，分别从“礼在北京”“玩在北京”“游在北京”“福在北京”四个角度，展示北京的城市内涵与旅游魅力。红色热情、欢快，体现世界城市北京的活力、欢聚；黄色柔和、甜美，世界独具特色的技巧呈现世界文化的多元、差异与特色；蓝色展现了悠久的世界各国的历史文化和民族风格；绿色是自然的景色，体现对世界的和平、幸福、温暖、美好的期许。巡游表演由来自美国、俄罗斯、巴西、意大利、比利时、西班牙、喀麦隆、土耳其、波兰等国的民间表演团体和国内具有民族民间特色的表演团体共同组成。整个活动贯穿860 周年，通过路旗、花车、道具和人偶造型等，展示了北京丰富的历史、文化、旅游资源。

本届旅游节传承了盛装巡游的文化内涵，提出了“民间文化、大众娱乐”的思路，明确提出“自费演艺游客”的概念。除了引人注目的盛装行进表演之外，还推出了《中华人民共和国旅游法》特别宣传展示咨询活动，由宣传员向游客流动派发《中华人民共和国旅游法》宣传卡片，向公众现场普及并宣传于2013年10月1日起正式实施的我国首部旅游行业法律条文。

北京国际旅游节经过15年的努力已打造成为北京旅游的文化名片，组委会坚持国际化、多元化的宣传理念，力图通过旅游节为广大游客带来一场欢乐而盛大的快乐之旅，吸引更多人来关注。

**22. 北京文化数码产业博览会**

2013北京文化数码产业博览会于2013年10月2日在北京国家会议中心正式开幕。本届博览会由工业和信息化部信息化推进司、北京市国有文化资产监督管理办公室、北京市旅游发展委员会以及北京市经济信息化委员会共同主办。此次博览会以“新品发布”“产品展示”“产业洽谈”“学术交流”为主导，深入、细致地打造北京“国际大都市”的“科技文化、数码文化”。

2013首届北京文化数码产业博览会采取“政府引导、市场运作”的模式，培养文化消费理念，引领文化消费意愿，突出市场运营机制，达到社会效益和经济效益实现双赢的目的。此次展览面积为1万多平方米，内容涵盖数码教育、数码商务、数码科技、数码通信、数码创意产品等多个领域，全方位、深层次打造“高科技战略、消费平台”的展会品牌。

本届博览会新品多、科技含量高。参展企业有120多家，其中北京旅游发展委员会的智慧旅游展位引人关注，通过科技数码充分展示现代科技旅游的内涵。中关村海淀园展区将文化与科技充分融合，智能机器人、科技互动区等处处体现科技的内涵。

为有效拓展数码行业的外延和纵深，切实加强和其他产业的融合与转化，展会期间举办了新闻发布会、2013首届北京文化数码产业博览会开幕式及闭幕式、专题论坛、评奖、拍卖等一系列主题活动。吸引规模庞大的科技数码产品的消费群体参与进来，与参展企业进行“零距离接触”，由此可以直观、有效地提高目标群体对企业的市场认可度，同时也大幅提高了企业在受众间的品牌覆盖范围。在扩大社会影响力的同时，积极邀请国内外有实力的买家和卖家，力求满足不同的消费需求，提升展会交易量，将“供需结合”落到实处，充分体现了“科技产品发布、贸易洽谈、展示交易、合作交流”的办会目的。

本届博览会期间还以推介会的形式促成了中美总商会与北京易中和广告传媒有限公司、台北动漫联盟与中海天和科技有限公司签订友好合作协议，文化与科技融合是此次博览会最大的亮点。

**23. 北京国际音乐节**

第十六届北京国际音乐节于2013年10月4日～10月31日举行。本届音乐节的主题是“向大师致敬”，以展现瓦格纳、威尔第、布里顿、潘德列茨基、周龙五位不同时期的杰出作曲大师的艺术成就为主题线索，先后上演20余场精彩演出。

本届音乐节以纪念威尔第与瓦格纳诞辰200周年专场音乐会作为开幕，随后展开一系列的“致敬”。致敬瓦格纳，瓦格纳最后一部歌剧《帕西法尔》中国首演；致敬威尔第，推出由三部威尔第中期歌剧和两场音乐会组成的“威尔第迷你音乐周”；致敬布里顿，《战争安魂曲》和《彼得·格莱姆斯》两部作品中国首演纪念百年诞辰；致敬潘德列茨基，推出两场潘德列茨基系列音乐会；致敬中国作曲家周龙，北京国际音乐节委约作品专场音乐会上周龙为本届音乐节委约创作的交响史诗《九歌》举行世界首演。

历时28天的第十六届北京国际音乐节共上演了22场音乐会和歌剧，创纪录地上演了5部经典歌剧剧目，并献上了多部作品的中国首演，为国内古典音乐演出树立了全新的艺术标杆。共有7部大型作品进行了中国乃至世界首演，歌剧《帕西法尔》的中国首演则无疑是标志性手笔。在经历了长达3年的筹备期后，北京国际音乐节将这部长达4小时30分钟的作品搬上中国舞台，填补了该剧在国内演出的空白。音乐节期间，共有近2万人次的观众观看了音乐节的演出，平均上座率达到了90%。观众在音乐节“向大师致敬”的主题下，领略了五位音乐大师不同形式、不同风格的作品。

**24. 中国国际网络文化博览会**

2013年10月11日~10月13日，第十一届中国国际网络文化博览会（以下简称“网博会”）在北京展览馆圆满举办。本届网博会继续延用“文化力量 · 创意未来”作为展会的主题，其深意是将推动中国的网络文化产业大发展大繁荣，作为自己责无旁贷的重任和要务。

本届展会上，互动娱乐产品、数字、数码及网络新技术产品、原创动漫主题产品及网吧行业内容仍为展示的主流和亮点，如盛大游戏、腾讯游戏、巨人网络、完美世界、搜狐畅游、世纪天成等一批颇具实力的网络文化企业仍旧是展场内的中流砥柱。同时，更多的新生力量和潜力企业涌现出来，如触控科技、游艺春秋、上海摩意网络等，也在展会现场与广大观众见面。

论坛、会议是网博会的重要组成部分，本届网博会精心策划，着重推出两大会议：高峰论坛和国际移动游戏大会。高峰论坛由人民网负责承办，会议紧紧围绕当前网络文化产业的前沿话题和新政方针展开讨论，将网络文化产业从人到企业、从企业到政府进行渗透，从分享到传播、从国内到海外进行立体式输出。

国际移动游戏大会首次举办，议题为“探索 · 展望——2014移动游戏之路”。会场内，国内各方移动游戏行业主管部门、研发企业、运营企业、行业分析机构的嘉宾相聚北京新世纪日航酒店，回顾 2013 年移动游戏的发展状况，探索和展望 2014 年移动游戏的发展之路。在论坛上，论坛承办方、知名行业研究机构中娱智库还特意发布了移动游戏行业权威数据，与会嘉宾分享移动游戏产品研发和运营的成功经验，探讨移动游戏全新商业模式，共商移动游戏行业规范发展大计。

第十一届网博会推出中国网络文化盛典和“宝鼎奖”网络文化产品评选两大网络文化活动。特别设置的“宝鼎奖——中国网络文化优秀作品评选”，旨在促进原创网络文化的发展与繁荣，鼓励深具潜力的优秀作品成长为划时代意义的“扛鼎之作”。此次“宝鼎奖”参评作品的范围，涵盖网络游戏、网络动漫、网络音乐、网络阅读等主要网络文化领域。最终评选出网络游戏类、网页游戏类、手机游戏类、网络动漫类、网络音乐类、网络阅读类六大领域共 22 项大奖。

网博会作为体现中国文化产业国际化发展的一个重要的窗口，见证了我国网络文化的辉煌发展，向国人展示网络的文化性，向世界输出文化的中国梦。

**25. 北京国际动漫博览会**

2013 年 10 月 12 日 ~10 月 20 日，第二届北京国际动漫博览会在北京蟹岛国际会展中心隆重举办，本次国际动漫博览会的主题为“聚享动漫·梦创未来”。

博览会举办期间，北京蟹岛国际会展中心开设了三大展馆，分别为 1 号馆——中国主题馆、7 号馆——国际综合馆、8 号馆——视觉影像馆。中国主题馆中设置文化部展区、北京市展区、动漫学院展区以及台湾展区、同人展区等。国际综合馆内有日本、欧洲、韩国等国家和地区的企业参展，包括蜡笔小新、钢铁侠、HELLO KITTY 等知名动漫品牌。视觉影像主题馆内，3D 奇观影像体验馆、电影播放、COSPLAY 舞台等融合高科技，给参观群众带来了全新的动漫体验。

本届博览会邀请到了来自美国、日本、法国、芬兰、韩国、意大利、德国等国家的数十家动漫相关企业、动漫工作室，携带200余个知名动漫品牌前来参展，是目前国内所有大型国际动漫主题活动中外国直接参展单位和个人最多的。此外，还有20余部动漫电影、数千种动漫衍生产品展销，50余位国际知名动漫画家，动画电影编剧、导演、声优、歌手，以及动漫项目市场运营专家来华参加漫迷互动活动并举办多场主题讲演、论坛等交流活动。

本届展会从参展内容及活动上全面升级，除了漫画及游戏展览外，代表世界动漫角色扮演赛事最高水准的“WCS世界COSPLAY峰会”也覆盖北京，2014WCS世界COSPLAY峰会北京分赛区借力蟹岛举行，北京的COSER们将通过WCS向世界赛事发起冲击。同时，“首届国际COSPLAY精英挑战赛”也落户本届活动，北京本地发起的全国性团体COSPLAY挑战赛迎来华北、华南地区的优秀COSPLAY精英社团亮相蟹岛。

本届博览会在传统展览的“规模”基础上更加注重游客体验感的提升，配合不同主题打造了各式各样独具特色的体验和互动项目。活动变得更丰富，既可以看，也能够触摸和购买，最终能够实现互动，让观众在活动期间，不单纯是参观、看画、看影像，而且还能享受丰富的内容，拥有更多的收获。

“国际动漫博览会（北京2013）”不仅是为打造一场动漫企业、动漫迷的盛会，更是为产业的发展、国内外的交流编织纽带，为所有参与其中的宾朋打造立体化、互动强的超级体验。本届博览会的举办为中国动漫产业以及文化创意产业的发展注入了新的血液。

**26. 中国国际创意设计推广周**

2013年中国国际创意设计推广周活动分别于2013年10月24日在海口喜来登饭店、10月26日~10月28日在北京中国国际展览中心隆重举行。

本届活动由 2013“天鹤奖”中国国际青年设计师大赛颁奖典礼和获奖作品展、2013 中国国际创意设计论坛、2013 中国国际创意设计展、境外设计师与本土生产企业“一对一”对接交流、中国国际创意设计研讨会等一系列研讨、洽谈和展览展示活动组成，吸引了来自美国、英国、德国、意大利、荷兰、法国以及中国香港、中国台湾等 10 多个国家和地区的近 300 位顶级设计师参加，国际影响力进一步扩大，参会嘉宾的数量和质量进一步提升，展出内容更丰富，并更注重与本土产业发展需求相结合，扶持帮助解决中国经济以及创意设计产业面临的诸多现实问题。

作为活动周的重要板块，“天鹤奖”中国国际青年设计师大赛自 2010 年创办以来，已逐渐成长为中国最具权威的国际青年设计师赛事之一。2013“天鹤奖”中国国际青年设计师大赛征集作品涵盖了交流设计、产品设计、新媒体设计和空间设计四大类别。经过境内外权威专家的两轮评审，本届大赛共产生四个类别金奖 4 项（交流设计类金奖空缺、新媒体设计类金奖 2 名）、银奖 20 项、铜奖 34 项、优秀奖 30 项。

中央美术学院城市设计学院为 2013 中国国际创意设计展特别策划了“设计之星”中国艺术设计院校院长提名展以及中国国际独立设计师邀请展，提名展邀请到了 18 位国内一流艺术设计院校院长提名的 64 位设计师参加，集结了国内最具实力的中青年优秀设计师及设计教育工作者；此次特别推出的中国国际独立设计师邀请展则邀请到了来自中国、英国、法国、荷兰、意大利、德国等地的 28 位在国际国内设计领域崭露头角的独立设计师和独立设计品牌参展，这些个性鲜明的参展作品在给观众带来丰富的视觉享受和创意灵感的同时，也向大众展现了设计师在商业中的价值，尤其在时尚设计及家居用品领域，这些专属定制的独立设计师品牌更为高端、个性化，已经在全球时尚行业掀起一股热潮。

配合特别策划的“中国国际3D打印设计展”板块以及“中国国际独立设计师邀请展”板块，2013中国国际创意设计论坛北京论坛从“设计大觉醒：技术、设计与生活方式”和“独立设计：理想与现实”两个主题出发，对工业技术领域革命性的3D打印技术以及正在兴起的新一轮独立设计浪潮展开探讨。无论是作为身份表达的首饰与服装设计，还是以实验性的新角度诠释的家品设计，抑或是依托能完整展现设计的三维打印技术，这些独立设计师呈现的更多的是一种尝试的态度，一种理想不轻易经现实异化的宣言。

**27. 北京国际文化创意产业博览会**

2013年11月6日～11月10日，第八届中国北京国际文化创意产业博览会（以下简称“北京文博会”）成功举办。北京文博会借助首都文化中心优势，发挥引领带动作用，推动国内外文化资源的整合发展，自2006年创办至今，已经成功举办七届。相关统计显示，七届北京文博会共吸引了来自90多个国家和地区的300多个政府、组织和产业界代表参加，开展文化交流与合作，展示推出特色文化产品。

第八届北京文博会的主题为“促进文化贸易、加快经济升级”，举行了六大系列100多场活动，包括综合活动、展览展示、推介交易、分会场活动、论坛峰会、创意活动等，充分展示了我国文化体制改革和文化创意产业发展带来的丰硕成果，以及文化与科技、金融等产业融合催生的新兴文化产业带来的新面貌，搭建了文化贸易、产业合作服务平台，推动了一批文化产业合作项目落地。第八届北京文博会专业化与大众化并举，着力营造创意氛围，不仅关注文化消费，更注重引导文化的消费者参与文化的创造，激发文化消费者的创意和消费潜能。主展场各个展区观众可参与的互动活动随处可见。

与前七届相比，第八届北京文博会规模空前，产业化、市场化、国际化程度进一步提升。展览总面积达 22 万平方米，为历届之最。来自国际复制权联合会、国际授权业协会、国际博物馆协会等国际组织和美国、法国、英国、荷兰、俄罗斯、韩国等 26 个国家及港澳台地区的 50 多个境外代表团，以及全国 23 个省区市和计划单列市的代表团前来参会，吸引了文化产业界及相关业界 120 多万人次参加活动。设在中国国际展览中心的文博会主展场，4 天共接待各界观众 21 万人次；在文博会的论坛上，有 132 位国际组织高层负责人、国家产业主管部门权威人士和国内外业界知名专家、学者、企业家到会演讲，3800 多位业界专业人士到会交流；以文化创意产业投融资、文化产品交易、产业合作、文化产业园区和基地入驻、艺术品授权、艺术品拍卖为主要内容的 60 多场项目推介交易签约活动，吸引了海内外 1.2 万名客商到会洽谈交易。

据不完全统计，第八届北京文博会期间，共签署文化创意产业产品交易、产业园区建设和入驻、项目投资、银企合作等协议总金额达 1190.36 亿元。其中，文化创意产品贸易成交额为 317.66 亿元，投资类项目协议总金额为 872.70 亿元。签约项目类型呈现新的特点：文化贸易成交额大幅增长，文化产品“走出去”迈出新步伐，北京人民广播电台、搜狐视频、北京金胸智者文化传播有限公司等多家文化传媒机构与英国普罗派乐卫视签署了合作协议，向英国及全球观众推荐我国优秀的影视作品，包括电影、电视剧、电视短剧、动画片、人物传记等；广播影视节目、网络游戏研发制作、动漫研发制作、出版发行、版权贸易、设计创意等贸易成交额增长明显，集中推出了一批影视剧目创作、新闻出版、动漫游戏等领域的最新成果和原创品牌产品；文化、科技、创意融合的新兴文化产业项目增多，演艺与影视、旅游、高科技的跨产业融合发展趋势明显；平台类、产业联盟类合作项目比往年有所增加；全国 13

个省区市重点展示了特色文化产品和文化产业园区项目，开展贸易投资合作，文化产业园区、集聚区投资类项目规模大，产业集聚和带动性强；等等。

此外，第八届北京文博会还发布了大量产业信息，中国人民大学和文化部产业司共同发布了最新研究成果“2013 中国省市文化产业发展指数”和“2013 中国文化消费指数”，同时宣布由文化部主办、中国人民大学文化科技园建设运营的中国文化产业项目服务平台正式上线；中国人民大学和对外经济贸易大学联合有关权威专家机构首次发布《2013 中国品牌文化影响力 500 强》报告，并在会上正式揭牌成立对外经济贸易大学中国国际品牌战略研究中心；基于大数据的“中国文化创意产业网络影响力指数”，以及首届中国文化创意产业新领军者评选也在第八届北京文博会上揭晓；由《光明日报》组织的“第二届中国文化年度人物评选”在文博会主场活动结束后揭晓。

**28. 2013 北京·中国文物国际博览会**

2013 年 11 月 14 日 ~11 月 18 日，2013 北京·中国文物国际博览会圆满举行。本届博览会主题为“文化引领城市发展，典藏促进世界交流”，主会场位于全国农业展览馆新馆，举办了第二届全国国有文物艺术品销售单位交流会、海内外古董精品鉴赏、VIP 讲座、海内外知名文物拍卖公司预展等系列活动。分会场分别为首都博物馆的“佛韵——造像艺术集萃展”和北京天宝润德古玩文物艺术会展中心的“明清传世精品瓷器展”。

“第二届全国国有文物艺术品销售单位交流会”汇集了各省份国有文物艺术品经营单位多年收藏的精品，呈现给广大文物爱好者，将各地文物存藏优质资源整合集中，打造全国文物营销高端平台。首都博物馆的“佛韵——造像艺术集萃展”展品以佛造像为主，所有展出藏品均为海内外藏界征集的高端文物。诸多造像精品，代表着不同时期、不同风格造像艺术的杰出成就，也展现出重要历史价值与美学内涵，是难得一见的传世精品集珍。展览期间，还在首都博物馆举行造像艺术主题学术研讨会，同期出版相应学术专著，推进国内造像美学方面的学术研究，以此推动大众了解、认识造像艺术，增进鉴赏水准。主会场携手中国宋庄艺术品交易网，举办当代艺术邀请展，展出了 100 余位宋庄艺术家的 200 余幅作品，此举将当代艺术融入文物艺术品博览会，是艺术前沿与历史传承的碰撞与交流。

本届博览会首次引入拍卖，海内外知名拍卖公司保利、嘉德、匡时等十余家知名拍卖公司齐亮相博览会进行预展；文物艺术品专场拍卖会以公开方式向所有文物参展单位征集拍品，通过开放的竞买过程与公开的成交结果，为市场清晰呈现价值。博览会 + 拍卖会的模式将一、二级市场有机融合，成为展会的又一创新之举。

本届博览会展会总面积达到 1.3 万平方米，共设置了 100 余个展位。进一步扩大了海外古董商参展比例，邀请了来自美国、英国、加拿大、日本、阿富汗等国的展商，以及保利、嘉德、瀚海、匡时、荣宝等多家知名拍卖公司的参与，还有全国各地共计 34 家国有文物商店的代表和来自中国香港、中国台湾和中国内地超过 70 家知名商家及收藏家参与其中。此外，展会现场还增设了免费珠宝检测和金融服务区，为参展单位和观众提供了全方位的服务保障，使市民在一饱眼福的同时，更多地了解文物，分享文物收藏的乐趣。

### 29. 中国国际建筑装饰及设计艺术博览会

第八届中国国际建筑装饰及设计艺术博览会（以下简称“设博会”）于 2013 年 11 月 23 日 ~11 月 24 日在北京国际会议中心成功举办。设博会是国内目前建筑装饰设计领域最具影响力的国家级、国际化、专业化的品牌博览会。本届设博会主题为“共享·

不同”，吸引了国内外百余家单位参展，展出范围包括 New Design 全球环境艺术设计创新作品联展、中国建筑装饰行业品牌推介展、年度装饰工程设计选材配套展等。

本届设博会组委会邀请了众多来自中国台湾、中国香港的优秀设计师作为演讲嘉宾与中国内地的设计师们进行交流分享，举办的三场设计创新交流活动以及“设计师之夜”交流酒会，为广大设计师们提供了一个良好的交流平台。论坛现场几乎每场爆满，大家积极提问互动，得到广大设计师朋友的认可。“设计师之夜”酒会现场，大家相互交换名片，敬酒交友，让设博会这个平台真正发挥了有效的作用。

国际设计创新论坛暨颁奖盛典是每年设博会的重要活动，三位演讲大师分别是香港商林马克设计（台湾）有限公司 Mark 先生、奥斯龙集团全球市场经理 Robin 先生、香港著名设计师何周礼先生，三位大师的演讲独具风格，精彩纷呈，呈现了国际设计创新理念。本届设博会为部分高校师生颁发了全国高等院校环艺设计大赛奖项，为数百名设计师及机构颁发了 2012～2013 年度国际环艺创新设计大赛奖、2012～2013 年度室内设计百强人物奖、2012～2013 年度室内设计十大新锐人物奖等 12 类奖项。

**30. 中国梦·美丽中国——2013 大型国画展**

中国梦·美丽中国——2013 大型国画展于 2013 年 12 月 6 日～12 月 8 日在炎黄艺术馆举行，此次展览由《环球人物》杂志社主办。此次活动邀请了中国美协主席刘大为先生，以及刘文西、吴山明、霍春阳、何家英、卢禹舜等 50 位中国著名国画艺术家的近 200 幅作品参展。

建设美丽中国，是实现中华民族伟大复兴的中国梦的重要内容，同时也为广大艺术工作者提供了宏大的历史命题和富有高度的笔墨空间。纵观历史，任何一个盛世，都伴随着一批活跃的艺术家，而艺术家的创作，又推动了时代的文化繁荣，进而形成这个时代的文化品格。本次画展是一次难得的历史契机。活动集采国内众多国画名家的佳作，共绘“中国梦”与“美丽中国”。本次画展是弘扬传统文化，推动大众形成善待自然、促进人与自然和谐发展的生态文明理念，是推动资源节约型和环境友好型社会建设的一次文化盛举。

本次画展旨在用国画的艺术呈现形式，向大众展示“美丽中国”的壮丽山河和风土人情，展示“中国梦”的瑰丽画卷和宏大诗篇，展现当代国画名家的艺术成就与爱国情怀，同时为大众提供一个与国画名家近距离交流的机会，普及中国传统绘画艺术，培养国人的文化自觉和文化自信。

# B.16

# 参考文献


1.《“休闲延庆”已成极具特色的文化创意品牌》，中国经济网。

2.《1～6月顺义区文化创意产业经济运行情况》，顺义统计信息网。

3.《2013年1～11月东城区文化创意产业保持良好发展态势》，北京市东城区人民政府网站。

4.《2013年北京市演出市场统计与分析》，北京演出行业协会网站。

5.《2013年昌平区文化创意产业发展情况简析》，北京市昌平区统计信息网。

6. 2013年昌平区文化创意产业收入增幅2.2%，北京市昌平区统计信息网。

7.《2013年大兴区文化创意产业发展势头强劲》，大兴统计信息网。

8.《2013年丰台区文化创意产业发展状况》，丰台统计信息网。

9.《2013年国民经济和社会发展统计公报》，国家统计局网站。

10.《2013年平谷区旅游发展情况分析》，平谷统计信息网。

11.《2013年四季度文化创意产业》，北京市西城区统计信息网。

12.《2013全球艺术品拍卖成交额增长30%　中美占六成》，《中国文化报》2014年2月21日。

13.《2013～2014年中国数字出版产业年度报告》。

14.《2014～2018年北京动漫产业投资分析及前景预测报告》。

15. 北京旅游学会编《北京旅游发展报告（2014）》，社会科学文献出版社，2014。

16.《2014年1~5月丰台区第三产业发展放缓》，丰台统计信息网。

17.《2014年1~5月密云县第三产业运行情况》，密云统计信息网。

18.《2014年1~6月文化创意产业单位实现收入情况》，门头沟统计信息网。

19.《2014年北京旅游发展报告：购物花费比例最高》，中文互联网数据资讯中心。

20.《北京：文化优势怎样转为消费强势》，中国文化产业网，2014年8月28日。

21. 陈少峰：《数字文化产业大发展引人关注》，《深圳特区报》2013年12月24日。

22.《北京高院发布2013年度知识产权十大典型案例》，北京法院网，2014年4月28日。

23.《北京跻身全球最具活力设计之都》，《北京日报》2013年10月21日。

24.《密云流转闲置农宅办民俗旅游》，《北京日报》2014年9月2日。

25.《北京市2013年国民经济和社会发展统计公报》。

26.《北京市文化创意产业分类标准》，北京文化创意网，2007年6月26日。

27.《北京市文化创意产业功能区建设发展规划（2014~2020年）》，北京市人民政府网站，2014年7月4日。

28.《从大都会博物馆“水墨”展看其定位与市场策略》，艺术客网，2014年4月10日。

29. 《房山区统计年鉴2014》。
30. 《华谊兄弟传媒股份有限公司2013年年度报告》。
31. 《机遇与挑战：2013艺术市场趋势解读》，搜狐艺术网，2013年4月12日。
32. 《门头沟区2013年国民经济和社会发展统计公报》，门头沟统计信息网。
33. 《前五月我区文化创意产业收入815.8亿元》，朝阳区人民政府网站。
34. 《上半年我区经济运行形势及发展建议》，怀柔统计信息网。
35. 《石景山游戏动漫产业为北京动漫产值贡献半壁江山》，中国行业研究网。
36. 《文化创意产业活动单位基本情况测算》，北京统计信息网。
37. 《文化创意产业季度数据》，海淀统计信息网。
38. 《文化创意成北京第二大支柱产业》，《中国经济周刊》2014年第24期。
39. 《我国成世界最大网络零售市场　5年平均增速80%》，《北京日报》2014年3月11日。
40. 《新区第三产业发展状况良好》，怀柔统计信息网。
41. 《延庆县2013年经济运行简况》，延庆统计信息网。
42. 《中共北京市委关于发挥文化中心作用　加快建设中国特色社会主义先进文化之都的意见》。
43. 《中共中央关于深化文化体制改革　推动社会主义文化大发展大繁荣若干重大问题的决定》。
44. 卢斌等主编《中国动漫产业发展报告（2014）》，社会科学文献出版社，2014。
45. 《2014 TEFAF全球艺术品市场报告——聚焦美国与中国》。
46. 北京软件行业协会：《2013年1～10月北京软件和信息服务业

的经济运行情况》，2014 年 7 月 2 日。
47. 《北京统计年鉴 2014》。
48. 〔英〕贝尔纳：《科学的社会功能》，陈体芳译，商务印书馆，1986。
49. 柴绪亮：《分立与汇合——对科技与文化互动基本形式的理性审视》，浙江师范大学硕士学位论文，2004。
50. 程宏燕、杨怀中：《科技文化三元素科学理性、人文特质与创新因子论析》，《武汉理工大学学报》（社会科学版）2011 年第 3 期。
51. 郭金喜：《产业集群理论综述》，百度文库。
52. 郭全中：《第三次工业革命带来七大影响》，《中国经济时报》2013 年 4 月 24 日。
53. 何峰：《北京画廊业发展现状研究》，《产业观察》2010 年第 1 期。
54. 花建：《中国如何迈向文化强国》，《光明日报》2014 年 6 月 9 日。
55. 李宁：《创新的多重来源》，《文化纵横》2012 年第 4 期。
56. 刘大椿：《科学技术哲学导论》，中国人民大学出版社，2000。
57. 吕乃基：《21 世纪科学技术对文化的影响》，《东北大学学报》（社会科学版）2001 年第 1 期。
58. 〔英〕马歇尔：《经济学原理》，朱志泰、陈良璧译，商务印书馆，2009。
59. 宋磊：《企业创新——中国崛起的微观基础》，《文化纵横》2012 年第 4 期。
60. 孙潇柳：《科技发展与文化进步互动机制的案例研究》，哈尔滨理工大学硕士学位论文，2010。
61. 孙玉荣：《科技法学》，北京工业大学出版社，2013。

62. 王国华：《北京市文化创意产业集聚区建设与发展趋势分析》，《文化产业导刊》2010 年第 3 期。
63. 王国华：《文化创意产业集聚区经营模式探寻——以北京宋庄原创艺术与卡通产业集聚区为例》，《北京联合大学学报》2009 年第 2 期。
64. 王海燕：《创意产业发展的知识产权保护》，《特区经济》2007 年第 11 期。
65. 文化部文化市场司：《2011 中国艺术品市场年度报告》，人民美术出版社，2012。
66. 吴汉东：《知识产权法学》，北京大学出版社，2000。
67. 柏林科学技术研究院：《文化 vs 技术创新——德美日创新经济的文化比较与策略建议》，吴金希等译，知识产权出版社，2006。
68. 雅昌艺术市场监测中心：《中国艺术品拍卖市场调查报告（2013）》。
69. 颜士鹏、张丽艳：《创意产业知识产权保护研究综述》，《科技与法律》2011 年第 2 期。
70. 杨德桥、韩弘力：《论文化创意产业知识产权保护体系的构建》，《北京化工大学学报》（社会科学版）2013 年第 2 期。
71. 杨怀中：《科技文化与当代中国和谐社会建构》，中国社会科学出版社，2008。
72. 郑成思：《反不正当竞争——知识产权的附加保护》，《知识产权》2003 年第 5 期。
73. 朱迪：《品味与物质欲望：当代中产阶层的消费模式》，社会科学文献出版社，2013。
74. 朱峰：《科技创新与文化创新双轮驱动的路径》，《前线》2011 年第 11 期。

75. 修广利：《区域高新技术产业与传统装备制造业融合机制研究》，哈尔滨理工大学硕士学位论文，2010。
76. 刘豹：《层次分析法》，科学出版社，1986。
77. 邓聚龙：《灰预测与灰决策》，华中科技大学出版社，2002。

# 法律声明

## S 子库介绍
## Sub-Database Introduction

### 中国经济发展数据库

涵盖宏观经济、农业经济、工业经济、产业经济、财政金融、交通旅游、商业贸易、劳动经济、企业经济、房地产经济、城市经济、区域经济等领域，为用户实时了解经济运行态势、把握经济发展规律、洞察经济形势、做出经济决策提供参考和依据。

### 中国社会发展数据库

全面整合国内外有关中国社会发展的统计数据、深度分析报告、专家解读和热点资讯构建而成的专业学术数据库。涉及宗教、社会、人口、政治、外交、法律、文化、教育、体育、文学艺术、医药卫生、资源环境等多个领域。

### 中国行业发展数据库

以中国国民经济行业分类为依据，跟踪分析国民经济各行业市场运行状况和政策导向，提供行业发展最前沿的资讯，为用户投资、从业及各种经济决策提供理论基础和实践指导。内容涵盖农业，能源与矿产业，交通运输业，制造业，金融业，房地产业，租赁和商务服务业，科学研究，环境和公共设施管理，居民服务业，教育，卫生和社会保障，文化、体育和娱乐业等 100 余个行业。

### 中国区域发展数据库

以特定区域内的经济、社会、文化、法治、资源环境等领域的现状与发展情况进行分析和预测。涵盖中部、西部、东北、西北等地区，长三角、珠三角、黄三角、京津冀、环渤海、合肥经济圈、长株潭城市群、关中—天水经济区、海峡经济区等区域经济体和城市圈，北京、上海、浙江、河南、陕西等 34 个省份及中国台湾地区。

### 中国文化传媒数据库

包括文化事业、文化产业、宗教、群众文化、图书馆事业、博物馆事业、档案事业、语言文字、文学、历史地理、新闻传播、广播电视、出版事业、艺术、电影、娱乐等多个子库。

### 世界经济与国际政治数据库

以皮书系列中涉及世界经济与国际政治的研究成果为基础，全面整合国内外有关世界经济与国际政治的统计数据、深度分析报告、专家解读和热点资讯构建而成的专业学术数据库。包括世界经济、世界政治、世界文化、国际社会、国际关系、国际组织、区域发展、国别发展等多个子库。